CUIDANDO DA ALMA DAS CRIANÇAS

AMY BAKER, ORG.

CUIDANDO DA ALMA DAS CRIANÇAS

UM MANUAL BÍBLICO DE ACONSELHAMENTO

ENDOSSOS

"Todas as crianças lutam para encontrar o seu caminho na vida, mas encontrar o caminho pode parecer um beco sem saída para crianças com deficiência. Como pastorear uma criança nesses momentos difíceis? Em *Cuidando da alma das crianças*, você encontrará um rico recurso de percepções sábias, conselhos experientes e orientação bíblica sólida para ajudar as crianças a ver suas limitações do ponto de vista de Deus. Eu dou a este livro tão necessário um duplo polegar para cima!"

Joni Eareckson Tada
Fundadora e CEO da Joni and Friends International Disability Center

"Alguns livros prometem demais, mas não este. Sobre todas as questões mais urgentes no aconselhamento (e paternidade!) de crianças, *Cuidando da alma das crianças* apresenta graça e sabedoria. Eu recomendo altamente este recurso."

J. Alasdair Groves
Diretor Executivo, Christian Counseling and Educational Foundation
(CCEF)

"Este livro maravilhoso sobre aconselhamento de crianças (e adolescentes) preenche uma lacuna importante nos recursos de aconselhamento bíblico. Somos lembrados de que as crianças experimentam os mesmos tipos de problemas e medos que os adultos e, portanto, elas também precisam de nossa ajuda. Este livro é bastante prático, pois os autores apresentam muitas situações realistas de aconselhamento, conduzindo o leitor por uma maneira sábia, compassiva e bíblica de ajudar crianças feridas. Este recurso será de grande ajuda para pastores e conselheiros que trabalham com crianças e adolescentes. Pretendo recomendá-lo a todos os meus alunos."

Jim Newheiser
Diretor do Programa de Aconselhamento Cristão e professor associado de Teologia Pastoral, Reformed Theological Seminary; Diretor Executivo do Biblical Counseling and Discipleship (IBCD)

"Como pastor de aconselhamento bíblico de longa data e agora professor, esperei mais de 30 anos por um livro como este! Amy Baker e sua equipe fornecem um conteúdo único de estratégias práticas, centradas no evangelho e bíblicas para ajudar conselheiros e adultos atenciosos a ministrarem a crianças que enfrentam todos os tipos de lutas. As crianças precisam de Jesus; este livro nos ajuda a levá-las até Ele."

Robert D. Jones
The Southern Baptist Theological Seminary; autor de *Pursuing Peace* e *Anger: Calming Your Heart*

"Se você trabalha com crianças em qualquer função, precisa de *Cuidando da alma das crianças*. Este manual de aconselhamento é um recurso rico e robusto que aborda a vasta gama de questões relacionadas ao cuidado da alma da criança. Ele fornece introdução à metodologia e à teoria, aborda aspectos comuns, mas muitas vezes esquecidos, do aconselhamento de crianças e investiga os desafios mais sombrios que um conselheiro enfrentará, com instruções para tópicos de aconselhamento como automutilação, trauma e aconselhamento pós-suicídio."

Curtis Solomon
Diretor Executivo da Biblical Counseling Coalition

"A doutora Amy Baker e sua equipe de escritores prestaram um valioso serviço à igreja de Jesus Cristo ao preparar este livro tão importante. Os capítulos são práticos e teologicamente robustos. Certamente o Senhor se agrada quando os conselheiros oferecem um cuidado especial ao ministrar às crianças. Essas verdades também serão úteis para pais, professores e líderes de ministério de crianças."

Steve Viars
Pastor sênior, Faith Church, Lafayette, IN;
autor de *Loving Your Community*

"Oferecer aconselhamento e como aconselhar crianças são algumas das questões mais comuns dentro do movimento de aconselhamento bíblico, mas há poucos recursos disponíveis sobre esse assunto. Felizmente, uma equipe de conselheiros bem qualificados e autores de confiança trabalharam juntos para preencher uma lacuna na literatura de aconselhamento bíblico. Se você aconselha e tem dificuldade para saber como servir às crianças em sua comunidade, então este recurso é uma leitura obrigatória."

Rob Green
Pastor de Counseling and Seminary Ministries, Faith Church, Lafayette, Indiana, EUA; autor de *Tying the Knot and Tying Their Shoes*

Copyright © 2020 de Amy Baker

Título original: *Caring for the Souls of Children: A Biblical Counselor's Manual.*

Publicado originalmente por New Growth Press (Greensboro, Carolina do Norte, EUA). Todos os direitos reservados. Capítulos protegidos por direitos autorais © 2020 pelo autor nomeado; cap. 12 Copyright © 2020 por Harvest USA; cap. 14 e 15 © 2020 por Joni and Friends.

1ª edição: março de 2022
1ª reimpressão: abril de 2023

Tradução
Wilson Almeida

Revisão
Francine Torres
Rosa Maria Ferreira

Diagramação
Aldair Dutra de Assis

Capa
Rafael Brum

Editor
Aldo Menezes

Coordenador de produção
Mauro Terrengui

Impressão e acabamento
Imprensa da Fé

As opiniões, as interpretações e os conceitos emitidos nesta obra são de responsabilidade da organizadora e dos autores e não refletem necessariamente o ponto de vista da Hagnos.

Todos os direitos desta edição reservados à
Editora Hagnos Ltda.
Rua Geraldo Flausino Gomes, 42, conj. 41
CEP 04575-060 — São Paulo, SP
Tel.: (11) 5990-3308

E-mail: hagnos@hagnos.com.br
Home page: www.hagnos.com.br

Editora associada à:

Dados Internacionais de Catalogação na Publicação (CIP)
Angélica Ilacqua CRB-8/7057

Baker, Amy

    Cuidando da alma das crianças: um manual bíblico de aconselhamento / Amy Baker (editora) ; tradução de Wilson Almeida. – São Paulo: Hagnos, 2022.

    ISBN 978-85-7742-328-6

    Título original: Caring for the Souls of Children: A Biblical Counselor's Manual.

    1. Obras da igreja junto às crianças – Manuais, guias etc. 2. Igreja cristã I. Título II. Almeida, Wilson.

22-1030   CDD 259.2

Índices para catálogo sistemático:
1. Obras da igreja junto às crianças – Manuais, guias etc.

SUMÁRIO

PARTE 1:
FUNDAMENTOS E QUESTÕES METODOLÓGICAS

1. A alma de uma criança: introdução ao aconselhamento infantil,
   por Amy Baker 13
2. Metodologia: elementos-chave no aconselhamento infantil,
   por Amy Baker 25
3. Aconselhamento de crianças de diferentes faixas etárias:
   idades e fases do desenvolvimento, *por Julie Lowe* 49

PARTE 2:
QUESTÕES ESPECÍFICAS DE ACONSELHAMENTO

As crianças e seus relacionamentos

4. Guiando as crianças a Jesus, *por Marty Machowski* 73
5. Passando por relacionamentos entre pais e filhos,
   por Jessica Thompson 87
6. Ajudando a criança com suas amizades,
   por Jonathan Holmes 101

As crianças e suas emoções

7. Ajudando crianças ansiosas, *por Julie Lowe* 117
8. Ajudando crianças iradas, *por Michael R. Emlet* 133
9. Aconselhamento após uma tentativa de suicídio,
   por Garrett Higbee 153

10. Ajudando as crianças com sentimento de vergonha,
 por Edward T. Welch 173

As crianças e seu corpo

11. Ajudando as crianças a lidar com a aparência,
 por Jocelyn Wallace 185
12. Falando com crianças sobre sexo, *por Kevin Carson* 203
13. Falando sobre identidade sexual, *por Tim Geiger
 (Harvest USA)* 223
14. Ajudando as crianças que se automutilam,
 por Charles Hodges 243
15. Aconselhando crianças portadoras de doenças,
 por Joni and Friends International Disability Center 261
16. Aconselhando crianças com deficiência,
 por Joni and Friends International Disability Center 275

As crianças e seus traumas

17. Ajudando crianças vítimas de abuso, *por Amy Baker* 289
18. Aconselhando crianças no divórcio, *por Amy Baker* 303
19. Enfrentando a morte e o sofrimento: esperança e ajuda
 para crianças feridas, *por Bob Kellemen* 321
20. Aconselhamento de crianças que não vivem com seus pais
 biológicos, *por Pam Bauer* 335

PARTE 1

FUNDAMENTOS E QUESTÕES METODOLÓGICAS

1

A alma de uma criança: introdução ao aconselhamento infantil

Amy Baker

Os pais de Maya,[1] de 11 anos, ficaram preocupados porque Maya parecia estar cada vez mais distante de seus amigos e familiares. Ela nunca mais pediu para estar com as amigas e, em casa, começou a se isolar em seu quarto. Embora ela tivesse sido uma boa aluna no passado, agora não concluía o dever de casa a menos que fosse obrigada por seus pais, e as notas já não tinham importância para ela. Brigas com suas duas irmãs mais velhas estavam se tornando cada vez mais comuns, e ela começou a mentir para seus pais.

O irmão de Maya morreu em um acidente de carro quando tinha 6 anos e Maya, 7. Um motorista bêbado saiu da rua e atingiu o menino no jardim da família, matando-o instantaneamente. Demorou um pouco, mas, com o tempo, parecia que todos na família aceitaram o que havia acontecido e gradualmente seguiram em frente com a vida — até

---

[1] Os nomes e as histórias das crianças mencionadas neste livro foram alterados para proteger suas identidades.

que Maya começou a se desligar visivelmente de tudo que era importante para ela.

Agora os pais de Maya se sentem de mãos atadas. Eles não sabem como podem alcançá-la. Levaram sua filha para aconselhamento bíblico na esperança de que alguém de fora da família pudesse se conectar com ela. Maya e sua família passaram a frequentar regularmente a igreja nos últimos dois anos, e ela fez uma profissão de fé há algum tempo. Embora Maya tenha ficado um pouco nervosa com o aconselhamento, não resistiu completamente à ideia de falar com alguém.

Tive o privilégio de me encontrar com Maya, enquanto outro conselheiro trabalhava com os pais dela. Quando estive com essa criança preciosa, fiquei impressionado com os pensamentos profundos e as perguntas na alma daquela criança de apenas 11 anos. Muitas vezes pensamos que as crianças precisam de uma abordagem de aconselhamento completamente diferente da dos adultos. Certamente é verdade que precisamos adaptar as interações com elas para um melhor desenvolvimento e compreensão da criança; não falaremos e interagiremos com uma criança da mesma forma que faríamos com um adulto. Mas, apesar das diferenças em como nos comunicamos e atraímos uma criança, minhas observações após anos de trabalho com crianças demonstram o seguinte:

- As crianças enfrentam os *mesmos* desejos que os adultos.
- Elas são atraídas pelas *mesmas* mentiras das quais os adultos são vítimas.
- Elas encontram esperança na *mesma* fonte que os adultos encontram — em nosso Senhor e Salvador.

Para as crianças, as lutas, os desejos e as esperanças não são diferentes do que são para nós, que somos adultos. Portanto, o conselho que damos a elas deve levá-las ao mesmo lugar: às boas-novas de Jesus Cristo.

As crianças, assim como os adultos, enfrentam pensamentos e questões profundas e precisam ver como o evangelho se conecta com elas em suas lutas diárias. A certa altura do nosso aconselhamento, pedi a Maya que fizesse para mim um desenho de seu relacionamento com Deus. A imagem que ela desenhou foi angustiante.

Seu desejo tinha quatro quadros.

- No quadro um, ela se retratou ajoelhada ao lado da cama orando a Deus.
- No quadro dois, ela mostrou Deus respondendo à sua oração dizendo: "Hum... é ela. Suas orações não importam".
- No quadro três, ela se retratou procurando por respostas lendo a Bíblia, questionando-se por que não conseguia encontrar as respostas.
- No último quadro, ela desenhou Deus, em resposta ao seu estudo da Bíblia, perguntando: "Por que Eu deveria dar respostas a você?!".

Enquanto discutíamos isso, Maya me disse que não acreditava que Deus respondesse a todos da mesma forma que respondia a ela. Estava convencida de que ela era diferente. Maya compartilhou que não se achava preciosa para Deus. Também disse que não achava que Deus sempre é o que a Bíblia diz.

A partir dessas observações, cheguei à conclusão de que seria infrutífero imediatamente direcionar Maya para passagens que mostram a profundidade do amor de Deus por ela. Eu tinha certeza de que Maya se convenceria de que essas passagens poderiam ser verdadeiras para todos os outros, mas não para ela.

A ajuda de que precisamos é a mesma ajuda de que as crianças precisam

Com a ajuda de outros recursos, decidi que Maya estudasse o livro de Jó comigo. Mesmo enquanto a encaminhava para Jó 1, eu me perguntava internamente se realmente estava sendo sábia. Jó não é o livro mais fácil de se compreender da Bíblia, e eu estava ali, pedindo a uma menina de 11 anos que o estudasse.

No entanto, fui em frente e contei a ela a história de Jó — um homem que estava sofrendo e não entendia o que Deus estava fazendo. À medida que cavávamos mais fundo, tornou-se evidente que essa era exatamente a verdade que Maya precisava ouvir enquanto ainda lidava com a tragédia da morte de seu irmão.

Como conselheiros, precisamos ser lembrados de que as respostas das Escrituras não são muito difíceis para as crianças entenderem.

Depois de estudar Jó 1, Maya inicialmente observou que, como Jó, Deus estava deixando Satanás entrar vida dela, mas, ao contrário de Jó, ela não estava mantendo a fé. Maya também compartilhou que Jó obteve respostas, enquanto ela não.

A seguir, olhamos para Jó 3, onde Jó questiona o que Deus está fazendo. Conversamos sobre como Jó não entendia Deus ou o que Ele estava fazendo.

Nas próximas sessões, continuamos estudando Jó. Analisamos Jó 9 e 10, olhando algumas das conclusões que Jó tirou sobre Deus, sobre a vida e sobre si mesmo.

- Jó 9:14-20 — Deus não vai responder às minhas perguntas.
- Jó 9:21 — Desprezo minha vida.
- Jó 9:22 — Não há diferença na maneira como Deus trata o ímpio ou o justo.
- Jó 9:23 — Deus zomba do desespero de pessoas inocentes.
- Jó 9:25-28 — Mesmo que eu decida agir como se fosse feliz, Deus ainda estará contra mim.
- Jó 9:29 — Visto que Deus já decidiu que sou culpado, de que adianta eu tentar?
- Jó 9:30-31 — Mesmo que eu tentasse me limpar, Deus simplesmente me tornaria sujo de novo.
- Jó 9:32-35 — Se eu pudesse ir ao tribunal e obter um juiz imparcial, ele diria a Deus que eu sou bom.
- Jó 10:1 — Detesto minha vida.

Pedi a essa menina de 11 anos que identificasse onde ela tinha dúvidas e pensamentos semelhantes a esses. Para minha surpresa, Maya foi capaz de relacionar cada uma das respostas de Jó a uma luta semelhante em sua própria alma. Maya identificou pensamentos semelhantes para todas essas coisas.

Como adultos, as crianças precisam lutar contra o pecado e o sofrimento e ser levadas a ver um Deus soberano e misericordioso em ação.

Então, passamos para o final do livro de Jó, onde encontramos a resposta de Deus a ele. Observei que Deus não respondeu às perguntas de Jó; antes, Deus se revelou. Em seguida, vimos a resposta de Jó: "Então Jó respondeu ao Senhor: 'Sei que podes fazer todas as coisas; nenhum dos teus planos pode ser frustrado. Tu perguntaste: 'Quem é esse que obscurece o meu conselho sem conhecimento?' Certo é que falei de coisas que eu não entendia, coisas tão maravilhosas que eu não poderia saber' (Jó 42:1-3, NVI).

Parafraseei a resposta de Jó da seguinte maneira: "Deus está fazendo coisas muito mais maravilhosas do que eu posso entender ou imaginar. Eu preciso confiar nele". Como parte de sua tarefa de casa, pedi a Maya que escrevesse isso em um cartão e refletisse sobre essa resposta várias vezes por dia.

Quando Maya voltou na semana seguinte, tinha feito um excelente trabalho de reflexão sobre a resposta de Jó e algumas conexões entre a resposta de Jó, a sua resposta e a sua vida. Isso lhe deu alguma esperança. Quando pedi a Maya que continuasse a meditar sobre essa paráfrase por mais uma semana, ela confidenciou que pretendia anotá-la em outro cartão e colocar o primeiro cartão na parede ao lado de sua cama.

Esse não foi todo o processo de nosso aconselhamento. Também olhamos para Cristo que, embora fosse muito amado por seu Pai, clamou em agonia na cruz: "Por que me abandonaste?". Nossa discussão sobre Jó era um pequeno trecho de um processo que levaria meses para se completar. E, mesmo quando paramos de nos reunir, o livro não estava fechado. Maya, como todos nós, é um trabalho em andamento. Deus em sua gentileza nos guia em nossa caminhada com Ele, passo a passo. Maya enfrentará novas perguntas à medida que for amadurecendo, assim como todos nós achamos que precisamos pedir mais e mais sabedoria.

As lutas, os desejos e a esperança de Maya, de apenas 11 anos, não são diferentes dos nossos, como adultos. Esse é o núcleo da tese deste livro, e essa é a razão por que proclamamos corajosamente que Cristo é nossa luz e a palavra de Deus é suficiente para todos os aconselhamentos, independentemente da faixa etária.

O núcleo do aconselhamento de crianças

Ao longo deste livro, você irá encontrar vários conselheiros que estão convencidos da mesma premissa — as lutas, os desejos e a fonte de esperança para as crianças não são diferentes das lutas, desejos e fonte de esperança para os adultos. Mais uma vez, ao mesmo tempo em que levamos em consideração o nível de desenvolvimento de uma criança e a melhor maneira de transmitir essa verdade, queremos encorajar os conselheiros e os pais a confiarem com ousadia na suficiência de Deus e em sua Palavra para ajudar crianças com dificuldades. (Veja o capítulo 3, "Aconselhamento de crianças de diferentes faixas etárias", para uma discussão sobre como levar em consideração a idade e o estágio de desenvolvimento das crianças.)

Desde este ponto de partida, queremos ajudar amorosamente as crianças que aconselhamos a se tornarem pessoas que consideram Deus extremamente magnífico, confiável e bom. Então, como resultado, elas podem viver com o desejo de se tornar uma imagem cada vez mais precisa da beleza de Deus, amando Deus e o próximo, usando a Palavra de Deus para ensiná-las (assim como a nós) a fazer isso. A apresentação do problema específico que leva as crianças a procurar aconselhamento é apenas o laboratório criado por Deus para facilitar esse processo. Esses "laboratórios" individualizados podem parecer que têm características construídas a partir da natureza (a biologia da criança, por exemplo, autismo, dificuldades de aprendizagem) ou da criação (o ambiente em que vive a criança, por exemplo, abuso, divórcio), mas seria um erro acreditar que são recursos de controle. Tanto a natureza quanto a criação estão sob as mãos do Criador onisciente, que fornece tudo o que é necessário para a vida em sua Palavra — pois com Ele está a fonte da vida (Salmos 36:9).

Portanto, ao nos prepararmos para nos encontrar com as crianças, sabemos que falaremos sobre o sofrimento, trataremos sobre o pecado, mas nosso assunto principal será o nosso Salvador, porque, em sua luz, vemos a luz (Salmos 36:9). Na segunda parte deste livro, discutiremos como você pode fazer isso em uma variedade de áreas em que as crianças enfrentam problemas.

Causa-nos tristeza pensar que aqueles que querem acompanhar as crianças acreditariam erroneamente que elas de alguma forma precisam de respostas para os problemas da vida diferentes das que os adultos precisam. Cristo é nossa luz! Ele é *o* caminho, *a* verdade e *a* vida. Não existe uma fórmula separada para crianças que difere essencialmente da fórmula para adultos. Cristo é o caminho.

Decisões sobre o encontro individual com uma criança

Você pode ficar surpreso ao saber que, em um livro sobre aconselhamento de crianças, normalmente não sugeriríamos aconselhar a criança como a primeira opção. De modo geral, encorajamos o aconselhamento para os pais — a fim de prepará-los para aconselhar seus filhos. Aqui está a razão: queremos fazer tudo o que pudermos para ajudar os pais com seus filhos. Deus confiou essas almas preciosas aos pais, e Deus dá aos pais um papel preferencial na educação desses filhos (algo que Ele não deu às escolas, ao governo, à igreja, aos pastores de jovens ou aos conselheiros bíblicos). Deus conferiu aos pais a supervisão primária — e a bênção resultante — desses filhos. Portanto, como conselheiros, queremos ver como nossa primeira responsabilidade preparar os pais para cumprir essa comissão privilegiada de Deus. A implicação disso é que, sempre que possível, queremos nos encontrar primeiro com os pais a fim de capacitá-los a ajudar seus filhos. Às vezes, isso pode ser suficiente.

No entanto, acreditamos que é possível que ajudadores sejam limitados nessa posição a ponto de crianças carentes serem negligenciadas. Há muitas razões pelas quais o aconselhamento direto às crianças pode ser importante. Por exemplo, certamente gostaríamos de considerar o aconselhamento direto para a criança nas seguintes situações:

- Quando os pais precisam de ajuda significativa com seus próprios problemas antes de serem capacitados para ajudar seus filhos e queremos que a criança obtenha ajuda imediata.
- Quando o relacionamento entre pais e filhos é tão ruim que o filho não responde mais aos pais.
- Quando um juiz ordena aconselhamento específico e direto para a criança.
- Quando uma criança não se abre na frente dos pais (talvez devido a abuso, raiva ou medo).
- Quando os pais não têm interesse em seguir a Deus, mas estão dispostos a permitir que seus filhos recebam aconselhamento bíblico.
- Quando um jovem adolescente começa a fazer perguntas ao pastor de jovens ou ao professor sobre a vida, e os pais veem isso como uma oportunidade positiva de permitir que a criança aprenda a buscar conselhos sábios de crentes maduros.

Em situações em que podemos servir melhor à família e à criança, encontrando-nos diretamente com a criança, nossa meta normalmente seria ter pelo menos um dos pais presente enquanto trabalhamos com a criança. Isso é o que consegui fazer com Maya. Os pais de Maya estavam profundamente preocupados com ela, mas se sentiam perdidos ao lidar com as questões urgentes que estavam observando na vida dela. Eu queria que seus pais soubessem o que Maya e eu estávamos discutindo para que pudessem acompanhar e ganhar confiança em suas discussões com Maya.

Portanto, embora possamos primeiro investigar como capacitar os pais, haverá momentos em que nos encontraremos com os pais e a criança juntos, e outras vezes em que nos encontraremos a sós com a criança.

Crescimento progressivo

Se nos for perguntado, acredito que muitos de nós podemos relatar que nos sentimos inadequados quando se trata de aconselhar crianças. Anos atrás, quando comecei a trabalhar em um lar infantil de uma igreja batista, recebi a responsabilidade de me reunir como conselheira e assistente social com algumas crianças sob os cuidados da instituição. Eu senti que esse papel estava além do meu alcance. O que deveria dizer? O que devia fazer? Quando entrei na sala de aconselhamento com essas crianças, eu precisava da ajuda do mesmo evangelho que pretendia revelar para elas. Tanto as crianças quanto eu entramos na reunião sob os cuidados daquele que tem o poder do universo em suas mãos e que nunca usaria esse poder para fazer o mal contra nós. Em vez disso, Ele estava disposto a usar nossas próprias fraquezas e vulnerabilidade como um canal para derramar sua graça e poder em nossas vidas.

As crianças e eu começamos da mesma página — éramos amados por um Redentor que nunca nos abandonaria no meio de uma sessão. Ao contrário, Ele trabalharia todas as coisas juntas para nos transformar à sua imagem, à imagem daquele que amou tão completamente que não negaria nada de bom, mas *negaria* com força e bondade qualquer coisa que não fosse boa (Romanos 8:28-32).

Cometi muitos erros no meu tempo com aquelas crianças. Mas, embora eu fosse uma representante cheia de falhas, Deus também me permitiu misericordiosamente servir como sua embaixadora:

- Para crianças que foram abusadas.
- Para crianças que enfrentaram a morte de um dos pais.
- Para crianças que estavam com raiva e eram rebeldes.
- Para crianças que nunca voltariam a se reunir com seus pais.
- Para crianças que se reencontrariam com seus pais, mas voltariam para casa cheias de conflito e ódio.

Embora eu tenha sido tentada a me desesperar por causa de minhas limitações, Deus nunca vacilou em sua promessa de que usaria até mesmo meus erros para seus próprios bons propósitos (Romanos 8:28-29; veja também Isaías 46:3-4, 8-13). Ele fará o mesmo por você.

Esperamos que os capítulos a seguir o ajudem a estar mais bem preparado para as oportunidades que Deus lhe confiar ao aconselhar crianças. Queremos encorajá-lo a não esperar até que se sinta completamente confiante antes de ministrar para crianças feridas, mas a permitir que seu senso de inadequação o leve a uma dependência mais profunda do Senhor enquanto você se esforça para ser o fiel mensageiro de esperança dele. Deixe-me encorajá-lo com esta citação modificada de Joe Thorn, que ele escreveu em um blog sobre orar por seu pastor,[2]

---

[2] Joe Thorn, "Praying for Your Pastor", *Joe Thorn* (blog), 18 de setembro de 2012, http://www.joethorn.net/blog/2012/09/18/praying-for-your-pastor.

mas que acredito se aplique igualmente àqueles que desejam aconselhar crianças:

Os conselheiros muitas vezes lutam contra o sentimento de fracasso depois de saírem da sala de aconselhamento. Os dias de aconselhamento podem ser momentos de dúvida e frustração para muitos conselheiros. Ore para que você fique tão satisfeito com o que tem em Cristo que, mesmo se você se perder enquanto está aconselhando, permanecerá confiante de que Cristo não perdeu você nem sua palavra. Peça a Deus que lhe dê tal confiança no poder do Espírito e na suficiência das Escrituras que, caso seu aconselhamento falhe em viver de acordo com os padrões divinos, sua esperança permaneça firme, pois Deus pode usar o aconselhamento de qualquer pessoa, não importa quão limitada ela seja, contanto que ela ou ele dê a palavra ao povo. Ore para que você tenha a mentalidade de que "sucesso" é simplesmente fidelidade a Deus e fecundidade determinada por Deus.

2

Metodologia: elementos-chave no aconselhamento infantil

Amy Baker

Digamos que o pastor titular pediu a você que aconselhasse uma criança de 8 anos; mas você não costuma aconselhar diretamente crianças tão jovens; geralmente você aconselha os pais e os capacita para ficarem ao lado de seus filhos pequenos para lhes dar esperança e os ajudar nas necessidades deles.

No entanto, nessa situação, com base em outras conversas com os pais, seu pastor concluiu que oferecer aconselhamento aos pais sobre as lutas de seus filhos simplesmente resultará em pais que irão procurar uma agência de aconselhamento que trabalhará diretamente com seus filhos. Os pais estão muito dispostos a se envolver como participantes do aconselhamento, mas também gostariam que sua filha Kylee, de 8 anos, fosse uma participante ativa.

Você está ciente da incrível oportunidade de apresentar o evangelho que essa situação ocasiona, mas sente que essa tarefa está além do seu alcance. Por onde você começa?

Neste capítulo, vamos tratar sobre componentes de aconselhamento importantes para trabalhar com crianças. Esses elementos-chave fornecerão princípios para estruturar suas sessões de aconselhamento infantil. Considere-os uma base a ser usada como suporte à medida que você prossegue. Você pode ficar surpreso ou não em saber que essa espinha dorsal é basicamente a mesma que usaríamos para aconselhar adultos.

Os meios de esperança e salvação para uma criança são os mesmos para um adulto — Jesus Cristo. À luz dessa realidade central, nossa mensagem fundamental no aconselhamento não muda quando nos dirigimos às crianças. A principal diferença entre aconselhar uma criança e um adulto é garantir que nossa abordagem e linguagem sejam acessíveis e facilmente digeríveis por uma criança.

Você pode descobrir que seu aconselhamento pode ser muito melhorado se você tiver recursos direcionados para ajudá-lo a se conectar com a criança que está à sua frente. Terapias psicológicas inteiras foram construídas em torno do uso de recursos e técnicas que facilitam a conexão com as crianças — terapia lúdica, terapia artística e muito mais. Pesquisadores nas áreas de psicologia, serviço social e aconselhamento têm trabalhado arduamente para identificar maneiras úteis de se relacionar com as crianças, encorajar seu envolvimento com o processo de aconselhamento, coletar dados e dar instruções. Se vai aconselhar crianças regularmente, você pode querer investir em algumas dessas ferramentas a fim de facilitar o processo de aconselhamento.[1] Essa pode ser uma excelente maneira de demonstrar amor por uma criança com dificuldades.

---

[1] Consulte o capítulo 3, "Aconselhamento de crianças de diferentes faixas etárias", de Julie Lowe, para obter ajuda adicional nessa área.

Você não precisa se intimidar com a perspectiva de aconselhar uma criança. Ao aproximar-se, em espírito de oração, para construir uma conexão com um jovem e procurar espaços para compartilhar a verdade, tenha em mente que o tema central do seu aconselhamento não depende dessas ferramentas nem depende de você se sentir um especialista. Com o tempo, você pode desenvolver instrumentos mais úteis para ajudá-lo, mas sua mensagem será imutável. Então, embora você possa investir em personagens de brinquedos de ação, jogos infantis, marcadores e lápis de cor, essas são apenas ferramentas úteis para aprimorar sua mensagem básica.

Os instrumentos podem ser úteis, mas não serão o foco principal deste livro. Nosso objetivo principal é capacitá-lo para usar a Palavra de Deus a fim de ajudar as crianças a ver o excelente, digno de confiança e magnífico Deus que nós temos, e também ajudá-los a ser, eles próprios, imagens cada vez mais precisas da beleza de Deus, amando Deus e o próximo.

Estando isso claro, vamos considerar sete componentes estruturais para o aconselhamento que podem ser a espinha dorsal do seu aconselhamento. Esses elementos-chave são: 1) mostrar amor e começar a construir um relacionamento; 2) reunir dados relevantes; 3) avaliar o problema biblicamente; 4) compartilhar a esperança bíblica; 5) prover instruções bíblicas; 6) atribuir dever de casa prático; e 7) envolver os pais.

Mostre amor e comece a construir um relacionamento

Alguém disse que as pessoas não se importam com o quanto você sabe até que saibam o quanto você se importa com elas. Embora essa observação não seja universalmente verdadeira, acho que quase todos de nós achamos que recebemos instruções e respondemos melhor às pessoas que acreditamos se preocuparem conosco.

Procure oportunidades de mostrar que deseja construir um relacionamento com a criança antes mesmo de chegar ao consultório. Por exemplo, quando se encontrar com Kylee, de 8 anos, você pode se ajoelhar para se apresentar e, assim, poder olhar para Kylee no nível dos olhos dela enquanto diz "olá!". Por outro lado, se você ficar acima dela pode parecer uma atitude intimidatória (ajoelhar-se, em vez de se curvar, torna a pessoa menos imponente).

Para as crianças (como acontece com muitos adultos), estar em situações desconhecidas pode produzir ansiedade. Quando chegam para o aconselhamento, as crianças podem não ter ideia do que esperar e podem ter perguntas sobre aconselhamento que ninguém ainda respondeu.

As perguntas que as crianças podem ter sobre o aconselhamento incluem:

- O que é aconselhamento e por que devo ir?
- Fiz algo de errado? Estou recebendo alguma punição?
- Há algo de errado comigo?
- Mamãe e papai acham que algo está errado comigo? Eles me amam?
- Meus amigos pensarão que algo está errado comigo? Eles vão zombar de mim se descobrirem?
- Vai doer? É como ir ao médico?
- Quanto tempo leva? Quando vou sair disso?
- Se eu não gostar, terei de voltar?
- O que devo dizer e fazer? E se eu disser algo errado?
- Devo contar coisas ruins sobre minha família?

- O conselheiro contará para alguém o que eu disser?[2]

Mostre amor às crianças ao explicar o que acontecerá no aconselhamento e responda às perguntas delas. Você pode começar com uma explicação tal como: "Seus pais queriam que eu me encontrasse com você porque acham que você está passando por algumas coisas difíceis agora. Eles querem ter certeza de que você tem alguém com quem conversar, que o ouça e se esforce para entender o que está acontecendo. É meu trabalho ouvir, fazer o melhor possível para entender e, em seguida, ajudar você a aprender o que fazer sobre essas coisas difíceis. Por ser um conselheiro bíblico, isso significa que vou depender de Deus e da Bíblia para obter as respostas".

Ao procurar demonstrar amor e construir um relacionamento com as crianças que está aconselhando, lembre-se de que está pedindo a elas que lhe comuniquem alguns dos aspectos mais difíceis e preocupantes da vida delas. Pode ser que a criança tenha sofrido abuso, e a descrição do ocorrido poderá trazer sentimentos de grande vergonha. Pode ser que os pais da criança estejam se divorciando e ela tema que, se fizer algo errado, quem ficou com ela também possa ir embora. Talvez a criança esteja lutando com sua identidade sexual e acredite que, se ela lhe contar, você irá condená-la.

Ao procurar construir um relacionamento, tente entender como seria viver no mundo em que ele ou ela vive. Veja as crianças como indivíduos que sofrem e precisam de sua compaixão.

---

[2] Donna A. Henderson E Charles L. Thompson, *Counseling Children*, 8 ed. (Belmont, CA: Brooks/Cole Cengage Learning, 2011), p. 88.

Qualquer que seja o assunto que tenha suscitado a necessidade de conselho, será profundamente pessoal para essa preciosa alma que agora está sentada com você. Poucos de nós se sentem prontos para compartilhar nossas vulnerabilidades com um estranho, então nós, como conselheiros, devemos proceder com cautela e atenção.

Colete dados relevantes

Reunir dados relevantes significa fazer perguntas apropriadas e ouvir com atenção para entender o que está acontecendo na vida e no coração da criança. Frequentemente, a coleta de dados começa antes de uma primeira reunião. Em nosso centro de aconselhamento, pedimos aos pais (e à criança, se possível) que nos forneçam alguns dados preliminares. Solicitamos respostas por escrito às seguintes perguntas.

- Qual é o principal problema, na sua opinião? O que traz você aqui?
- O que você já fez a respeito disso?
- O que podemos fazer? Que expectativas você tem ao vir aqui?
- Conforme você se vê, que tipo de pessoa você é?
- Existe alguma outra informação que devemos saber?

Os pais de Kylee deram as seguintes respostas a essas perguntas:

- Kylee tem demonstrado raiva crescente em relação ao irmão de 4 anos. Recentemente, ela jogou um copo nele, o que poderia ter causado ferimentos graves se sua pontaria fosse melhor.

- Tentamos fazer com que Kylee fosse gentil com seu irmão. Demos adesivos a ela para ser bondosa e a colocamos por um tempo no quarto quando apresentou um comportamento inadequado.
- Precisamos de alguém para ajudar Kylee a aprender a controlar sua ira.
- Kylee geralmente é gentil e atenciosa. Ela é muito querida na escola e tira boas notas.
- Queremos que Kylee possa se encontrar com um conselheiro sozinha, se isso for útil para ela. Desejamos fazer tudo o que pudermos para ajudar nossa filha.

Mesmo que eu saiba o que a criança está enfrentando antes do nosso primeiro encontro, geralmente não começo falando sobre a parte difícil da vida da criança. Costumo começar o aconselhamento com perguntas mais fáceis (algumas das quais já saberei a resposta com base nos formulários de admissão). Gosto de saber onde a criança mora, quem mora com ela (e as relações de cada um desses indivíduos com a criança — mãe, padrasto, irmão biológico, irmão ou irmã adotivos etc.), quantos anos seus irmãos têm, se ela tem animais de estimação, em que série está, onde estuda, se é uma boa aluna, o que mais gosta e o que menos gosta na escola, ou o que gosta de fazer quando não está na escola.

Ocasionalmente, forneço informações sobre mim. Por exemplo: "Você gosta de matemática? Matemática sempre foi difícil para mim". Ou: "Eu também era o filho do meio na minha família". Compartilhar informações é como os relacionamentos são construídos, e meu intuito é deixar claro que desejo desenvolver um relacionamento.

Se você vai aconselhar crianças regularmente, pode achar útil investir em alguns quebra-gelos — como jogos de tabuleiro — para ajudar você a aprender sobre a criança enquanto faz algo de que ela goste. Isso tem o benefício de aliviar a tensão das crianças assustadas ou nervosas, permitindo que respondam enquanto se divertem com um jogo — em vez de ter de encarar um estranho que está fazendo perguntas.

À medida que as crianças começam a se sentir mais à vontade com você e com o ambiente de aconselhamento, você pode começar a fazer a transição para perguntas que lhe darão uma melhor compreensão das partes difíceis da vida delas. Com Kylee, você pode querer descobrir como ela se sente ao estar em um aconselhamento. Ela está com medo de se encontrar com você? Ela está brava por ter de vir? Por que os pais dela acharam importante que ela se encontrasse com um conselheiro? Kylee concorda? Como é o relacionamento de Kylee com seu irmão mais novo? O irmão dela sempre é um problema? O que ela faz quando seu irmão parece um problema? Qual é a sua compreensão do papel de Deus em seus relacionamentos?

Nem todas as crianças são hábeis em descrever verbalmente o que estão enfrentando. Pode ser tentador em tais situações fazer suposições sobre o efeito do ambiente em que estão inseridas nas circunstâncias das crianças. Embora essas suposições muitas vezes sejam precisas, você provavelmente descobrirá que é muito melhor aprender com as próprias crianças. Procure outras maneiras de conseguir as respostas às suas perguntas. Às vezes, você pode fazer isso perguntando de uma maneira diferente.

Outra forma de coletar dados é pedir à criança que faça um desenho. Por exemplo, você pode pedir a ela que crie um desenho da melhor parte de sua vida e da parte mais difícil. Depois de fazer o desenho, você pode pedir que ela explique o que desenhou. Às vezes, isso pode ser uma forma eficaz de coletar dados relevantes.

Por vezes, as crianças acham útil que um dos pais descreva o que está acontecendo. Eu também acho isso útil. Envolver os pais quando estou coletando dados geralmente me proporciona uma descrição mais rica do problema. Ao fazer isso, quero ter certeza de que ainda estou envolvendo a criança. Então, depois de ouvir o pai ou a mãe, posso perguntar à criança o que ela achou do que o pai ou a mãe dela acabou de me dizer. Posso pedir à criança que me conte outros detalhes que os pais não pensaram em me dizer e, em vez de direcionar as perguntas de acompanhamento aos pais, faço essas perguntas à criança.

O aconselhamento deve envolver muita interação, você deve fazer perguntas adequadas e ouvir com atenção para entender o que está acontecendo na vida da criança. Isso não vem naturalmente para a maioria de nós. Aprender a fazer boas perguntas é uma habilidade desenvolvida e aprimorada pela prática ao longo do tempo. Se você se pegar falando, isso pode significar que se transformou em um professor de escola dominical em vez de um conselheiro. Em vez de preparar uma lição com antecedência, pode ser mais útil fazer uma lista recheada de perguntas. Essas perguntas irão ajudá-lo a aprender sobre a criança e incentivá-la a pensar sobre as questões importantes da vida.

Veja a seguir algumas perguntas que podem servir como um meio de reunir dados relevantes. Elas servem apenas para ajudá-lo a preparar o processo; portanto, não pretendem ser uma lista de verificação para uma reunião com uma criança.

- Quem é sua pessoa favorita onde você mora? Por quê? Que tipo de coisas vocês fazem juntos?

- Quem é a pessoa mais difícil de conviver na sua vida? O que você faz quando essa pessoa está por perto?
- Diga-me quantas crianças estão comprando/usando drogas na sua escola? Alguém já compartilhou drogas com você? O que aconteceu?
- Existem muitas gangues na sua escola? Seus amigos fazem parte de gangues?
- Quem são as crianças mais populares da sua escola? Você é uma das crianças populares?
- Você se acha bonito(a)/inteligente/engraçado(a)/atlético(a)?
- Quantas crianças da sua classe você acha que já fizeram sexo? O que você acha disso?
- Quantas crianças transexuais você conhece? E crianças gays?
- Se você fosse fazer uma tatuagem, onde a colocaria e o que seria?
- Você tem namorado/namorada? Há quanto tempo vocês estão juntos? O seu (a sua) amigo(a)/namorado(a) quer fazer sexo com você? Você quer fazer sexo?
- As pessoas perguntam o que você quer ser quando crescer? O que você diz a elas?
- Se você vai à igreja, gosta de ir? Por quê?
- Você diria que é uma pessoa cheia de esperança?
- As pessoas sempre zombam de você?
- Quem são os maiores agressores da sua classe? Eles intimidam você? Como você lida com isso? O que você faz para se proteger de ser intimidado?
- Você acha que Deus seria seu amigo? Como seria ter Deus como seu amigo?

- Quais são as melhores e piores coisas que já aconteceram com você?
- Qual é a pior coisa que já aconteceu em sua família?
- Quando seus pais dizem "não" com mais frequência?
- Você já pediu ajuda a Deus quando as coisas estavam difíceis? Se você pediu ajuda a Deus, o que aconteceu? Se você não pediu ajuda a Deus, como você acha que Ele teria respondido se você tivesse pedido ajuda a Ele?
- Se sua vida não sair do jeito que você quer, o que você vai fazer?

Avalie o problema biblicamente

À medida que começo a conhecer a criança, meu trabalho será interpretar o que estou aprendendo usando as lentes da Palavra de Deus. Eu quero aprender o que está acontecendo no coração da criança porque Provérbios 4:23 nos lembra de que o coração é a fonte de nossa vida — é nosso centro de controle.

Inicialmente, a criança pode ver o problema apenas como algo fora dela. Por exemplo, você pode aprender com Kylee que seu irmão de 4 anos está mexendo nas coisas dela — quebrando coisas e fazendo bagunça. O conflito mais recente ocorreu depois que ele estragou seus sapatos favoritos. Quando você perguntar como ela reagiu às ações de seu irmão, ela pode dizer que contou a seus pais sobre o problema e pediu que ele parasse. À medida que você fizer mais perguntas, talvez descubra que Kylee também começou a bater no irmão e, após o último incidente, ela jogou um copo nele. Claramente, sua agressividade em relação a ele tem aumentado. De acordo com Kylee, o problema é seu irmão. Para Kylee, assim como para outras pessoas que você possa aconselhar, a solução parece ser buscar maneiras de remover ou amenizar as pressões externas. A solução de Kylee para o problema requer encontrar maneiras de impedir que seu irmão se meta nas coisas dela.

Essa não seria, no entanto, uma avaliação totalmente bíblica do problema. Embora seja inteiramente apropriado aprender quais são as pressões externas e sugerir maneiras de remover ou diminuir o impacto dessas pressões, não estaremos oferecendo aconselhamento bíblico se esse for o centro de nossos conselhos.

Imagine que você apertou uma garrafa plástica até que a água dentro dela se derramasse. Se depois disso você perguntar "por que há uma poça d'água no chão?", a resposta será, muitas vezes, porque você apertou a garrafa. No entanto, devemos também considerar que a razão de haver água no chão é porque havia água dentro da garrafa. Não se trata de orvalho da montanha no chão; não há leite no chão. O que está lá é água. O que está no chão só pode estar lá porque é o que estava originalmente na garrafa.

Nessa ilustração, apertar a garrafa plástica representa a pressão das circunstâncias e do ambiente sobre a criança. À medida que a pressão é exercida sobre a criança por fatores externos, o que está no interior do coração da criança é derramado. O conteúdo do coração não é alterado pela pressão, a pressão simplesmente traz o que está no coração para a superfície a fim de que possa ser revelado. Se o coração estiver cheio de medo e raiva, a pressão trará medo e raiva.

Como conselheiros bíblicos, queremos reunir habilmente dados relevantes para que possamos avaliar com precisão o que está acontecendo no coração. Avaliar o problema biblicamente nos coloca em uma posição mais forte para oferecer as promessas de Deus de conforto, libertação da culpa, perdão, libertação da vergonha, paz que transcende todo o entendimento e, o mais importante, um Salvador, Rei e Redentor.

Na situação de Kylee, a pressão externa de seu irmão de 4 anos bagunçando suas coisas trouxe à tona a raiva e a agressão. Que desejos, motivos e medos estão causando agressividade? Tiago pergunta: "De onde vêm as guerras e contendas que há entre vocês? Não vêm das paixões que guerreiam dentro de vocês?" (Tiago 4:1, NVI). Para avaliar o problema biblicamente, precisamos ir ao coração. Isso não é algo que acontecerá em apenas um encontro com Kylee. Os desejos de nosso coração costumam ser disfarçados ou ocultos. Portanto, planeje trabalhar pacientemente para ajudar Kylee a aprender a entender seu próprio coração. Conforme você trabalha por várias semanas para aprender o que está acontecendo internamente, você pode progredir de respostas como: "Eu fico com raiva quando meu irmão pega minhas coisas porque ele estraga o que me pertence", para respostas como esta: "Eu não gosto quando meu irmão estraga minhas coisas. Se ele estragar minhas roupas e sapatos, não teremos dinheiro para comprar coisas novas, e as outras meninas da escola não vão achar que sou legal. Terei que usar roupas como as que Abby Dubronis usa, e vão zombar de mim".

Aprender isso afeta nossa avaliação bíblica do problema. Kylee não é apenas uma garotinha que precisa de instruções para controlar a ira. Ela é uma garotinha que tem medo de ser rejeitada, deseja a aprovação dos outros e está motivada a fazer o que for necessário para garantir que não sofra por causa da zombaria dos outros.

Compartilhe esperança bíblica

Em todas as nossas sessões de aconselhamento, queremos compartilhar a esperança bíblica. No mundo de Kylee, a perspectiva de ser ridicularizada é devastadora. A única maneira que ela conhece de garantir que não seja abandonada e ridicularizada pelas outras meninas na escola é ser legal. Sua fonte de esperança é ser aceita pelos colegas de classe, e a ameaça de perder isso a fez ficar com raiva e ser agressiva com o irmão mais novo. Kylee não tem esperança de que seja boa o suficiente para chegar à terceira série. Deus, no entanto, oferece a sua esperança eterna, uma esperança tão eficaz que não vai secar nem desaparecer quando nosso sofrimento aumentar. Ao proporcionar a esperança bíblica, temos o privilégio de levar Kylee ao Pai de toda a compaixão, o qual enviou seu Filho para nos resgatar do desespero e nos dar uma esperança viva que nunca irá decepcionar.

Os medos de Kylee sobre uma possível rejeição são significativos, como seriam para todos nós. A dor rude causada pelo sofrimento pode facilmente nos cegar para qualquer conforto ou encorajamento. A primeira coisa que Kylee precisa aprender é contar a Deus o que está acontecendo e como está sendo difícil. Ao fazer isso, ela dará o primeiro passo para se apegar àquele que, ao contrário de seus "amigos", nunca a abandonará, carregará sua tristeza e nunca mostrará desdém por ela.

Enquanto continuamos a compartilhar a esperança bíblica com Kylee, também queremos ajudá-la a aprender como Deus é poderoso. Como tarefa de casa, você poderia pedir a Kylee para dramatizar com os pais algumas das narrativas do Antigo Testamento que mostram o poder de Deus ou alguns dos milagres do Novo Testamento em que Jesus ressuscita mortos. O Deus que pode fazer todas essas coisas também pode proteger o coração de Kylee do medo do que os outros pensam dela. Ela tem um propósito maior na vida do que escapar do desdém de seus colegas de classe. Kylee foi criada para mostrar como Deus é magnífico e lindo — e isso é ainda melhor do que ter outras crianças de 8 anos pensando que você é legal.

A maldição do pecado trouxe sofrimento à vida de Kylee. Outras meninas zombam de quem não vive de acordo com seus padrões e são arrogantes com os colegas que não podem comprar roupas como as que elas vestem. Elas perseguem estranhos, e suas palavras causam feridas que serão carregadas até a idade adulta.

Deus, no entanto, convida Kylee, seus pais e todos nós para um relacionamento profundamente íntimo com ele. Ele nunca nos julgará com base em nossos sapatos, roupas ou qualquer outro aspecto de nossa aparência. Quando nossos corações estiverem quebrados, ele estará por perto. Quando nossos "amigos" nos ferem profundamente, Ele carrega nossas tristezas.

Deus também se oferece para perdoar os destruídos e oprimidos pelo pecado — aqueles que sentem uma raiva incontrolável por dentro e carregam o pesado fardo da culpa ao olharem os destroços provocados pelo medo e pela raiva. Nesses momentos de culpa e vergonha, Deus oferece a alegria do perdão e a coroa da compaixão. Temos um Deus que satisfaz nossos desejos com coisas boas. Temos esperança!

Ofereça instruções bíblicas

Conhecer as lutas e o sofrimento vividos pelas crianças a quem aconselhamos é capaz de despertar em nós um sentimento de compaixão. Uma das maneiras de demonstrar nossa compaixão é oferecer instrução bíblica e ajudar as crianças a ver Jesus. Em Marcos 6:34, vemos o próprio Jesus respondendo ao desamparo e à fome espiritual das multidões ao seu redor, reservando um tempo para ensiná-los. O texto diz: "Quando Jesus saiu do barco e viu uma grande multidão, teve *compaixão* deles, porque eram como ovelhas sem pastor. *Então começou a ensinar-lhes muitas coisas*" (NVI, grifo meu).

Isso está diretamente ligado ao nosso objetivo de aconselhamento. Queremos usar a Palavra de Deus para ajudar, de forma amorosa, as crianças que aconselhamos a se tornarem pessoas que consideram Deus extremamente magnífico, confiável e bom e, como resultado, passarem a ter o desejo de ser uma imagem cada vez mais precisa da beleza dele ao amar Ele, assim como aos outros. Embora a beleza de Deus possa parecer óbvia para você, pode não ser óbvia para a criança que você está aconselhando. A criança pode ter todos os tipos de percepções equivocadas sobre Deus.

À medida que coletar dados relevantes, você conseguirá entender a compreensão que a criança tem de Deus. Talvez ela não saiba que Ele é bom. Talvez ele ou ela tenha em mente a imagem de um Deus muito zangado e ansioso para punir qualquer desobediência. Talvez a criança tenha sido ameaçada com a ira de Deus para andar na linha.

Se essa é a percepção da criança, prometer que Deus nunca deixará ou abandonará aqueles que pertencem a Ele não trará esperança nem será atraente para a criança. Quem gostaria de ter por perto um Deus que está sempre buscando oportunidades para puni-lo?

Talvez a criança pense que Deus não é confiável. É possível que, enquanto sentia medo, ela tenha ouvido de alguém Salmos 91:9-16, prometendo que Deus nunca permitiria que algo mau acontecesse se ela confiasse nele. Mais tarde, quando a avó dela morreu de câncer, a criança decidiu acreditar que Deus não era confiável. A criança pode não entender que o "dano" que Deus não permitirá aos que lhe pertencem é algo que prejudicaria permanentemente a alma dela ou a separaria dele. Tudo o que ela sabe é que sua avó morreu e Deus permitiu que isso acontecesse. Deus e sua Palavra não parecem ser confiáveis.[3]

---

[3] John Piper, "Your Executioner May Laugh You to Scorn for Quoting Psalm 91", *Desiring God* (article), August 15, 2002. https://www.desiringgod.org/articles/

Talvez a criança não pense que Deus é tão magnífico. No mundo infantil, pode ser que o nome de Deus seja apenas um palavrão para ser usado quando você está com raiva.

Reúna dados para compreender o conceito de Deus da criança e, em seguida, use a riqueza das narrativas do Antigo Testamento, as emoções do livro de Salmos e o exemplo de pergunta e resposta dos evangelhos para fornecer instruções bíblicas sobre quem é Deus. Você pode descobrir que Kylee não sabe quase nada sobre Deus. Isso significa que você pode apresentá-la ao Deus vivo!

O mundo de Kylee se tornou um lugar doloroso. Ela tem lutas genuínas e é desajeitada em suas tentativas de controlar as circunstâncias em que se encontra. Kylee precisa conhecer o Deus que é poderoso, confiável e bom.

Mostre o quadro geral

Todos nós fomos designados com a missão de mostrar como Deus é belo, bom e maravilhoso (por exemplo, Gênesis 1:26-27; Isaías 43:7; Romanos 8:29; Efésios 1:4,11-13). As crianças precisam saber que Deus as criou para viver por algo muito maior do que sua melhor vida agora. Elas precisam saber que o propósito de Deus para a vida delas é glorificá-lo.

---

your-executioner-may-laugh-you-to-scorn-for-quoting-psalm-91. John Piper descompacta esta passagem com este resumo útil: minha conclusão é que o salmo 91 representa duas coisas sobre o sofrimento dos santos. Uma é que muitas vezes Deus surpreendentemente os livra fisicamente quando outros ao seu redor estão caindo. A outra é que Deus frequentemente permite que seus filhos sofram, mas proíbe que o sofrimento os machuque no final. Esse mal nunca vai suceder a você.

Simplesmente conhecer nossa missão na vida, no entanto, não é útil se também não soubermos como cumpri-la. De acordo com Jesus, cumprimos nossa missão amando a Deus e amando os outros (Mateus 22:36-40).

Kylee tornou sua missão obter a aprovação de outras pessoas, mas isso não trouxe a paz que ela está buscando. Seus desejos e escolhas a colocaram em um caminho de destruição relacional com seu irmão, com seus pais e até mesmo com seus colegas de classe.

Compare isso com o caminho encontrado na Palavra de Deus — ela refrigera a alma, torna sábias as pessoas simples, alegra o coração e traz grande recompensa (Salmos 19:7-11). Como Kylee permite que Deus e sua Palavra sejam seus professores, sua alma destruída pode ser trazida de volta à vida. Em vez de usar a solução de jogar copos nos outros para resolver problemas, ela pode crescer em paciência e aprender a usar a ajuda de seus pais para tratar dos problemas com seu irmão. Em vez de viver com ansiedade por ser condenada ao ostracismo, seu coração pode confiar que Deus cuidará dela. E, em vez de perder se seus colegas a tratarem com desdém, ela pode ganhar um tesouro mais precioso do que ouro (Salmos 19).

Passe uma lição prática para ser feita em casa

Ao fornecermos instruções bíblicas, queremos ajudar as crianças a quem aconselhamos a colocar em prática esses princípios para que se tornem praticantes da Palavra, não apenas ouvintes (Tiago 1:22). Dar tarefas no final da sessão para as crianças praticarem durante a semana as incentiva a ver como esses princípios se refletem em suas preocupações da vida real.

À medida que as crianças aprendem a confiar em Cristo e colocam o ensino bíblico em prática, elas serão capacitadas para enfrentar as tempestades da vida que surgem contra elas (Mateus 7:24-27). Embora possam ser atingidas pelas tempestades de rejeição, tentação sexual, abuso ou outras formas de sofrimento e tentação, elas não serão destruídas. Em vez disso, podem se juntar a outras incontáveis pessoas na confiança de que Deus um dia acabará com tudo o que está errado e que todas as lágrimas serão enxugadas de todos os olhos.

Como regra geral, gosto de dar às crianças uma parte para "pensar" e outra para "fazer" em cada tarefa para ajudar a solidificar o conceito no qual estamos trabalhando. Eu uso as tarefas de "pensar" para revisar e expandir o que estão aprendendo na sessão e para ajudar as crianças a avaliar quais desejos as estão influenciando. Já as de "fazer" eu uso para ajudar as crianças a colocar as instruções em prática ou para coletar dados.

Quando começo a aconselhar Kylee, meu primeiro objetivo é apresentá-la a Deus, que a criou e a ama. Se eu quiser ajudar Kylee a ver a bondade de Deus, o dever de casa pode ser assim:

1. Leia Salmos 119:68 em voz alta cinco vezes por dia para alguém de sua família.
2. Traga dois de seus presentes favoritos de Deus para me mostrar no aconselhamento na próxima semana. Pode ser um brinquedo (como uma boneca ou bichinho de pelúcia), pode ser uma comida de que você goste, pode ser a foto de um amigo ou um jogo favorito.
3. Todos os dias escreva algo para agradecer a Deus.
4. Anote todas as decepções que você sentiu.

Aqui estão algumas outras ideias iniciais para as tarefas. Novamente, são apenas para preparar o terreno. Algumas tarefas são planejadas para ajudar a coletar dados relevantes, umas para ajudar a criança a se aproximar de Deus e outras para ajudar a criança a construir relacionamentos.

As tarefas para coletar dados relevantes podem incluir:

- Faça um desenho da melhor coisa e da coisa mais difícil da sua vida.
- Escreva ou registre uma história sobre o seu dia.
- Traga uma lista de reprodução das músicas que você mais ouviu esta semana.
- Escreva uma carta para a pessoa que tem zombado de você, dizendo o que você tem medo de dizer diretamente ao agressor. Leve isso para a sessão de aconselhamento na próxima vez para que possamos conversar sobre isso.
- Mantenha um diário sobre seus aborrecimentos. Registre o que aborreceu você, o que você fez e o que você gostaria de ter feito.

As tarefas para ajudar a criança a se aproximar de Deus podem incluir:

- Faça um elogio sobre como Deus é grande.
- Reveja um versículo relevante sobre o caráter de Deus dez vezes por dia.
- Encene a história do Antigo Testamento que discutimos na sessão de hoje e faça um vídeo enquanto você faz a encenação.
- Ouça uma música designada (que ensina a verdade bíblica) três vezes ao dia.

- Comece uma lista de coisas pelas quais você pode agradecer a Deus. Adicione algo mais a essa lista todos os dias.
- Clame a Deus e peça que Ele ajude você.

As tarefas para ajudar a criança a construir relacionamentos e desenvolver melhores habilidades de comunicação podem incluir:

- Esteja pronta para tocar suas duas músicas favoritas para mim na próxima vez.
- Faça uma caminhada com seus pais e conte a eles o que discutimos no aconselhamento.
- Conte à mamãe e ao papai a melhor parte do seu dia quando você chega da escola a cada dia.
- Peça a seus pais que orem com você. (Essa tarefa encoraja não apenas um relacionamento com Deus e os pais da criança, mas também desenvolve hábitos de ter Deus como uma parte natural da relação pais-filhos.)
- Faça uma lista de dez coisas que você poderia fazer para ser legal com seu irmão. Pratique uma delas todos os dias.
- Relacione dez coisas que você pode dizer quando alguém é rude com você na escola.
- Apresente-se a uma pessoa na escola ou na igreja. Descubra quantos irmãos eles têm.

Envolva os pais

Minha forte preferência ao aconselhar crianças é fazer com que os pais participem da sessão de aconselhamento. Há várias razões para isso.

1. Os pais são aqueles que prestarão contas a Deus por criar e educar seus filhos. Embora um conselheiro (professor, técnico, professor de escola dominical ou pastor de jovens) possa oferecer grande ajuda nessa tarefa, os pais são os encarregados de cuidar e instruir seus filhos. Portanto, eles devem fazer parte do processo de aconselhamento tanto quanto possível.
2. Os pais fornecem uma visão ampla sobre a criança. Eles podem explicar o que observam na vida dela. Isso pode ajudá-lo a se mover na direção certa.
3. Você deseja que os pais acompanhem a criança. Ao ensinar os princípios da Palavra de Deus, você deseja que os pais saibam o que foi ensinado para que possam revisar, lembrar e reforçar esse ensino ao longo da semana.
4. Você deve fazer tudo o que puder para promover relacionamentos fortes entre os pais e os filhos. Quando os pais não estão presentes durante a sessão de aconselhamento, isso tende a excluí-los do relacionamento.
5. Se os pais não souberem como ajudar seus filhos, deixe-os observar as coisas que você ensina e as maneiras como se comunica. Isso ajuda a prepará-los para serem pais mais eficazes.
6. Você pode obter oportunidades de ajudar os pais em algumas de suas próprias dificuldades, ao observarem você ajudando o filho deles.

Se os pais não participarem de toda a sessão, considere pedir-lhes que estejam presentes nos últimos 10 minutos. Prepare as crianças para isso e pergunte-lhes se gostariam de contar aos pais o que você discutiu até então. Pergunte aos pais se eles têm alguma dúvida. É importante que as crianças estejam presentes nessa conversa para que ouçam tudo o que você e os pais delas dizem. Também ajuda se os pais derem o exemplo de como se comunicar de maneira produtiva durante o conflito.

Naturalmente, pode haver ocasiões em que os próprios pais precisem de conselhos que não sejam sobre os filhos. Em tais situações, seria apropriado explicar aos filhos que o motivo da reunião é os pais obterem ajuda sobre um problema que eles têm; a reunião não é para discutir sobre a criança pelas costas dela.

O resultado ideal ao final do aconselhamento é que a criança e os pais tenham dado passos para descobrir que Deus é extremamente magnífico, confiável e bom e que, como resultado, eles estejam vivendo com o desejo de ser uma imagem mais precisa da beleza de Deus por amar a Ele e ao próximo, usando a Palavra de Deus como guia.

3

Aconselhamento de crianças de diferentes faixas etárias: idades e fases do desenvolvimento[1]

Julie Lowe

Os modelos de desenvolvimento orientam as interações profissionais com as crianças, seja entre médicos, especialistas em educação e aprendizagem ou conselheiros. Embora vários modelos sejam usados, as seguintes listas de exemplo foram criadas com o propósito de ajudar no ministério de aconselhamento individual com crianças.

Existem cinco fases de desenvolvimento: primeira infância (fase 1 e 2), média infância, terceira infância, pré-adolescência e adolescência. Essas divisões são flexíveis e baseadas na observação de grandes populações de crianças. Por esse motivo, dividimos a primeira infância em duas categorias separadas. Cada estágio tem marcos gerais que dão uma noção de onde uma criança pode se encaixar, mas sempre há um

---

[1] Capítulo adaptado de Julie Lowe, *Building Bridges: Biblical Counseling Activities for Children and Teens* (Greensboro, NC: New Growth Press, 2020). Usado com permissão.

espectro que permite várias taxas de desenvolvimento. É um processo contínuo, a ser avaliado regularmente.

Em todos os casos, é essencial se tornar um especialista em conhecer a criança que está à sua frente. Com esse conhecimento, você avalia sabiamente o desenvolvimento da criança e se (ou como) isso está a influenciando, discerne em que aspectos a criança está se desenvolvendo, mas em um ritmo mais lento, ou em que áreas ela se destaca dentro da normalidade; além disso, você avalia em que áreas de desenvolvimento a criança está além de sua faixa etária ou atrasada de forma significativa e prejudicial a ponto de requerer uma intervenção.

Com o tempo — e ao observarmos estilos de vida, normas e padrões culturais —, também veremos mudanças no desenvolvimento das crianças. Por exemplo, algumas pesquisas mostram que as crianças que passam mais tempo em dispositivos eletrônicos geralmente são mais lentas no desenvolvimento da força necessária nas mãos. Como resultado, o desenvolvimento da capacidade de segurar lápis, cortar com tesouras, usar fios de barbante, discernir cores ou montar quebra-cabeças de trabalho sofre um atraso significativo. Variáveis como essa nem sempre se refletem nas diretrizes de desenvolvimento, mas afetam aspectos funcionais da criança.

Implicações críticas para o aconselhamento

Tudo isso é importante para aqueles que ministram ou aconselham crianças porque avanços ou atrasos no desenvolvimento geralmente têm efeitos emocionais, sociais e espirituais para os jovens. Impacta a forma como eles se veem, se comparam aos outros ou dão sentido a suas experiências. Devemos estar preparados para ajudá-los a navegar por essas coisas com precisão.

Por exemplo, se uma criança tem pensamento muito concreto, nós a confundiremos se usarmos metáforas e analogias que ela não consegue compreender. Tendemos a ver isso em crianças pequenas, em crianças com espectro autista e até mesmo em adolescentes que são literais e concretos por natureza. Podemos frustrá-los, assim como a nós mesmos, tentando fazê-los pensar de forma abstrata.

Da mesma forma, se uma criança tem um período de atenção curto, mas nós a forçamos a se sentar, falar e se concentrar por mais tempo do que convém, geramos frustração, uma atmosfera desagradável, de modo que a criança desenvolverá uma certa resistência em voltar ou se envolver conosco.

Há crianças que se sentem intimidadas pelo contato visual e que se abririam muito mais rapidamente se nós promovêssemos uma distração (como uma atividade, simplesmente desenhar ou construir algo) enquanto conversamos. Elas se envolvem com menos esforço e mais vulnerabilidade quando realizam alguma atividade com as mãos. Atividades atrativas podem ser muito úteis e proveitosas.[2]

O conhecimento que temos sobre as crianças também serve para nos orientar na forma como as abordamos e conversamos com elas. Ministrar na vida dos jovens, conversar com eles, exige que façamos o nosso melhor para tornar nossas palavras cativantes, claras e atraentes quanto for possível para eles. Costumo ver crianças e adolescentes que assimilam as informações com certa lentidão. Se não adaptarmos nossas interações, eles podem se perder na conversa e não entender o que

---

[2] Veja o último livro de Julie Lowe, *Building Bridges: Biblical Counseling Activities for Children and Teens* (Greensboro, NC: New Growth Press, 2020), para exemplos adicionais de atividades de aconselhamento bíblico para crianças de diferentes idades.

estamos dizendo. Quando as crianças não entendem, muitas vezes só acenam com a cabeça ou nos deixam continuar falando. É incomum (mas acontece) um jovem realmente nos avisar quando não entende o que foi dito; na maior parte das vezes, eles simplesmente fingem que entendem só para nos tranquilizar. Porque não querem parecer tolos, evitam fazer perguntas. Em vez disso, eles se desligam de nós — assim evitam que sejam considerados relutantes ou rebeldes, quando na realidade apenas não compreenderam o que foi dito a eles. Queremos assumir a responsabilidade de encontrar portas abertas para o mundo deles, atraí-los e oferecer respostas com eficácia.

Não acredito que o desenvolvimento direcione tudo o que fazemos; ele simplesmente nos ajuda a construir uma imagem mais ampla e mais nítida da criança como um todo. Desenvolvimento, temperamento e traços, além de serem características inatas, não determinam a vida de uma pessoa. É imperativo que nossas observações sejam feitas a partir de uma cosmovisão bíblica — que vê os jovens como portadores de imagens; compreende a natureza humana; e reconhece nossa inclinação inerente para o pecado e como nosso corpo e desenvolvimento são impactados por pecado, fraqueza, sofrimento e quebrantamento.

Conforme as crianças e adolescentes se desenvolvem, eles estão formando visões de identidade, autocompreensão, normalidade e valores, relacionamentos (com o homem e Deus) e tomada de decisões morais. Também sabemos que todos nós processamos a vida e as experiências de maneira diferente e, muitas vezes, de forma imprecisa. As crianças precisam de sabedoria vinda de fora de si mesmas; elas precisam de ajuda para compreender quem são perante o Senhor e como viver em um mundo destruído. Quando elas parecem ou se sentem diferentes dos outros, quando não conseguem acompanhar as pessoas ao seu redor ou quando não são aceitas por suas diferenças, precisamos encaminhá-las a um Criador que as ajuda a dar sentido às suas vivências.

Aprender a compreender o desenvolvimento e a natureza do coração humano o ajudará a desenvolver sabedoria ao juntar as peças do quebra-cabeça e auxiliar os jovens.

Marcos de desenvolvimento da primeira infância fase 1 (idade: 3-4 anos)

Físico

- Aprendem a segurar utensílios e ferramentas de escrita.
- São capazes de começarem a se vestir.
- Desenham linhas e círculos.
- Demonstram qual é sua mão dominante.
- Correm, pulam e sobem de forma independente.
- Podem usar o banheiro por conta própria.
- Sabem pedalar.
- Estão cientes do seu gênero.

Emocional

- Podem dizer o que é real e fictício.
- Identificam emoções básicas.
- Mostram mais independência e preferências.
- Correspondem à identidade e segurança estabelecidas pelos cuidadores.
- Percebem o mundo do ponto de vista de si mesmo.
- Tornam-se mais sociais e gostam de fazer amigos.
- Gostam de imitar pais ou cuidadores.

Cognitivo

- Podem contar até dez ou mais.
- Podem formular suas próprias ideias e questões.
- São mais literais e concretas na sua compreensão.
- Recitam canções, rimas e histórias simples.
- Constroem frases.
- Mostram suas próprias preferências, gostos e aversões.
- São incapazes de ver outras perspectivas além da sua própria.
- Podem completar quebra-cabeças e jogos de memória.
- Começam a entender causa e efeito.
- Concentram sua atenção geralmente de 5 a 10 minutos.

Social

- Expressam o mundo interior por meio de brincadeiras.
- Começam a aprender a cooperar e compartilhar.
- Entram em papéis de personagens.
- Estabelecem laços com um amigo.
- Podem seguir jogos fáceis e regras simples.
- Observam o mundo físico ao seu redor.
- Aprendem a revezar.
- Testam autoridade, demonstram vontade própria.

Espiritual

- Aprendem o certo e o errado pelo exemplo.
- Compreendem verdades simples de formas concretas.
- Formam a consciência, que ainda não está desenvolvida, pelo que é usado como modelo.

- Compreensão literal de Deus, céu, pecado, obediência, bondade e compartilhamento.
- Padronizam a obediência a Deus a partir da obediência aos pais.
- Compreendem o bom e o mau comportamento, muitas vezes por meio de consequências associadas a eles.

Recursos úteis

- Bonecos de areia e miniaturas.
- Casa de bonecas para identificar papéis familiares, regras, padrões.
- Cenários de dramatização e utensílios.
- Instrumentos musicais para autoexpressão.
- Materiais de arte: papel em branco, marcadores, giz de cera, cola etc.
- Livros, imagens e emprego de histórias contadas para transmitir mensagens e conhecimento.

Marcos de desenvolvimento da primeira infância fase 2 (idade: 5-6 anos)

Físico

- Falam com clareza.
- Podem se vestir totalmente.
- São capazes de amarrar os sapatos.
- Fazem maior uso da imaginação.
- Começam a aprender letras e formas.
- São capazes de aprender a andar de bicicleta.

Emocional

- Podem começar a demonstrar empatia.
- Aprendem a controlar os impulsos.
- Mostram mais independência e preferências.
- Manifestam ansiedade e emoções nas brincadeiras e na fantasia.
- Demonstram uma ampla gama de emoções.
- Podem misturar realidade e fantasia.
- Tornam-se mais sociais e gostam de fazer amigos.
- Começam a verbalizar sentimentos de dúvida, culpa, vergonha, constrangimento.

Cognitivo

- Têm maior consciência do mundo exterior.
- Seguem múltiplas etapas/direções.
- Demonstram maior consciência de causa e efeito fora de si mesmos.
- Apresentam uma crescente consciência de tempo.
- Podem dizer o que é real e fictício.
- Lembram-se de palavras e eventos associados a tocar, cheirar e ouvir, bem como emoções (tanto agradáveis quanto ameaçadoras).
- Podem começar a resolver problemas simples.
- Possuem tempo de atenção média de 10-15 minutos.

Social

- Aprendem a cooperação em grupos.
- Mostram mais independência na construção de relacionamentos.

- Podem fazer parte de um grupo, mas não interagir muito porque se veem em primeiro lugar.
- Têm seus relacionamentos baseados em gostos comuns.
- Gostam de jogos e brincadeiras estruturadas.
- Querem ser amados e aceitos.
- Podem seguir regras e gostam de fazer com que os outros as sigam.
- Podem começar a demonstrar espírito de competição.
- Querem que tudo seja justo — é nesse contexto que os acessos de raiva podem surgir.

Espiritual

- Sabem que a Bíblia é um livro importante sobre o povo de Deus e sobre Jesus.
- Desenvolvem um senso de comunidade na igreja e frequência.
- Gostam de histórias sobre Jesus e apreciam ouvi-las repetidas vezes.
- Tendem a aceitar adultos que estão dispostos a ouvir suas muitas perguntas.
- Fazem muitas perguntas: Onde está Deus? Ele come? Quem criou Deus? Por que Deus é invisível?
- Confiam na autoridade para sua bússola moral.
- Aprendem a fazer orações fáceis e simples.
- Começam a desenvolver a consciência sobre o pecado e o comportamento.
- Podem ser encorajados a dar sua própria oferta a Deus e à igreja.
- Podem experimentar e desfrutar o mundo de Deus.

Recursos úteis

- Materiais de arte: lápis de cor, giz de cera, marcadores, cola, artesanato simples.
- Livros e histórias que ajudam a aprofundar e reafirmar uma mensagem/verdade.
- Lições práticas para ajudar a transmitir uma mensagem ou verdade.
- Instrumentos musicais para contar ou criar suas próprias histórias ou canções.
- Fantoches, miniaturas ou casas de bonecas/bandejas de areia — dramatização e aplicação pessoal.
- Outras maneiras concretas de transmitir a mensagem/verdade que você deseja afirmar.
- Jogos simples para fazer perguntas, dramatização ou cenários da vida real para serem trabalhados.

Marcos de desenvolvimento da média infância (idade: 7-9 anos)

Físico

- Apresentam dentes definitivos e um maior apetite.
- Melhoram a coordenação da escrita e a coordenação mão-olho.
- Tornam-se mais ativos e gostam de esportes/atividades.
- Apresentam uma fala clara e um vocabulário maior.
- Melhoram a coordenação e força.
- Com um número crescente de crianças, podem entrar na puberdade (por volta dos 9 anos).
- São capazes de desenhar imagens mais complexas com objetos, pessoas e animais.

Emocional

- Gostam de afeto e afirmação dos adultos.
- Apresentam uma crescente autonomia em relação aos pais em muitas aptidões e habilidades.
- São influenciados por amigos de forma crescente de modo que seus gostos/aversões são moldados a partir dessa influência.
- Demonstram maior capacidade de controlar os impulsos e pensar antes de agir.
- Podem articular muitas emoções e sentimentos.
- Podem ser mais argumentativos e obstinados.

Cognitivo

- Podem começar a entender ideias mais abstratas.
- Gostam de humor e risos.
- Podem pensar de forma mais sistemática; são capazes de generalizar o que é aprendido.
- Aumentam a capacidade de relembrar eventos e lembrar a sequência deles.
- Avaliam mais questões e ficam mais curiosos sobre a vida.
- São capazes de soletrar palavras e ler livros.
- Tornam-se amplamente verbais.
- Apresentam capacidade variável de atenção, mas que dura em média 15 minutos.

Social

- Frequentemente, preferem grupos de amigos do mesmo sexo.
- Querem a aprovação de seus amigos.

- Gostam de interações sociais e atividades em grupo.
- Podem aproveitar o tempo sozinhos.
- Começam a exercer liderança e status em grupos sociais.
- Possuem identidade de grupo afirmada por gostos: esportes, música, arte.
- Começam a buscar pertencimento no círculo de amigos.
- Começam a estabelecer *hobbies* e interesses.

Espiritual

- Tornam-se mais curiosos, fazendo perguntas sem fim ao explorar o mundo de Deus.
- São capazes de reconhecer o embate entre ver as coisas "do meu jeito" ou "do jeito de Deus".
- Praticam amor e confiança como resultado do modelo dos pais ou outros adultos importantes; começam a entender o amor de Deus.
- Podem ser orientados por regras (ou seja, "siga as regras e você será bom" — em vez de "Jesus nos torna bons").
- Aprendem que os pais obedecem a Deus e que também devem obedecer a Deus.
- Possuem forte senso de justiça e mostram-se propensos a serem farisaicos.
- Desenvolvem empatia e amor pelos outros e por novas pessoas.
- Demonstram relacionamento pessoal com Deus ao pedirem ajuda a Deus para mudar e fazer o que é certo.
- Imitam e repetem o que os pais fazem.
- Reconhecem o mau comportamento e o pecado dos outros.
- Apresentam a consistência como uma das qualidades mais importantes para o desenvolvimento moral e espiritual.

Recursos úteis

- Objetos concretos, em vez de apenas imagens.
- Histórias a partir de canções, músicas, livros, dramatização.
- Histórias e livros que despertem o interesse da criança e ajudem a desenvolver um sentimento de admiração e entusiasmo.
- Projetos/ideias/trabalhos de casa concretos para os pais, para praticarem novas verdades ou coisas que estão aprendendo em casa ou no ambiente escolar.
- Materiais de arte, para continuar a extrair e se envolver com ideias.
- Ferramentas criativas como bolas ou jogo tipo Jenga, com perguntas e cenários de dramatização, para estimular a conversa e o processamento de coisas difíceis enquanto faz algo agradável.
- Criação de espaços ou mundos (de fantasia ou reais) para aprender a lidar com ressentimentos, eventos ou ideias.

Marcos de desenvolvimento da terceira infância (idade: 10-12 anos)

Físico

- Tornam-se enérgicos e ativos.
- Podem entrar na puberdade — desenvolvimento sexual evidente, alterações na voz e aumento do odor corporal são comuns.
- A altura e o peso aumentam progressivamente.
- A pele fica mais oleosa e pode desenvolver espinhas.
- O corpo começa a passar por mudanças.
- Crescem pelos em várias áreas do corpo.
- Desenvolvem proporções corporais semelhantes às de um adulto.

Emocional

- Oscilam entre confiança e insegurança.
- Apresentam maior oscilação de emoções e mau humor.
- Começam a se definir pela maneira como os outros os veem.
- Distinguem vontade, ações e motivos.
- Têm capacidade de ver a partir de pontos de vista diferentes.
- Estão mais cientes dos pontos fortes e fracos.

Cognitivo

- Maior capacidade de aprender e aplicar habilidades.
- Apresentam uma visão de mundo que extrapola a perspectiva meramente dicotômica (preto-branco/certo-errado).
- Estabelecem habilidades de pensamento abstrato, mas revertem para o pensamento concreto sob estresse.
- Desenvolvem capacidade interpretativa.
- Ainda não são capazes de chegar a conclusões, como inferir um motivo ou razão hipotética.
- São capazes de responder perguntas sobre quem, o quê, onde e quando, mas ainda podem ter problemas com por quê.
- Aprendem a pensar além de experiências e conhecimentos pessoais.
- Apresentam capacidade bastante variável de atenção; em média 20 minutos por vez.

Social

- Apresentam maior capacidade de interagir com colegas.
- Mostram mais interesse no sexo oposto.

- Frequentemente lutam para se relacionar com os colegas, seja por ser controlado ou por ser controlador.
- Imaginam-se como adultos e independentes.
- Buscam ser aceitos no círculo de amigos.
- Definem a autoestima em parte pelo sucesso na escola.
- Maior capacidade de se envolverem em competição.
- São capazes de compreender e se envolver com as emoções e as lutas dos outros.
- Têm uma forte identidade de grupo; cada vez mais se definem por influência de colegas.
- São capazes de aprender e aplicar habilidades de resolução de conflitos.
- Apresentam senso de realização com base na conquista de maior força e autocontrole.

Espiritual

- Desenvolvem e testam valores e crenças que guiarão comportamentos presentes e futuros.
- Lutam sobre como pensar e reagir ao pecado dos outros.
- Estão cientes da consciência interna e dos motivos que influenciam as escolhas e os comportamentos.
- Começam a questionar as regras, ao mesmo tempo que defendem que as regras são importantes e devem ser seguidas.
- Buscam a ajuda de Deus, muitas vezes para satisfazer necessidades e para lidar com os relacionamentos.
- Lutam para saber como Deus os vê e como os outros os veem.
- Identificam discrepâncias nos valores dos outros e os comparam/contrastam com os próprios valores.

- Precisam ser ensinados a como orar e o que esperar quando oram.
- Podem discernir entre seus desejos em relação ao pecado e o desejo de seguir a Deus.

Recursos úteis

- Atividades de diário e autorreflexão.
- Planilhas e atividades em grupo que facilitam discussões maduras acerca de questões difíceis.
- Jogos de fazer perguntas.
- Histórias; testemunhos; exemplos reais e pessoais de mudança, fé e crescimento.
- Jogos que promovem a resolução de conflitos por Deus e que envolvem situações difíceis.
- Jogos estratégicos que focalizam a resolução de problemas.
- Exercícios de dramatização.
- Materiais e recursos de arte.
- Estudos bíblicos e recursos que fomentam o relacionamento pessoal com o Senhor.

Marcos de desenvolvimento da pré-adolescência (idade: 13-14 anos)

Físico

- Experimentam alterações hormonais com o início da puberdade.
- A atividade física é importante para a saúde e o humor de modo geral.
- Mostram-se mais preocupados com as mudanças físicas e a aparência.

- Requerem mais tempo de sono, mas muitas vezes resistem a isso.
- Vivenciam mudanças na alimentação, passando a comer um pouco mais, e às vezes desenvolvem problemas alimentares.
- Apresentam desenvolvimento dos órgãos sexuais e mudança na voz.

Emocional

- Experimentam mais períodos de mau humor.
- Mostram-se mais suscetíveis a tristeza, depressão, ansiedade relacionada ao desempenho escolar, à aceitação dos colegas ou às expectativas dos pais.
- Demonstram mais preocupação com a aparência, o porte físico, o visual.
- São capazes de expressar sentimentos e falar por meio deles.
- Sentem mais estresse e pressão para ter um bom desempenho na escola.

Cognitivo

- Têm mais habilidade para desenvolver pensamentos complexos.
- Têm as próprias opiniões e começam a recorrer a colegas para compartilhá-las.
- São capazes de entender o abstrato.
- Precisam de ajuda para considerar as consequências de escolhas/ decisões no longo prazo, em vez de os benefícios no curto prazo.

Social

- São impulsionados significativamente pela opinião dos amigos.

- A construção proativa de relacionamentos com adultos não é valorizada, mas é muito necessária.
- Formam amizades em torno de sentimentos de quem os aceita e de onde se encaixam.
- Formam conexões e vínculos nas redes sociais.
- Desejam autonomia dos pais e apresentam maior dependência em relação ao círculo de amigos.

Espiritual

- Começam a perceber que as escolhas são complexas e que podem escolher pecar.
- Desenvolvem valores morais individuais mais fortes.
- As regras podem ou não ser importantes — experimentam a tentação de sentir que podem julgar a moralidade.
- Podem mostrar-se mais questionadores.
- Podem compreender a letra da lei mais do que o espírito da lei.
- Podem expressar desconforto ao orar em voz alta e precisam de ajuda para aprender a orar e saber o que esperar quando orar.
- O relacionamento pessoal com o Senhor deve levar a decisões/escolhas.
- Aprendem a assumir a responsabilidade pelas próprias ações, decisões e consequências.

Recursos úteis

- Exercícios e atividades para fazer perguntas.
- Atividades ou exercícios que incentivem a autoexpressão de sentimentos, pensamentos e valores.

- Recursos que ajudem a desenvolver uma boa tomada de decisões e valores piedosos.
- Interesse genuíno em ouvir suas opiniões, gostos e aversões.
- Atividades e recursos artísticos para a autoexpressão e a autoconsciência.
- Formação de confiança/respeito mútuo ao se envolver ou entrar em seu mundo — mídia social, arte, atletismo, *hobbies*, outros interesses.

Marco de desenvolvimento na adolescência (idade: 15-18 anos)

Físico

- Capacidades físicas no ápice.
- Mudanças na pele, na visão e na capacidade reprodutiva.
- Conclusão da puberdade iniciada na infância.
- Começam a expressar a sexualidade de várias maneiras.
- As meninas tendem a atingir a altura adulta, enquanto os meninos continuam crescendo.
- Requer mais tempo de sono e nutrição adequada.
- Aumento da força muscular, do tempo de reação e do funcionamento cardiovascular e das habilidades sensoriais.
- Maior independência física: aprendem a dirigir, conseguem um emprego, passam tempo com os amigos.

Emocional

- São capazes de articular seus próprios sentimentos e analisar por que se sentem de determinada maneira.

- Atribuem valores a aparência, talentos e personalidade.
- Lutam para entender o que impulsiona suas emoções/motivos.
- São capazes de sentir emoções intensas e mudanças de humor.
- Desenvolvem sua própria personalidade e opiniões.

Cognitivo

- A tomada de decisões ainda está em desenvolvimento.
- O cérebro ainda está se desenvolvendo e amadurecendo.
- As escolhas de aprendizagem têm riscos e consequências.
- Formam hábitos de trabalho bem definidos.
- Desenvolvem habilidades de autossuficiência.
- Consideram e fazem planos para o futuro: escola, faculdade, trabalho.
- Às vezes se esforçam para pensar sobre os riscos e as consequências das ações.

Social

- Demonstram lealdade ao círculo de amigos.
- Desafiam a autoridade dos pais, com o desejo de serem mais autônomos.
- Desejam maior independência dos pais/família.
- Têm a capacidade de estabelecer relacionamentos profundos, mútuos e saudáveis.
- São influenciados por escolhas, valores e hábitos de amigos.
- São influenciados por valores culturais e mensagens.
- Apresentam mais preocupações com aparência e roupas.
- Maior capacidade de perceber o que é certo e errado.
- Maior capacidade de cuidar dos outros.

- Podem sentir mais tristeza e emoção — resultando em notas baixas, uso de substâncias que causam dependência e outros problemas.

Espiritual

- Querem encontrar maneiras de tornar a fé relevante para a vida.
- Relacionamentos adultos saudáveis e piedosos são vitais para o desenvolvimento espiritual.
- Mostram-se confusos quanto a normas e valores culturais *versus* valores bíblicos.
- Precisam de um modelo de como lidar com a intimidação e questões de vício, sexualidade e suicídio.
- Adoração corporativa e frequência à igreja são essenciais para moldar valores e formar um relacionamento pessoal com Cristo.
- São beneficiados por discussões conduzidas por adultos e oportunidades para fazer perguntas.
- Podem expressar desconforto ao orar em voz alta e precisam de ajuda para aprender a orar e saber o que esperar quando orar.

Recursos úteis

- Exercícios e atividades para fazer perguntas.
- Atividades ou exercícios que incentivam a autoexpressão de sentimentos, pensamentos e valores.
- Recursos que ajudam a desenvolver uma boa tomada de decisão e escolhas maduras.
- Interesse genuíno em que ouçam suas opiniões, gostos e coisas de que não gostam.

- Recursos que inspiram valores cristãos e relacionamentos maduros.
- Estabelecimento de confiança/respeito mútuo ao se envolver ou entrar em seu mundo — mídia social, arte, atletismo, *hobbies*, outros interesses.
- Histórias, testemunhos e exemplos pessoais de pessoas que superaram problemas difíceis que os adolescentes enfrentam, fornecendo exemplos que orientam para a santidade e a fé.
- Criação de locais de comunidade de apoio.
- Atividades e recursos artísticos para a autoexpressão e autoconsciência.
- Promoção de discussões seguras e oportunidades para perguntas sobre tópicos de amizades, drogas e álcool, sexo, depressão e suicídio.

PARTE 2

QUESTÕES ESPECÍFICAS DE ACONSELHAMENTO

AS CRIANÇAS E SEUS RELACIONAMENTOS

4

Guiando as crianças a Jesus[1]

Marty Machowski

Uma menina de 10 anos, Samantha, estava nervosa em meu escritório. Ela mexia no cabelo enquanto explicava que não se achava cristã, embora tivesse "aceitado" Jesus muitas vezes. Sua mãe veio com ela para o aconselhamento porque, toda vez que Samantha ouvia um apelo, ela ia à frente, mas não parecia entender o evangelho ou o que significava seguir Jesus. Samantha era próxima de sua mãe e não parecia se importar que ela ficasse ali sentada.

Depois de conversar com Samantha em várias sessões, descobri mais sobre ela, sua família e quais eram suas ideias sobre o que significa ser cristão. Ela é a mais nova de quatro filhos. Suas duas irmãs e o irmão mais velhos que ela estão confiantes de que são cristãos e, aos olhos dela, parecem ter tudo sob controle. Seu pai é pastor e sua mãe, dona de casa. Eles têm devoções diárias e oram juntos. Ultimamente, seus pais têm pedido a Samantha que faça suas próprias devoções. Então ela lê a Bíblia, mas não consegue entender e não tem ideia do que ler ou por

---

[1] Adaptado por Marty Machowski de seu minilivro *Leading Your Child to Christ: Biblical Direction for Sharing the Gospel* (Greensboro, NC: New Growth Press, 2012).

que ler. Ela também tem alguns pecados secretos que finalmente confessou: muitas vezes ela não faz o dever de casa e mente para seus pais e professores sobre isso. Ela também já roubou algumas coisas de suas amigas e irmãs (roupas, é claro!). Ela está envergonhada e duvida que um cristão "verdadeiro" faria tais coisas.

Por onde começar?

Embora, em última análise, seja a obra do Espírito Santo abrandar o coração de uma criança e levá-la ao arrependimento e à fé, o Senhor nos dá o privilégio de nos juntarmos à obra que Ele está fazendo. Conduzir filhos a Cristo é uma caminhada de confiança, uma jornada para transmitir a mensagem vivificante da cruz e da ressurreição.

O relacionamento mais importante e fundamental na vida de uma criança é seu relacionamento com o Senhor. Embora as crianças tenham vários níveis de capacidade de compreender o Senhor e sua dependência dele —, dependendo de suas idades e fases de desenvolvimento — sabemos que a orientação principal da vida delas vai resultar de como entendem sua necessidade de um relacionamento correto com seu Criador. Essa compreensão moldará como elas veem seu propósito, como definem seus objetivos de vida e onde encontram sua identidade central.

Você não precisa ser especialmente treinado para compartilhar o evangelho de maneira eficaz às crianças. A Bíblia oferece o mesmo evangelho tanto para adultos quanto para crianças e, de fato, nos exorta a irmos a Deus como se fôssemos crianças (Mateus 18:2-4). Deus deseja que tenhamos uma fé com a expectativa de que o evangelho é poderoso e pode revolucionar a vida dos jovens que amamos. O grande pregador Charles Spurgeon afirmou com propriedade: "As coisas que são essenciais para a salvação são tão extremamente simples que nenhuma criança precisa ficar em desespero para compreender tudo o que contribui para sua paz. Cristo crucificado não é um enigma para sábios, mas uma verdade clara para pessoas simples. É verdade que é carne para homens, mas também é leite para bebês".[2]

Desde a mais tenra idade, as crianças podem começar a entender que foram criadas por um Deus amoroso com o propósito de glorificá-lo e amá-lo para sempre (Gênesis 1). À medida que crescem em consciência, elas precisam ver que seu relacionamento com Deus foi quebrado e fragmentado pelo pecado, resultando em morte (Gênesis 3), e nenhuma quantidade de bem que possa ser feito ou obediência às regras vai consertar as coisas (Romanos 3:10-20). De mãos dadas com essas graves realidades, as crianças precisam ouvir as melhores notícias de todas, que Jesus pagou a pena total por seus pecados ao morrer na cruz, abrindo o caminho para que se tornassem filhos de Deus (Romanos 3:22-26). O chamado para elas é o mesmo chamado para todos nós: confessar e acreditar (Romanos 10:9).

Todas essas são verdades importantes para compartilhar com qualquer criança a fim de ajudá-la a compreender o evangelho e sua necessidade de Jesus. Mas crianças diferentes terão dificuldades diferentes com a fé e precisarão ouvir diferentes aspectos do evangelho enfatizados. No caso de Samantha, parecia haver um mal-entendido básico (e comum) — ela acreditava que precisava se tornar uma boa pessoa antes de se tornar cristã.

---

[2] Charles Spurgeon, *Spiritual Parenting* (New Kensington, PA: Whitaker House, 2003), p. 58.

Para conduzir Samantha à fé foi necessário começar compartilhando que o evangelho é para pecadores e lembrá-la de que todos pecaram e precisam da glória de Deus (Romanos 3:23). Até mesmo os pais e irmãos de Samantha eram pecadores. Expliquei a ela que Jesus disse que veio por causa dos pecadores, não pelas pessoas boas (Mateus 9:13). O mais importante para entrar no reino de Deus é saber que somos pecadores que precisam ser salvos.

Fé e arrependimento

Samantha, como todas as crianças e adultos, precisava ser chamada ao arrependimento *e* à fé em Jesus. Não devemos levar os filhos à fé sem também os conduzir ao arrependimento (para que se afastem do pecado). O arrependimento e a fé em Cristo fazem parte do mesmo chamado do evangelho. Arrepender-se significa que você estava se afastando de Deus, mas então, pela graça de divina, você deixou o pecado e voltou-se para Deus. É verdade que o nível de arrependimento cresce em cada um de nós à medida que nos tornamos mais semelhantes a Jesus, e como resultado nos afastamos do pecado em resposta ao evangelho. Wayne Grudem explica assim: "Qualquer proclamação genuína do evangelho deve incluir um convite para tomar uma decisão consciente de abandonar os pecados e ir a Cristo com fé, pedindo a Ele o perdão dos nossos pecados. Se a necessidade de se arrepender dos pecados ou a necessidade de confiar em Cristo para o perdão for negligenciada, não há uma proclamação completa e verdadeira do evangelho".[3]

---

[3] Wayne Grudem, *Bible Doctrine*, Jeff Purswell, editor (Grand Rapids: Zondervan Publishing House, 1999), p. 297.

Uma criança não é salva até que venha a Cristo como Salvador e coloque sua plena confiança na obra de Cristo. Essa confiança é uma decisão pessoal de seu coração, do âmago de seu ser. Queremos ter o cuidado de que a compreensão, a aprovação e a confiança em Cristo estejam presentes na vida e na profissão de fé de uma criança.

Quando percebemos que a fé salvadora genuína deve ser acompanhada pelo arrependimento genuíno do pecado, isso nos ajuda a entender por que algumas pregações do evangelho têm resultados tão inadequados hoje. Se não houver menção da necessidade de arrependimento, por vezes a mensagem do evangelho se resume a: "Creia em Jesus Cristo e seja salvo", sem qualquer menção ao arrependimento. Mas essa versão simplificada do evangelho não requer um compromisso de todo o coração com Cristo — o compromisso *com* Cristo, se genuíno, deve incluir o compromisso de *abandonar* o pecado. Pregar a necessidade da fé sem arrependimento é pregar apenas uma parte do evangelho.[4]

Era importante para Samantha saber que o arrependimento pelos pecados seria uma necessidade contínua em sua vida, visto que o pecado também permanece em todos nós até que encontremos Jesus face a face. Embora fosse importante para ela confessar a Jesus seus pecados de mentir e roubar, também era importante para ela saber que ser cristã não significa que estamos livres do pecado. Em vez disso, significa que temos uma necessidade contínua de ir a Jesus para obter ajuda e perdão

---

[4] *Bible Doctrine*, p. 312.

diariamente (Romanos 7:21-25). Deus nos fortalece para crescer na obediência como Jesus fez, e isso nos ajuda a crescer na semelhança de nosso Salvador e Rei.

Para ajudar Samantha a entender exatamente o que "seguir seu próprio caminho" significa em sua vida, conversamos sobre Jesus dizendo que o que fazemos e dizemos vem do que está em nosso coração (Mateus 15:18-19). Discutimos juntas o que poderia estar em seu coração que resultou em roubo e mentira. Como ela tinha dificuldade em entender que as pessoas que pareciam boas por fora também eram pecadoras, fiz questão de compartilhar meus próprios pecados e lutas com ela.

Também é importante ensinar às crianças o que significa acreditar. O apóstolo Paulo usa a expressão "crer em seu coração" para descrever como devemos confiar na obra salvadora de Cristo (Romanos 10:9-10). Entretanto, acreditar é mais do que simplesmente consentir com a verdade dos fatos do evangelho. Acreditar não é apenas saber; é confiar completamente em Jesus. Devemos ter cuidado para não banalizar a crença com afirmações como: "Tudo o que você precisa fazer é aceitar Jesus em seu coração". Melhor usar os apelos bíblicos baseados nas Escrituras como aqueles em Atos: "Arrependei-vos, pois, e convertei-vos, para que sejam apagados os vossos pecados" (3:19); ou: "Preguei ... dizendo que se arrependessem e se voltassem para Deus, praticando obras que mostrassem o seu arrependimento" (26:20, NVI). Observe que esses apelos bíblicos exigem fé e arrependimento.

Samantha e eu conversamos sobre como ter fé significa colocar toda a nossa confiança em Jesus. Para ilustrar, peguei uma cadeira e me sentei sem colocar todo o meu peso na cadeira; em vez disso, fiquei pairando sobre o assento. Perguntei se realmente confiava que a cadeira me sustentaria. Ela concordou que não. Em seguida, conversamos sobre como colocar todo o "peso" em Jesus poderia afetar a vida dela.

Também conversamos sobre a esperança que temos em Jesus. As crianças, assim como os adultos, estão preocupadas com seus pecados e se perguntam o que acontecerá com elas quando morrerem. Eu queria que Samantha soubesse que o evangelho é uma mensagem cheia de esperança que oferece a pecadores como nós a única maneira de serem perdoados e livres e viver para sempre com Deus.

O fruto da fé

Ao aconselhar as crianças e conversar com elas sobre a fé, é importante lembrar que Deus muitas vezes está trabalhando para atrair as crianças a si mesmo antes da conversão delas. Sua jornada de fé pode não ser um caminho linear com uma trajetória imediata e bem definida para a salvação. Os pais e outras pessoas que ministram aos filhos às vezes celebram muito rapidamente uma afirmação precoce do evangelho como uma conversão total a Cristo — antes que vejam a verdadeira mudança. Mais tarde, isso pode causar confusão na vida de um adolescente que não vive para Deus, mas pensa que é cristão apenas com base no fato de que levantou a mão no final de um culto. Isso é o que aconteceu com Jay. O que se segue é um trecho de sua história:

> Cresci em um lar cristão, ia à igreja todos os domingos, tentando viver da maneira que eu achava ser a certa. Aos 7 anos, fiz a oração do pecador em uma Escola Bíblica de Férias e entreguei minha vida a Jesus. Nos anos que se seguiram, eu realmente não sabia no que estava me metendo, mas sabia que não era o que eu esperava.

Eu sabia que queria algo, mas não sabia o que era ou onde encontrá-lo, mas sabia que ele estava lá fora.

Após 7 anos, no meu segundo ano no acampamento juvenil, foi que experimentei Deus. O palestrante falou sobre o amor de Deus ao morrer pelos nossos pecados na cruz e o quanto precisamos disso. Fiquei muito comovido com isso e aceitei a Cristo, desta vez de verdade. Isso incluiu eu confessar meus pecados e minha necessidade de andar em arrependimento. Eu assumi meu compromisso com Cristo para que pudesse viver minha vida por Ele e para que eu pudesse compartilhar minha fé e falar a outras pessoas sobre o evangelho.

Os professores da Escola Bíblica de Férias de Jay pensaram que ele havia se tornado um cristão quando tinha 7 anos e, com entusiasmo, relataram a seus pais que Jay havia levantado a mão para Cristo. Os pais de Jay ficaram felizes e afirmaram sua resposta, mas optaram por esperar e ver o que Deus estava fazendo em sua vida antes de considerarem se ele estava demonstrando uma compreensão genuína do evangelho e o fruto de uma nova vida. Jay pensou que havia prometido sua vida a Jesus aos 7 anos de idade, mas foi só quando ele se tornou adolescente que Deus abriu seus olhos para ver sua necessidade pessoal pelo evangelho. Poderia ser dito que a conversão ocorreu quando ele verdadeiramente tornou-se um cristão e começou a mudar de vida.

Como pastor de Jay, pude assistir à obra de Deus na vida dele de uma posição privilegiada. Antes do acampamento, Jay era um bom garoto, mas não mostrava muito afeto por Deus. Depois de sua experiência no acampamento, no entanto, toda a vida de Jay mudou. Ele abandonou seus pecados e começou a buscar a Deus. Ele e outro jovem reuniram seus amigos para estudar a Bíblia e vários livros cristãos para aprender mais sobre Deus. Foi fácil ver o fruto da mudança de vida de Jay.

Embora você não possa impedir uma conversão verdadeira ao responder com cautela, você pode dar a uma criança uma falsa segurança de onde ela está em relação a Deus. É nesse ponto que pais, ministros e conselheiros podem cometer erros. Muitas vezes perguntamos às crianças se querem fazer de Jesus seu "amigo para sempre" e depois dizemos que são cristãs se responderem que sim. Foi o que aconteceu no caso de Samantha. Ela havia "feito a oração", mas sua consciência estava preocupada com seus pecados contínuos. Ela precisava ter uma compreensão mais profunda do que significava ser cristã e viver uma vida de fé e arrependimento contínuos. Ao aprender o que significava seguir Jesus, ela passou a ter mais confiança de que pertencia a Ele. Isso deu a ela a liberdade de confessar seus pecados aos pais e a outras pessoas e de acreditar no perdão dos pecados com base no sacrifício de Jesus por ela. A salvação não é algo que ela possa fazer ou ganhar, mesmo pronunciando uma oração. A salvação é algo que Deus faz. Nós nos arrependemos, confiamos em Jesus, oramos, mas é o Espírito de Deus quem opera a salvação.

Lembre-se de que as crianças adoram responder ao nosso ensino, mas isso não significa que o Espírito de Deus já esteja tocando suas vidas. O evangelho é muito mais do que Jesus se tornar amigo deles. Já aconselhei muitas famílias com adolescentes passando por dificuldades que, por causa de uma atitude que tiveram na infância, acreditavam que eram cristãos, mas agora não sentiam necessidade do evangelho. Se fossem honestos, muitos adolescentes nessa situação admitiriam que nunca viveram para Cristo nem experimentaram qualquer afeição pelo Senhor, pela Palavra ou pelo povo de Deus. Temos muitos filhos que se dizem cristãos, mas ainda não experimentaram uma vida transformada pelo Espírito de Deus. Ajudá-los a entender o pecado deles e a necessidade de Cristo é o primeiro passo para levá-los a se arrepender genuinamente e voltar seu coração a Jesus.

Isso não significa que as crianças não podem se tornar crentes genuínos. Minha esposa, Lois, se arrependeu de seus pecados pela primeira vez aos 5 anos em resposta ao fato de sua mãe compartilhar o evangelho com ela. Depois de ouvir a mensagem do evangelho naquele dia, o Espírito de Deus convenceu seu jovem coração. Isso fica claro em retrospectiva, mas sua conversão não pôde ser confirmada até que sua vida demonstrasse que ela estava se afastando de seu pecado e vivendo para Jesus. Enquanto oramos a Deus para salvar nossos filhos em tenra idade, e eles vão proclamar o evangelho a partir do momento em que podem falar, devemos ser pacientes para esperar pela mudança de vida que resulta do arrependimento genuíno, que sempre flui de uma criança transformada pelo evangelho.

Uma palavra aos pais

Frequentemente os pais tropeçam no processo de conduzir um filho a Cristo por causa do medo: medo do fracasso, medo da falta de resposta de um filho ou medo de que caiba a eles dizerem as palavras certas. Esses temores podem levá-los a tentar salvar uma criança por conta própria, em vez de confiar que o Espírito de Deus está encarregado de saber exatamente quando uma criança crescerá na fé. O medo pode até levar os pais a pensar que uma criança se converte prematuramente ou, ao contrário, a desistir quando não veem as mudanças que esperavam.

Por outro lado, a complacência pode roubar a cena quando os pais não levam a sério o chamado de compartilhar as boas-novas do evangelho com os filhos, preferindo "deixar por conta de Deus".

Em vez de medo ou complacência, você pode ser orientado por sua compreensão do evangelho de Jesus Cristo e do Espírito de Cristo. Seus próprios encontros com as boas-novas de Jesus, sua experiência de arrependimento e graça e o poder do Espírito Santo que habitam em você serão um poderoso catalisador para compartilhar a esperança do evangelho com seus filhos. Se você puder expressar sua própria necessidade de Cristo a uma criança disposta a ouvi-lo, isso abrirá a porta para que seus filhos vejam sua própria necessidade de crer em Jesus como Salvador.

Como adultos, a mensagem do evangelho deve permanecer agindo em nosso coração. Afinal, essas são verdades incríveis! Quando você for tocado pela obra contínua do Espírito de Deus ao ler a Bíblia ou durante uma mensagem, compartilhe esses momentos com as crianças de sua vida.

Isso realmente ajuda nossos filhos a ouvir sobre como Deus está agindo em nossa vida. Compartilhar como você teve de confessar a um amigo que você fez fofoca ou mentiu e como Deus o está ajudando a mudar mostrará às crianças o arrependimento em ação.

Lembre-se também de que você precisa demonstrar a mesma compaixão pelos pecados de uma criança que Deus demonstra pelo seu pecado. Deus não nos trata de acordo com os nossos pecados. Ele remove nossos pecados para tão longe quanto o oriente está do ocidente (Salmos 103:10-12).

Quando vemos a confissão de pecado, a profissão de fé em Cristo ou uma mudança nos padrões de comportamento pecaminosos, devemos encorajar nossos filhos e alertá-los sobre a graça de Deus operando na vida deles. Em algum ponto, a fé deles em Cristo se tornará óbvia à medida que você os encoraja regularmente e os direciona de volta ao evangelho. Tente não perder essas oportunidades de ajudá-los a reconhecer o que Deus está fazendo por eles.

Sinta-se encorajado, pois, enquanto você ora, lê a Bíblia com seus filhos e espera que Deus opere, o Espírito está trabalhando de maneiras que você nem sempre pode ver. Isso aconteceu com minha esposa e com nossa filha. Começamos a ver evidências de fé na vida de nossa filha Emma, mas só descobrimos exatamente como isso aconteceu depois de lermos o seguinte testemunho que ela escreveu:

> À medida que fui crescendo, comecei a questionar se realmente era ou não cristã, porque não tinha prazer em ler a Bíblia ou em passar tempo com o Senhor. Por volta dos 13 anos, uma noite depois de ouvir uma mensagem pregada aos jovens, levantei-me no meio da noite, sentindo o peso do meu pecado. Entrei em nosso banheiro e me ajoelhei, e disse a Deus que não pararia de orar até que Ele tirasse o peso de meus ombros. Eu disse a Ele que acreditava que seu Filho tinha vindo e morrido por meus pecados e que, se eu confiasse nele, teria a vida eterna. Chorei e orei por pelo menos 20 minutos, implorando ao Senhor que me salvasse de meus pecados.
>
> Depois que terminei de orar, levantei-me e tive a certeza de que Deus havia me perdoado, sendo eu uma pecadora, e que Jesus havia morrido na cruz pelos meus pecados, dando-me, portanto, o dom da vida eterna. Eu queria sair e gritar para o mundo inteiro que o Senhor havia morrido por mim e me perdoado por minhas transgressões. Agora posso dizer sem dúvida que sou uma cristã salva pela graça de Deus.

Minha esposa e eu não tínhamos conhecimento da luta de Emma com Deus, então foi fácil ler seu testemunho para perceber que não convertemos nossa filha — Deus o fez. Lembrar que Deus é aquele que salva uma criança nos impede de sentir orgulho e de dar o crédito por sua salvação ao nosso grande aconselhamento ou ao fato de sermos bons pais. Da mesma forma, saber que somente Deus pode salvar nos poupa da condenação que pode nos afetar quando nossos filhos continuam em sua rebelião e demoram a mudar.

Quando entendemos que nosso trabalho é compartilhar o evangelho, enquanto Deus é quem salva, podemos fazer nossa parte e depois relaxar como pais e mentores conforme observamos Deus trabalhar. Vamos revindicar a importante verdade de que o evangelho é "o poder de Deus" (Romanos 1:16) para nossa salvação. Ao compartilhar uma mensagem clara do evangelho a cada semana, podemos ser fiéis ao encargo de Jesus, que disse: "Deixai os pequeninos e não os estorveis de vir a mim, porque dos tais é o Reino dos céus" (Mateus 19:14).

5

Passando por relacionamentos entre pais e filhos

Jessica Thompson

O relacionamento de Maguire com seus pais nunca foi fácil. Ele se lembra de ter discutido com eles sobre tudo e qualquer coisa desde que era pequeno. Agora o conflito caracteriza cada interação entre eles — tornou-se quase um hábito diário discordar sobre cada plano, cada objetivo e cada preferência. Seu modo normal de relacionamento é cada um fincar os calcanhares no chão e lutar por sua vontade. Quando eles conversam, Maguire sente que seus pais nunca ouvem uma palavra do que ele diz, então ele vacila entre não falar nada ou gritar com eles para tentar reforçar seu ponto de vista. Ele está convencido de que são muito rígidos. Outros pais que ele conhece não são tão estritos. Pais que ele conhece não limitam a uma hora por dia o tempo que seus filhos podem passar em dispositivos eletrônicos. Ele frequentemente argumenta que não consegue sequer fazer sua pesquisa de lição de casa em uma hora. Maguire recentemente começou a fugir para a casa de amigos a fim de poder usar o telefone ou o computador e, assim, se conectar com outros amigos e se sentir parte do grupo.

Os pais de Maguire, Janet e Tim, acreditam que ele é mais desafiador, teimoso e obstinado do que qualquer outro adolescente que eles conhecem, e que esses traços caracterizam sua personalidade desde pequeno. Ele os desafiava constantemente à medida que crescia — sobre a hora de comer, a hora de dormir e que roupas usaria durante o dia. Os pais de Maguire sabiam que tinham grandes expectativas em relação ao comportamento dele, mas dizem que a razão era pelo fato de ele ser muito inteligente. Ele falou e leu antes de todas as outras crianças de sua idade e conseguia expressar seu interesse por uma variedade de assuntos. Sabiam que ele era completamente capaz de ouvir suas instruções e entender suas orientações, mas que simplesmente não se importava.

Janet e Tim tiveram uma infância incrivelmente difícil e basicamente precisaram sobreviver por conta própria. Eles não conseguem entender por que Maguire está sempre agindo mal quando as coisas são tão fáceis em comparação ao que eles viveram. Ser apenas o segundo melhor, no entanto, nunca teria permitido que eles saíssem da pobreza e conseguissem uma vida melhor para si mesmos, por isso eles impõem para os dois filhos um padrão incrivelmente alto de comportamento e desempenho. Sheila, a filha deles, é a clássica primeira criança que superou as expectativas, tanto sendo uma aluna com medalhas de honra quanto uma jogadora de destaque nos times de futebol e basquete do colégio. Janet e Tim sabem que Maguire também é capaz de enfrentar o desafio, mas ele não se importa.

Maguire está agora com 15 anos e acabou de entrar no ensino médio. Ele vacila entre se sentir invisível para seus pais e se sentir como a maior obsessão deles. Maguire sabe que não está exatamente dando o que pode em termos de esforço para obter notas, assumindo responsabilidade pessoal e se preocupando com sua atitude geral em relação aos pais. Ele nem sempre entende por que não pode ser apenas um garoto tranquilo. Ele sabe que, se fosse um pouco mais dócil, seria melhor para todos, mas ele nunca quer recuar quando seus pais o pressionam. Ele simplesmente não está interessado nas coisas com as quais seus pais querem que ele se preocupe. Ele disse aos pais que nunca será tão bom quanto eles querem que seja e que nunca será tão bom quanto Sheila.

Sob a superfície dessa disputa, Maguire se sente consumido em pensar nas palavras de seu pai após um jogo de beisebol dois anos atrás. Ele foi eliminado na final de um jogo da repescagem. Ele ainda pode ver o olhar de desapontamento de seu pai e então ouvi-lo dizer: "Você nunca tenta nada! Leve a vida mais a sério". Naquela época, ele olhou para sua mãe e a viu balançando a cabeça.

O único lugar onde Maguire encontra um pouco de paz é com o grupo de jovens da igreja. Seus pais o fazem ir todas as semanas, mas ele iria mesmo se não o forçassem. O líder de jovens é gentil e encorajador, e Maguire não sente que precisa fazer nada de especial para ser aceito pelos colegas de lá. Ele acredita em toda a verdade que o líder ensina, mas não tem certeza de como esses princípios cristãos podem mudar seu relacionamento com seus pais. Ele sente que é impossível apenas obedecer, e acha que ninguém entende como ele se sente.

Parte das diretrizes da família em casa é que Tim e Janet examinem as mochilas e os quartos dos filhos pelo menos duas vezes por mês. Em uma das vistorias mais recentes, Tim encontrou um preservativo na mochila de Maguire. Ainda estava embalado, mas Tim ficou furioso. Uma das regras mais importantes de sua casa era que o sexo antes do casamento estava proibido. Quando Tim o confrontou sobre o preservativo, Maguire prometeu que não faria sexo, mas que um amigo lhe havia dado e ele sentiu que passaria por um idiota se dissesse que não queria. Tim e Janet não acreditaram nele. Tim respondeu a Maguire:

"Sua mãe e eu desistimos de você. Se você insiste em arruinar sua vida, vá em frente. Vamos parar de tentar ajudá-lo".

Depois dessa explosão mais recente, Janet decidiu pedir ajuda externa. Ela pode ver que seu relacionamento com Maguire está se deteriorando completamente, mas ela não sabe o que fazer de diferente. Ela convenceu Tim a comparecer a uma sessão de aconselhamento, embora a contragosto. Maguire também está com eles. Ele age indiferente ao estar ali, mas no fundo espera que o conselheiro veja a situação pelo lado dele e diga a seus pais que facilitem as coisas para ele.

A luta não é contra a carne e o sangue

Pais e filhos muitas vezes sentem que estão em uma luta amarga um contra o outro. Os pais querem respeito e obediência; os filhos, liberdade e independência. Esses dois desejos se chocam na maioria das relações dessa natureza, mesmo nas famílias com dinâmicas mais saudáveis. Em todas as famílias, existe um nível de tensão e uma tendência direcionada para questões de autoridade *versus* independência emergente. O que pais e filhos precisam entender ao resolver esse problema é que nem os pais nem os filhos são os verdadeiros inimigos. Mães, pais, filhos e adolescentes, todos têm um inimigo real e comum, que Efésios 6:12 chama de "os poderes e autoridades [...] os dominadores deste mundo de trevas" (NVI). Esse conceito pode parecer sobrenatural e pouco prático, mas a realidade é que, se conseguirmos fazer com que nossos aconselhados pensem fora de sua situação atual e coloquem o relacionamento pai-filho em seu devido contexto, isso irá encorajar uma perspectiva útil capaz de motivar a busca de um vínculo saudável. Se você puder ajudar as famílias a olhar mais para o alto, por tempo suficiente para respirar fundo e descobrir que seus relacionamentos são mais complexos do que aquilo que veem, isso pode ajudá-los a ter uma visão mais objetiva das questões mais profundas que estão em jogo.

Curiosamente, a passagem da guerra espiritual de Efésios pertence ao mesmo capítulo que investiga profundamente os relacionamentos familiares. Considere os versículos anteriores: "Vós, filhos, sede obedientes a vossos pais no Senhor, porque isto é justo. Honra a teu pai e a tua mãe, que é o primeiro mandamento com promessa, para que te vá bem, e vivas muito tempo sobre a terra. E vós, pais, não provoqueis a ira a vossos filhos, mas criai-os na doutrina e admoestação do Senhor" (Efésios 6:1-4).

A conexão entre o relacionamento pais-filhos e a guerra espiritual é forte. Quando pais e filhos param de pensar uns nos outros como inimigos e começam a reconhecer quem é o verdadeiro inimigo, começa uma mudança no relacionamento. Os poderes deste mundo sombrio e as forças espirituais do mal odeiam um relacionamento forte entre um filho e um pai, então seu objetivo é quebrar toda a confiança e a boa vontade das relações familiares.

Perdoado e amado

Seu trabalho como conselheiro será ajudar Tim, Janet e Maguire a ver que a vida, morte e ressurreição de Jesus mudam relacionamentos. Você precisará dar a eles esperança de que não estarão sozinhos nesta luta.

Ao aconselhar Maguire, uma das primeiras coisas a aprender é se ele é crente ou não. Sabemos que ele gosta de grupos de jovens, mas ele entende a mensagem do evangelho? Ele acredita que é um pecador que precisa de um Salvador? Maguire sabe que é um filho perdoado de Deus? As boas-novas do evangelho devem ser relevantes em todas as sessões de aconselhamento. Com oração, compartilhe essas verdades do evangelho com Maguire. Peça ao Espírito Santo que anime seu coração a todas as boas-novas que estão na Palavra. O salmo 103 seria um ótimo ponto de partida, porque o evangelho é claramente articulado nesse capítulo. Ele deve ser informado de que Deus perdoa todos os seus pecados (v. 3). Ele deve ser conscientizado de que Deus não o trata de acordo com os pecados cometidos nem o recompensa conforme suas iniquidades (v. 10). Ele precisa saber que, "quanto está longe o Oriente do Ocidente, assim afasta de nós as nossas transgressões", incluindo as dele (v. 12). Crianças e adolescentes que são constantemente disciplinados por mau comportamento raramente ouvem que seus pecados foram perdoados. Essa verdade vivificante vai conduzir o coração de Maguire em direção a Deus, em vez de fazê-lo fugir ainda mais. Como Adão e Eva no jardim, quando foram confrontados com seu pecado, Maguire precisa de uma cobertura, e Deus providenciou isso para ele na morte e ressurreição de Jesus. O conselheiro deve chamar a atenção de Maguire para essa boa notícia.

As crianças não precisam apenas ouvir que foram perdoadas, mas também amadas. Permanecendo com o salmo 103, você pode dizer à criança: "Misericordioso e piedoso é o Senhor; longânimo e grande em benignidade" (v. 8). Se o filho e os pais estão continuamente em conflito, será bom ouvir que seu Pai celestial demora a se irar, é bondoso e os ama. Os pais são humanos e às vezes ficam com raiva rapidamente e são muito rudes. Dê esperança à criança de que existe um Pai perfeito que a ama eternamente. O versículo 11 oferece um visual muito prático para nos ajudar a lembrar o quanto Ele nos ama. Você pode até levar a criança para fora e pedir-lhe que olhe para cima e depois leia este versículo: "Pois quanto o céu está elevado acima da terra, assim é grande a sua misericórdia para com os que o temem". Certifique-se de que a criança compreenda que a palavra *temor* neste versículo não diz respeito ao medo que ela sente quando seus pais estão zangados com ela e não se sabe o que está por vir; é uma reverência sagrada ou um sentimento de respeito.

Quanto mais Maguire estiver ciente do perdão que tem em Jesus, mais ele será capaz de perdoar seus pais quando eles falharem com ele e mais livre ele será para pedir perdão a seus pais quando pecar contra eles. Mostre a ele Efésios 4:31-32: "Abandonem toda amargura, todo ódio e toda raiva. Nada de gritarias, insultos e maldades! Pelo contrário, sejam bons e atenciosos uns para com os outros. E perdoem uns aos outros, *assim como Deus, por meio de Cristo, perdoou vocês*" (NTLH, grifo meu). Pergunte a ele se vê a correlação entre ser perdoado e não ser alguém propenso a discutir e a ficar com raiva. Pela obra do Espírito Santo, quanto mais ele ouve sobre seu perdão, mais será capaz de adiar a amargura e a raiva descritas no versículo 31 e praticar o perdão descrito no versículo 32. O poder e a motivação para perdoar e viver em paz vêm do perdão de Deus em Cristo e da paz que foi oferecida aos pecadores por um Deus santo. Incentive Maguire a meditar nessas verdades lendo cuidadosamente Efésios 1:3-14, que descreve detalhadamente nossa identidade e herança como seguidores de Jesus. Enquanto ele lê, toda vez que ele encontrar "nós" ou "nos", peça que substitua por seu nome ou "eu" e "mim". Ele precisa entender a verdade de que por amor foi escolhido para ser adotado na família de Deus (v. 5), que em Jesus ele tem redenção e perdão dos pecados (v. 7), e que em Jesus ele obteve uma herança eterna (v. 11). Você também pode pedir a Maguire que volte ao salmo 103 e escreva uma lista das maneiras pelas quais Deus demonstra seu amor por ele.

Aprovação e identidade concedida

Os filhos que estão em constante conflito com os pais tendem a se considerar um fracasso, uma decepção ou como alguém constantemente incompreendido e perseguido. Se estão se concentrando em seu desempenho ou no desempenho de seus pais, eles vão acabar deprimidos (apanhados em uma sensação de fracasso e decepção) ou orgulhosamente irados (sentindo-se completamente incompreendidos e perseguidos). Quase sempre vemos isso acontecer quando a criança está constantemente tentando obter a aprovação dos pais. Ela terminará abatida (deprimida) ou rejeitará seus pais com amargura e orgulho.

Seu objetivo como conselheiro é mostrar aos filhos a atuação de Cristo e o que isso conquistou para eles, ou seja, uma nova identidade desconectada de seu próprio desempenho. Ajude-os a ver que, em Cristo, eles são totalmente aceitos e não precisam fazer qualquer coisa para ter o amor do Pai.

Nesse cenário de aconselhamento, seria útil levar Maguire a 2Coríntios 5:17, que diz a ele: "assim que, se alguém está em Cristo, nova criatura é: as coisas velhas já passaram; eis que tudo se fez novo". Pergunte a ele sobre coisas dolorosas em seu relacionamento com os pais que ele deseja esquecer. Pergunte a ele como seria a melhora da dinâmica com seus pais. Lembre-o de que ele é novo, que sua identidade não está ligada à maneira como agiu no passado ou à maneira como seus pais o percebem. Sua identidade é nova por causa do que Cristo fez. Quanto mais tempo ele for escravo da opinião de seus pais sobre ele, mais pobre seu relacionamento se tornará. Quando os filhos estão constantemente buscando a aprovação dos pais, sentem que nunca estão à altura, e isso os deixará com raiva. Os pais às vezes podem nutrir expectativas pecaminosas e irreais e podem constantemente ser muito exigentes com os filhos. Muitas vezes, os filhos desejam agradar os pais para que se sintam bem consigo mesmos. Também pensam que, se seus pais estão felizes com eles, então devem estar bem com Deus. Mas a verdade é que eles só são justos diante de Deus por causa da obra de Cristo. Se mostrarmos aos filhos que Cristo atendeu a todas as exigências que Deus tem para com eles, eles estarão livres para obedecer por uma motivação diferente. Queremos que os filhos honrem seus pais por gratidão pelo que Cristo fez por eles, em vez do que seus pais pensam deles.

A segunda carta aos Coríntios, no capítulo 5, continua falando sobre o que essa nova identidade e nova maneira de pensar faz em nossa vida. "Tudo isso é feito por Deus, o qual, por meio de Cristo, nos transforma de inimigos em amigos dele. E Deus nos deu a tarefa de fazer com que os outros também sejam amigos dele. A nossa mensagem é esta: Deus não leva em conta os pecados dos seres humanos e, por meio de Cristo, ele está fazendo com que eles sejam seus amigos" (v. 18-19, NTLH). Agora que somos novas pessoas, recebemos uma nova vida e uma nova atitude. Fomos reconciliados ou aproximados. Não devemos mais lutar por nosso próprio caminho, mas, em vez disso, podemos lutar pela paz em nossos relacionamentos. Maguire foi chamado a lutar para amar seus pais porque Jesus o amou. Pergunte a ele como poderia abandonar esse chamado em sua vida. O versículo 19 dará a ele a motivação para desejar a reconciliação — ele foi perdoado e reconciliado!

Maguire foi abatido pelo efeito combinado de seu próprio pecado e pela sensação de conflito e expectativas irracionais de seus pais. Dar-lhe boas notícias para erguer a cabeça e uma boa palavra para erguer o coração o ajudará no longo caminho de mudanças nos padrões de comportamento. Dê a ele a verdade do evangelho e mostre como ele pode viver essa realidade com sua mãe e seu pai. Ajude-o a ver que ele não precisa lutar por seus direitos porque está seguro em tudo o que Jesus lhe deu.

Uma palavra aos pais

Tim e Janet estão incrivelmente orgulhosos do que conquistaram na vida. Eles acreditam em ganhar uma boa reputação e uma vida confortável. O que eles não percebem é que esse objetivo substituiu todas as outras buscas e moldou seu relacionamento com os filhos. A contenda em sua casa é em grande parte um reflexo dos "deuses" menores aos quais estão servindo: conquistas, sucesso e respeito. A rebelião de Maguire vai contra sua crença primária de que, se você for bom, coisas boas acontecerão. Tim e Janet pensam que foram bons pais e não entendem por que Maguire não pode ser apenas um "bom" garoto — alguém que segue as regras para atender a todas as suas expectativas. Eles são cegos para as exigências irracionais às quais submetem seus filhos, sua idolatria ao respeito e o fato de que seu desejo de ter uma boa reputação na comunidade supera seu desejo de amar a Deus e seu filho. Ambos pensam que a raiva que sentem de Maguire é justificada porque ele age de forma rebelde e não coopera. Eles guardam ressentimento em relação ao filho e continuamente trazem à tona os erros dele do passado.

Tim e Janet precisam ver a mesma verdade sobre amor, perdão e aceitação de Deus que Maguire precisa entender. Pergunte-lhes o que acham que Deus pensa deles — como Deus se sente em relação a eles. Leve os pais à parábola do servo que não perdoa em Mateus 18:21-35. Ao ler esses versículos para eles, pergunte com quem eles mais se identificam na história. Pergunte se eles se enxergam na parábola. Esperançosamente, pela obra do Espírito Santo, eles irão entender. Às vezes, cada um de nós precisa ser lembrado do quanto foi perdoado. Tim e Janet precisam ler Efésios 2:8-9: "Pois pela graça de Deus vocês são salvos por meio da fé. Isso não vem de vocês, mas é um presente dado por Deus. A salvação não é o resultado dos esforços de vocês; portanto, ninguém pode se orgulhar de tê-la" (NTLH). A verdade é que a melhor coisa para eles — sua posição diante de Deus — trata-se de uma dádiva, algo que eles nunca poderiam ganhar. A verdadeira compreensão dessa realidade abre a porta para remodelar a abordagem deles enquanto pais e compreender os objetivos deles como filhos de Deus.

Assim que Tim e Janet começarem a ver sua dureza de coração para com Maguire, você poderá anunciar as boas-novas do evangelho. Você pode perguntar se eles veem algum pecado em sua própria vida ou na maneira como interagem com Maguire que possa dificultar sua submissão à autoridade deles. Pergunte se eles consideram sua fala e seu comportamento com Maguire cheios de graça (Colossenses 4:6). Pergunte se eles querem edificar ou abater Maguire nas conversas que têm com ele. Pergunte-lhes se sabem por que ficam tão zangados com a teimosia do filho — estão tristes porque o coração dele está endurecido ou estão irritados com a inconveniência que ele traz para a vida deles?

Eles podem ter medo de esperar que algo mude com seu filho. Eles podem sentir que seu coração foi partido muitas vezes para buscar um relacionamento mais profundo com Maguire. Lembre-os de que "perto está o Senhor dos que têm o coração quebrantado e salva os contritos de espírito" (Salmos 34:18). Há esperança para o relacionamento deles com Maguire. A maior prova disso é o quão longe Deus foi para restaurar o relacionamento com eles e reconciliá-los consigo mesmo. Assim como você disse a Maguire que ele está perdoado e agora tem um ministério de reconciliação, ajude Tim e Janet a ver que buscar a reconciliação com Maguire é uma das maneiras principais de expressar o amor que Jesus derramou sobre eles. Peça-lhes que procurem usar palavras que edifiquem Maguire em vez de derrubá-lo (Colossenses 4:6). Mostre a eles que a cura em seu relacionamento começa com o arrependimento da parte deles. Eles devem mostrar liderança em confessar seus pecados a Maguire e pedir perdão. Esse ato por si só costuma ser exatamente o que o Espírito Santo usa para amolecer o mais duro dos corações.

Leve-os para o mesmo lugar onde você levou Maguire, Efésios 4:31-32. Peça-lhes que façam uma lista de seus pecados e, ao lado de cada pecado, escreva a palavra *perdoado*. Quanto mais eles estiverem cientes do quanto foram perdoados em Cristo, mais eles sentirão a liberdade de perdoar. Isso também lhes dará a motivação para deixar a amargura ir embora. Isso os ajudará a ser amorosos e bondosos com Maguire e a vê-lo não como um adversário, mas como um irmão em Cristo.

Por último, lembre-os de que o desempenho de Maguire não reflete quem ele é. A identidade dele agora é a de um filho amado e redimido de Deus. Eles não são quem são por causa de seu desempenho, mas por causa do que Cristo fez por eles em seu nome. Ambos têm contado com Maguire e Sheila para que se sintam bem em relação à criação de seus filhos. Sheila teve um bom desempenho e os deixou orgulhosos. Como Maguire não cumpriu os padrões estabelecidos, eles estão com raiva, abatidos e exigentes. Certifique-se de que eles saibam que a posição deles diante de Deus não muda com base no modo como seus filhos são. Eles têm vivido para serem aprovados pela sociedade e por si próprios. O relacionamento deles com Maguire é um fracasso, e isso aumenta a raiva que sentem em relação a ele. Em vez disso, precisam acreditar na verdade de que são perdoados e aceitos e, por isso, devem amar Maguire da maneira como foram amados. Peça-lhes que descrevam o amor de Deus por eles. Lembre-os de que o amor de Deus é uma dádiva.

Peça-lhes que memorizem Efésios 2:8-9: "Pois pela graça de Deus vocês são salvos por meio da fé. Isso não vem de vocês, mas é um presente dado por Deus. A salvação não é o resultado dos esforços de vocês; portanto, ninguém pode se orgulhar de tê-la" (NTLH). Peça-lhes que recitem esse versículo um para o outro e orem juntos para que o

Espírito Santo faça essa alegre verdade mover seu coração a responder com gratidão. Peça-lhes que estejam atentos às vezes em que se gabam de coisas que realizaram. Eles precisam que seja restaurada a alegria de sua salvação ou, possivelmente, precisam ouvir as boas-novas de seu precioso dom pela primeira vez.

Há esperança para essa família e para outras pessoas que também vivenciam essas tensões relacionais tão comuns. A reconciliação está disponível para cada um deles por meio da obra consumada de Cristo. Deus está empenhado em transformar os relacionamentos mais difíceis em uma oportunidade de louvar sua gloriosa graça.

6

Ajudando a criança com suas amizades

Jonathan Holmes

Brayden subiu a garagem depois que o ônibus o deixou, depois de um longo dia na escola. Jennie, sua mãe, o esperava na varanda e estendeu a mão para dar-lhe um abraço de boas-vindas quando ele se aproximou. Brayden tentou esquivar-se dela, e Jennie poderia dizer, por seus olhos inchados, que ele havia chorado. Enquanto ela o seguia para dentro de casa, ela perguntou se algo estava errado.

— Eu odeio a escola. Não tenho amigos e ninguém gosta de mim — explodiu.

— O que você quer dizer? — Jennie perguntou. — Você tem um monte de amigos! Todo mundo gosta de você!

— Não, eu não tenho! Ninguém gosta de mim — ele repetiu. Depois caiu no sofá e se encolheu, escondendo o rosto.

— Você pode me dizer por que se sente assim? — Jennie se sentou ao lado dele e colocou a mão em seu ombro.

— Não quero falar sobre isso — ele respondeu. — De qualquer maneira, não é grande coisa, e não há nada que você e papai possam fazer sobre isso.

Jennie permaneceu sentada mais um pouco com Brayden e perguntou a si mesma o que poderia ter causado todo esse drama. Embora

Brayden não fosse a criança mais extrovertida, Jennie sempre o viu como um garoto amigável, afetuoso e compassivo que se relacionava bem com seus colegas. Partiu seu coração ver que ele estava lutando com isso. Ela deixou o assunto de lado por enquanto, dizendo a ele que se importava profundamente com a dor dele e que poderia conversar mais tarde, se ele assim desejasse.

Mais tarde, naquela noite, Jennie trouxe a situação à tona novamente, esperando que Brayden pudesse se abrir com o pai. Até a irmã mais velha de Brayden entrou na história, tentando descobrir por que ele estava dizendo que não tinha amigos. Na verdade, Brayden havia compartilhado que, algumas semanas antes, um colega de classe o provocaram na frente de outras crianças. Brayden ficou envergonhado e, desde então, não saía durante o recreio e ficava ajudando seu professor na sala de aula.

Jennie e Mike perguntaram se Brayden queria que eles conversassem com os pais do menino, e ele rapidamente disse:

— Não! Isso tornaria tudo ainda pior!

Nas semanas seguintes, Mike e Jennie, confusos, tentaram encontrar maneiras diferentes de ajudar Brayden a superar aquela crise. Eles perguntaram se ele queria que um amigo viesse passar a noite em casa. Eles tentaram convidar amigos da igreja na tarde de domingo. Até pensaram em pedir ao orientador escolar que falasse com ele. Depois de tentarem um monte de coisas, Mike e Jennie pedem ajuda a você.

Ajudando a criança com suas amizades

Brayden representa uma das muitas crianças que enfrenta dificuldades com as amizades na escola e em sua comunidade. Os relacionamentos com colegas representam um aspecto significativo da vida de uma criança em casa, na escola, na igreja e em outros contextos. As amizades ajudam a criança, desde os primeiros estágios de desenvolvimento, a aprender habilidades sociais e relacionais importantes e a formar um sentimento de pertencimento no mundo ao seu redor.

A dificuldade de uma criança com as amizades representa uma preocupação compreensível para pais, mentores e educadores. Desenvolver e formar amizades desde a tenra idade é importante porque as amizades e a comunidade fornecem oportunidades em que as crianças podem aprender a servir umas às outras, cuidar dos interesses de outra pessoa, aprender a fazer perguntas, praticar a escuta ativa e oferecer incentivo. Desde torcer para um amigo em uma competição até ajudá-lo a estudar para uma prova difícil, os amigos são indispensáveis para a jornada da vida. Como o processo de aconselhamento pode ajudar uma criança a compreender e passar pelos altos e baixos de seu relacionamento com os amigos? Que habilidades eles precisam desenvolver ou que barreiras precisam superar para desenvolver um relacionamento saudável e significativo com as crianças ao seu redor?

Conte uma história convincente sobre amizade

Um dos primeiros passos para ajudar uma criança com suas amizades é comunicar uma visão convincente e bíblica do que é amizade. Muitas vezes, a amizade é vista como uma relação social opcional — uma relação descartável, substituível e que não vale muito esforço. Conselheiros bíblicos podem ajudar enquadrando a Bíblia como uma história de amizade — usando este esboço simples:

1. Você foi feito para fazer amizades. [Criação]
2. A amizade foi desfeita. [Queda]

3. Jesus redime a amizade. [Redenção]
4. Amigos são amigos para sempre. [Consumação]

Usar o enredo das Escrituras pode ser uma ferramenta útil para o conselheiro comunicar a mensagem de amizade da Bíblia. Eu encorajaria um conselheiro a desenhar esses quatro movimentos de amizade para que a criança possa visualizá-los e interpretá-los.

Você foi feito para fazer amizades

Deus é o Criador, e Ele fez todas as coisas. Ele criou a amizade. Pergunte à criança sobre o desejo de ter um amigo.

- Conte-me sobre um dos melhores amigos que você já teve. Como ele ou ela é?
- O que você deseja encontrar em um amigo?
- De onde você acha que surgiu o desejo de ter amigos?

É essencial ajudar a criança a ver que sua atração e seu desejo de amizade é bom e faz parte do desígnio de Deus. Com isso, ajudamos a criança a compreender a importância e a prioridade de formar amizades.

A amizade foi desfeita

Infelizmente, a história dos relacionamentos — tanto o relacionamento entre Deus e as pessoas quanto os relacionamentos entre as pessoas — decaiu em Gênesis 3 no fatídico dia em que Eva sucumbiu à tentação da serpente e comeu o fruto proibido. Compartilhe essa história com seu aconselhado e, juntos, vejam como Adão e Eva responderam a Deus pela primeira vez depois de desobedecerem à sua ordem direta.

Eles se esconderam. Eles se isolaram de Deus. Até então, eles tinham o hábito de caminhar com Deus no frescor do dia, o que era a expressão de amizade e comunhão perfeitas com Ele. Uma vez que deram as costas a Deus e pecaram, entretanto, o relacionamento com Deus foi prejudicado de forma extensiva, e eles passaram a sentir vergonha diante de Deus. Por causa disso, procuraram maneiras de se cobrir e permanecer escondidos de Deus. A amizade de Adão e Eva com Deus foi desfeita e, em seguida, todos os relacionamentos na terra foram afetados.

Nesse ponto da história, faça algumas perguntas à criança para ajudá-la a entender o impacto da queda em suas amizades:

- Você já se sentiu sozinho? Você se sentiu excluído da escola ou de casa?
- O que é difícil em suas amizades?
- É difícil para você fazer amizades? Se sim, por que você acha que é difícil?
- É difícil para você conhecer outras crianças? Você se sente tímido ou envergonhado perto delas?
- Seu amigo fez algo que o magoou? Você pode me falar um pouco sobre isso?

Essas perguntas e respostas podem ajudá-lo a mostrar às crianças que esses mesmos problemas afetam as amizades há muito tempo.

Elas não são as primeiras a experimentarem a dificuldade de formar e manter amizades. Na verdade, muitos adultos ainda enfrentam esses mesmos problemas em sua própria vida.

Jesus redime a amizade

Então, o que restaura a amizade? O que pode trazer cura e reestabelecer nosso relacionamento com Deus? Como conselheiro bíblico, você pode até ajudar a criar expectativa fazendo à criança uma pergunta como esta: você pode descrever como acha que seria o amigo perfeito? Depois de ouvir sua resposta, você pode afirmar todas as grandes qualidades mencionadas e fazer o acompanhamento perguntando: "Posso falar sobre algumas qualidades que eu procuraria em um amigo perfeito? Imagine um amigo que saiba tudo sobre você e ainda o ama, mesmo quando você não é tão amigável. Um amigo capaz de dar a vida por você. Consegue imaginar um amigo assim? O apóstolo Paulo nos fala sobre um amigo como esse em Romanos:

> Mas Deus prova o seu amor para conosco em que Cristo morreu por nós, sendo nós ainda pecadores (Romanos 5:8).

Você pode desenvolver a conversa a partir daí. "Que ótima notícia! Jesus, o amigo perfeito, deu sua vida por nós para que possamos fazer parte de sua família. Podemos fazer amizades como a Bíblia nos ensina por causa dessas boas-novas — por causa do evangelho. Porque Jesus estendeu a mão para ser nosso amigo e restaurar nosso relacionamento com Ele, Ele nos torna novos por dentro e coloca seu amor por outras pessoas em nosso coração, dando-nos sua força para estender a mão e amar as pessoas ao nosso redor."

Amigos são amigos para sempre

Conte à criança como a história fica ainda melhor. Além de restaurar a amizade, agora Jesus é nosso amigo para sempre. Ele não é apenas o amigo perfeito, Ele é nosso amigo eterno. Em João 15:13-15, Jesus está conversando com seus amigos íntimos, os discípulos, e diz:

> Ninguém tem maior amor do que este: de dar alguém a sua vida pelos seus amigos. Vós sereis meus amigos, se fizerdes o que eu vos mando. Já vos não chamarei servos, porque o servo não sabe o que faz o seu senhor, mas tenho-vos chamado amigos, porque tudo quanto ouvi de meu Pai vos tenho feito conhecer.

Você pode complementar da seguinte maneira: "Que doce verdade saiu dos lábios de nosso Salvador. Não somos mais inimigos (Romanos 5:10), somos chamados de amigos de Jesus! Jesus é nosso amigo para sempre. Ele está sempre presente e sempre estará conosco (Hebreus 13:5). Ele é o amigo sempre confiável, sempre presente e pronto para ouvir, é aquele com quem sempre sonhamos. E para aqueles que confiam e acreditam nele como seu Salvador, Ele será um amigo eterno!". Essa é uma boa notícia para nós e para as crianças de quem cuidamos.

Embora as amizades aqui na terra sejam difíceis e complicadas por causa do nosso pecado e da queda, nem sempre será assim. Todos nós podemos esperar o tempo em que todos os amigos de Jesus se unirão no céu para adorá-lo. Pense nisso por um momento. Em voz alta, troque ideias com o seu aconselhado — como seriam as amizades perfeitas e centradas em Cristo? Sem mais lutas. Não haverá mais *bullying*. Chega de almoçar sozinho. Chega de tentar encontrar amigos para passar o recreio. Não há mais amizades frustrantes. Em vez disso, você vai adorar a Deus com alegria com todos os seus amigos, e todas essas dificuldades serão esquecidas.

Essa história de amizade, encontrada na Palavra de Deus, ajuda a criança a entender que a amizade é uma questão importante com a qual Deus se preocupa. Como conselheiro, você pode fazer duas observações úteis para formar a espinha dorsal do seu tempo de aconselhamento com a criança:

1. As amizades são difíceis e muitas vezes exigem sacrifícios.
2. No final das contas, as amizades apontam para alguém maior.

Amizades são difíceis e frequentemente exigem sacrifício

As crianças geralmente esperam que as amizades sejam fáceis e divertidas, com isso podem nutrir expectativas de que seus amigos pensem como elas, falem como elas e gostem das mesmas coisas que elas. As crianças muitas vezes acreditam que a amizade, em última análise, consiste em encontrar alguém com interesses semelhantes aos delas. Isso não apenas reduz o número de candidatos aceitáveis para uma criança se socializar, mas também lhes ensina que as amizades devem ser fáceis e egocêntricas.

Jesus nos dá o exemplo perfeito de amizade. Não havia nada em nós que nos fizesse merecer a amizade de Jesus, mas Ele se aproximou de nós (João 1:14) e viveu como um de nós, correndo os mesmos riscos na amizade que corremos quando nos colocamos na vulnerável posição de estender a mão para ver se alguém quer nos conhecer. Ele investiu tempo, atenção e cuidado em um círculo de discípulos que eram egoístas, mal informados e mesquinhos. Ele entendia os desafios de ser paciente e persistente na busca de companhia e mesmo assim se aproximou de nós, deixando de lado seus próprios interesses para ser nosso amigo.

Devemos ajudar as crianças a compreender que a amizade é uma forma de espelhar a história das Escrituras. Podemos ensinar e discipular nossos pequenos dizendo-lhes que muitas vezes a amizade é difícil e requer sacrifício e atenção aos interesses dos outros.

Assim como aconteceu com Brayden, a criança do início do capítulo, a vida traz dificuldades para a amizade. Descobri que muitos dos problemas que as crianças enfrentam na infância ou na adolescência são bastante semelhantes aos problemas que você e eu enfrentamos nas amizades com adultos! Questões de rejeição, medo, conflito, mágoa, expectativas não atendidas e constrangimento estão presentes tanto nas amizades entre adultos quanto entre crianças. Ensinar a criança a praticar o plano de Deus para a amizade pode ajudá-la, quando for adulta, a navegar nessas águas inevitáveis.

Ajude as crianças a resolverem conflitos com seus amigos de uma forma bíblica. Resolver e trabalhar os problemas é uma das habilidades mais básicas que a amizade pode ensinar a uma criança. Ensine a criança a entender e conhecer os amigos. Prepare a criança para fazer boas perguntas aos amigos e ter conversas difíceis quando as coisas derem errado ou ocorrerem mal-entendidos.

Uma palavra sobre bullying e intimidação

O *bullying* e a intimidação são coisas reais. Infelizmente, há crianças na escola que usam suas palavras e ações para intimidar e incitar o medo em outras crianças. A mídia social e a tecnologia ampliaram significativamente o problema. Um indivíduo pode postar algo em qualquer um dos muitos aplicativos de mídia social que pode ser visto e lido instantaneamente por centenas de crianças.

Mais uma vez, a Bíblia localiza e explica por que tais coisas acontecem — o pecado quebrou e fragmentou a maneira como nos comportamos como amigos. Embora isso não elimine a dor de ser vítima de *bullying*, pode lembrar a criança de que o *bullying* não é culpa dela. Ao ajudar crianças em situações em que há intimidação e influência dos colegas em relação a maus comportamentos, tento munir as crianças com as seguintes verdades (utilizar gestos pode ser uma boa forma de lembrá-las):

- *Orar*: lembre à criança que Deus está sempre com ela. Deus aparece quando as pessoas estão sendo oprimidas e feridas injustamente (cf. Gênesis 16:13; Êxodo 3:7-12). Ele se preocupa com nossas amizades e com o que passamos. Incentive e leve conforto à criança, reconhecendo que Jesus, o amigo perfeito, sabe o que é ser intimidado e sofrer zombaria (cf. Mateus 27:27-31). Sempre podemos recorrer a Ele em oração.
- *Falar*: como a criança pode reagir a algumas situações? Provérbios 15:1 explica: "A resposta branda desvia o furor, mas a palavra dura suscita a ira". Ajude a criança a desenvolver uma lista de respostas sábias que poderiam ser consideradas "brandas".
- *Calar-se:* Provérbios 26:4 afirma: "Não respondas ao tolo segundo a sua estultícia, para que também te não faças semelhante a ele". Ajude a criança a ver que existem algumas situações em que ela precisa fechar a boca, orar a Deus por ajuda e ir embora. Isso pode significar que ela continua sendo insultada, provocada e testada, mas o resultado positivo de responder ao agressor ficará perdido nesse ponto.

- *Buscar ajuda*: incentive a criança a procurar ajuda apropriada quando o *bullying* é crônico e não pode ser resolvido por conta própria. Falar com um adulto de confiança não é um sinal de fraqueza ou de covardia, mas demonstra e comprova sabedoria.[1]

Por fim, as amizades apontam para alguém maior

Amizades costumam ser difíceis e exigem sacrifícios e, em última análise, apontam para alguém maior. Em minha opinião, esse é um grande elemento que falta em nossa conversa quando aconselhamos crianças sobre amizades. As amizades oferecem às crianças uma maneira prática e visível de entender o evangelho! Que oportunidade empolgante para as crianças se tornarem missionárias do evangelho — com amizades em casa, na escola e na igreja.

As crianças que aconselhamos entendem tudo o que envolve a amizade? Atrevo-me a dizer que não. Novamente, nossa cultura ensina quase o oposto exato quando se trata de amizade. Somos ensinados que *a amizade tem tudo a ver com você! Encontre amigos que gostem das mesmas coisas que você! A amizade deve ser fácil.*

É importante comunicar isso às crianças. As amizades lhes dão não apenas uma imagem da mensagem do evangelho, mas também os convidam a participar do drama divino da redenção. Cada vez que as crianças se dedicam a um amigo, motivados por alguém e algo maior do que eles, os outros são lembrados de como Deus em Cristo os torna amigos.

---

[1] Para uma leitura posterior, veja Tim Keeter's, *Help! My Child Is Being Bullied* (Wapwallopen, PA: Shepherd Press, 2019).

Existe uma maneira mais fácil de falar com as crianças sobre o evangelho que não seja pelo viés da amizade? As perguntas a seguir podem ajudar as crianças a ver alguns desses conceitos:

- Liste três ou quatro de seus amigos. O que você gosta neles? O que, inicialmente, fez você querer ser amigo deles?
- Todos os seus amigos compartilham o mesmo interesse? Eles são todos da mesma idade que você? Por que você acha que isso é assim?
- As amizades devem ser fáceis ou difíceis? Por que sim ou por que não?
- Você já pensou em ser amigo de alguém que não é como você? Por que você acha que seria difícil — ou por que não?
- Qual foi a coisa mais difícil para você lidar na amizade? Isso faz você querer se afastar daquela amizade?
- Quando as coisas ficam difíceis em sua amizade, como você normalmente reage? Com base no exemplo de Jesus, como você acha que Ele agiria?
- Se as pessoas pudessem olhar o lado de dentro de suas amizades, você acha que elas veriam o amor de Jesus?

Uma palavra aos pais

Os princípios que vimos podem funcionar como base e ponto de partida para você construir uma teologia de amizade para aconselhar crianças ou discipular seus próprios filhos. O modo como você aumenta essa base será diferente para cada família, mas aqui estão algumas sugestões úteis que podem encorajar e promover boas amizades para seus filhos.

Seja você mesmo um modelo de amizade

Se você deseja que seus filhos tenham boas amizades, pergunte-se que tipo de exemplo está dando para eles. Você e seu cônjuge são um exemplo da amizade bíblica descrita há pouco? Eles veem em você um compromisso que transcende interesses em comum, fase da vida e *hobbies* compartilhados? Eles já viram você se aproximar de pessoas que são diferentes de você nesses aspectos?

Como família, minha esposa e eu tentamos (de maneira imperfeita!) nos aproximar de pessoas que não são exatamente como nós. Recebemos em nossa casa pessoas que vêm de diferentes origens e estão em outras fases da vida. De clubes de livros a jogos à noite na varanda, quero que meus filhos vejam nossa família fazendo amizades em todos os níveis da vida. O fio condutor que nos une é o nosso amor a Deus, que nos motiva a amar os outros em amizade.

Ajude seu filho a buscar amizades

Eu ouço pais dizerem: "Ninguém quer ser amigo do meu filho!". É um dos momentos mais dolorosos para nós, pais. Queremos e esperamos que nossos filhos tenham boas amizades em casa, na escola e na igreja. Quando essas amizades não se materializam, pode ser doloroso e angustiante.

Podemos ajudar nossos filhos a perceber que eles nem sempre precisam ser buscados, mas podem ser os buscadores! Ao encorajar nosso filho a ser alguém que inicia amizades, isso ajuda a reforçar a mensagem bíblica e a história do evangelho. Aqui estão algumas maneiras úteis de ajudar seu filho nesse sentido:

- Vamos orar por uma pessoa da sua classe hoje para que você possa pedir que se assente com você no almoço ou brinque com você no recreio.
- Há um amigo que você gostaria de convidar para sentar-se conosco na igreja?
- Você gostaria de convidar um amigo para jogar em casa?
- Há alguém em sua classe que não tenha um amigo? Por que você acha que isso acontece? Você acha que poderia convidá-lo para uma atividade ou conversa?
- Como você gostaria que alguém viesse fazer amizade com você? Por que você não tenta fazer isso esta semana com outra pessoa?

Aprenda com seus filhos quando se trata de amizade

Aprendi algo valioso sobre amizade com minha filha. Há alguns anos, minhas duas filhas mais velhas e eu estávamos em nossa biblioteca local. Nesse dia em particular, havia uma doce garotinha com próteses nas pernas e seu andador no canto próximo à área de atividades. Minha doce e amigável filha Ava imediatamente se aproximou para se apresentar. Em segundos, ela perguntou à outra menina seu nome (Hannah), em que série ela estava (Jardim de infância) e por que ela estava usando aparelho ortopédico (desconhecido). Enquanto a mãe de Hannah gentilmente observava, eu nervosamente reorganizei a pilha de livros que havia acumulado.

Então, conforme o tempo passava e as meninas se envolviam alegremente em seu mundo de princesas, quebra-cabeças e risos, eu relaxei e respirei fundo. Não havia constrangimento agora, apenas os sussurros divertidos de conversas de menina para menina.

Quando saímos da biblioteca, Ava olhou para cima com entusiasmo e disse: "Não acredito que fiz uma nova amiga!". Nas semanas seguintes, ela me diria que viu Hannah em sua escola (elas têm um ano de diferença) e acenou para ela. De vez em quando, Hannah aparece em nossa conversa e Ava me lembra da amiga que conheceu na biblioteca naquele dia de verão.

Refletindo, eu sou muito grata pelo coração bondoso de minha filha e pela sua graciosa sensibilidade. A mãe de Hannah me disse naquele dia que muitas crianças não procuram sua filha porque ela tem deficiência. Naquele momento, percebi o quão simples, mas profunda, a amizade pode ser na vida de uma criança. Pode iluminar o dia de alguém, colocar um sorriso no rosto e, na melhor das hipóteses, pode suavizar a vergonha, aliviar o estigma e levantar o ânimo.

Naquele dia, minha filha me ensinou a entrar no mundo de outras pessoas com amor e carinho. Você não precisa ter palavras bonitas ou um monólogo planejado. Às vezes, a simplicidade de "olá, sou a Ava" é tudo que você precisa para iniciar uma amizade.

AS CRIANÇAS E SUAS EMOÇÕES

7

Ajudando crianças ansiosas[1]

Julie Lowe

Chris é um menino sensível de 10 anos de uma família amorosa que é ativa em sua igreja. Ele passou por poucas experiências turbulentas ou perdas, até que sua avó faleceu durante o verão. Pouco depois, seu avô também faleceu, junto com um animal de estimação da família. Chris começou a se preocupar com o bem-estar de seus pais (embora eles fossem perfeitamente saudáveis) e ficou ansioso com a possibilidade de adoecer ou até pegar uma gripe. Seus pais ficaram preocupados quando um dia ele se recusou a ir à escola porque sabia que vários alunos de sua classe estavam infectados por um vírus. Ele não estava disposto a entrar no ônibus escolar ou mesmo deixar seus pais levá-lo para a escola. Os pais de Chris se perguntaram se essa era apenas uma fase pela qual ele estava passando, uma forma de processar o luto ou se ele estava enfrentando uma batalha que precisava de intervenção. Quando ele continuou a se recusar a pegar o ônibus e a ir para a escola, eles decidiram procurar ajuda externa. Eles o trouxeram a você para um aconselhamento.

---

[1] Adaptado por Julie Lowe de seu minilivro, *Helping Your Anxious Child: What to Do When Worries Get Big* (Greensboro, NC: New Growth Press, 2018).

O que você pode dizer a Chris para tranquilizá-lo? Como você pode ajudar Chris e outras crianças como ele a viver em paz em um mundo assustador? Como você pode ajudá-los a encontrar segurança em um mundo inseguro?

Como conselheiro, é provável que você encontre cada vez mais crianças como Chris, que estão preocupadas e com medo. Muitas famílias estão vendo um aumento da ansiedade em seus filhos. Com a mídia de massa e os plantões de notícias 24 horas por dia, 7 dias por semana, as crianças estão continuamente expostas à realidade dos perigos globais. Notícias de epidemias, guerras, ataques terroristas, incêndios florestais, boatos na internet e *cyberbullying* se espalharam rapidamente. Crianças e adolescentes estão cada vez mais expostos a assustadoras possibilidades de calamidade. No âmbito familiar também há muitas fontes de medo e ansiedade na infância: gripe, germes, cometer erros, tirar notas ruins, ser exposto ao ridículo pelos colegas, falar em público, não se encaixar, a possibilidade de perder um ente querido — e a lista continua. Para crianças com tendência para preocupações e ansiedade, essa exposição pode ter um efeito de bola de neve.

Paul Foxman, em seu livro *The Worried Child*, afirma que a ansiedade é a epidemia número um nos Estados Unidos e que aproximadamente 25% da população luta contra ela.[2] Foxman descreve como muitas vezes transmitimos às crianças mensagens conflitantes de que o mundo está seguro e ao mesmo tempo inseguro. Entramos em escolas públicas com detectores de metal e segurança. Falamos sobre forro de mochilas com metais de proteção. Que mensagem isso pode transmitir às crianças?

---

[2] Paul Foxman, *The Worried Child: Recognizing Anxiety in Children and Helping Them Heal* (Alameda, CA: Hunter House Publishers, 2004), p. 2.

Passamos por aeroportos com várias verificações de segurança, revistas e cães farejadores, mas os pais costumam dizer aos filhos que estão seguros e que não devem se preocupar.

Você provavelmente já percebeu que, embora várias crianças sejam expostas aos mesmos eventos, algumas lutam mais com a ansiedade do que outras. Por que isso acontece? Pode haver vários fatores. Cada criança tem sua própria forma de ser. Cada uma delas tem diferentes pontos fortes e fracos, e tendências para lutas ou tentações específicas. Algumas crianças têm uma tentação inata de lutar contra o medo. Elas estão mais alertas aos riscos potenciais e estão em sintonia com o perigo que outras pessoas estão enfrentando. Isso cria uma grande sensação de vulnerabilidade para elas.

Os pais de Chris compartilham com você que ele sempre foi mais cauteloso e preocupado do que os outros filhos. Ele é um perfeccionista e sempre quer fazer as coisas certas — terminar os trabalhos escolares, praticar esportes e até vestir-se de forma adequada. Algumas crianças, como Chris, têm personalidades mais perfeccionistas, o que pode fazer com que tenham dificuldade para relaxar, sejam movidas pelo desejo de agradar, sejam pouco assertivas e evitem conflitos. Crianças como essas geralmente têm medo em relação às pessoas, incluindo o medo de decepcionar ou falhar, e podem colocar grandes expectativas sobre si mesmas. Todas essas tendências levam ao estresse e à ansiedade.

Outra causa de ansiedade persistente em crianças pode ser a exposição prolongada a situações estressantes. Eventos traumáticos, turbulências na família ou um estilo de vida imprevisível podem levar a uma sensação de perigo. Quanto mais entendermos a causa da ansiedade de uma criança, maior será o sucesso em conduzi-la durante o processo, e mais sábios e práticos seremos ao falar sobre suas experiências. Para Chris, estava claro que sua ansiedade estava centrada na perda dos avós.

Ao atender a uma criança ansiosa, como saber quando o medo dela está dentro da faixa "normal" ou quando o medo é problemático e precisa de intervenção? Do ponto de vista do aconselhamento, você deseja avaliar até que ponto isso está interferindo na vida cotidiana da criança. Qual é a frequência do medo/ansiedade, quão intenso é e quanto tempo dura? Está impedindo a criança de se envolver nas suas atividades diárias? Isso as impede de assumir riscos saudáveis e se envolver socialmente? Talvez a melhor pergunta seja: o medo as está controlando ou elas estão controlando o medo? Elas são capazes de controlar/gerenciar sua ansiedade, ou são controlados por ela? Nesse ponto, o medo está controlando Chris. Ele não consegue agir normalmente (ou seja, frequentar a escola) sem algum tipo de intervenção vinda de você e dos pais dela.

Quando experimentam um sentimento de ansiedade persistente, a tendência é que as crianças encontrem conforto em controlar ou reduzir seu mundo ao que parece controlável. Algumas crianças procuram segurança ou conforto em comportamentos rotineiros (como chupar o dedo, dormir com um dos pais ou realizar outros rituais), ter objetos (televisão, livros ou mundos de fantasia) ou ficar com pessoas (pais, irmãos ou amigos). Outros evitam certos lugares (escola, sair de casa ou entrar no carro, ônibus ou avião por medo). Chris estava reduzindo seu mundo a um ambiente onde se sentia seguro — em casa com sua família.

Ajudando Chris a identificar seus medos e buscar abrigo em Deus

Como acontece com a maioria das crianças ansiosas, os medos de Chris eram tão intensos que não ajudaria apenas assegurar a ele de que estaria seguro na escola. Ele já sabe que as pessoas adoecem na escola e sabe que às vezes as pessoas morrem. Para ele, e para outras crianças ansiosas, costumo usar um exercício chamado "atividade de barco e refúgio".[3]

Atividade de barco e refúgio

Esse exercício é uma forma de as crianças ansiosas pensarem como suas emoções e crenças impactam a maneira como encaram a vida e onde/como encontram abrigo. Para fazer essa atividade, você vai precisar de cartolina, giz de cera, lápis de cor, marcadores etc.

Peça ao adolescente para desenhar um barco — qualquer barco que ele queira — e peça-lhe que desenhe em que tipo de ambiente o barco está. Explique que ele pode desenhar o que quiser e que não há maneira certa ou errada de fazer esse exercício.

Perguntas de acompanhamento e aspectos a serem observados

Depois que a criança terminar o desenho, faça algumas das seguintes perguntas:

- Que tipo de barco você desenhou e por quê?
- Você está no barco? Está no desenho? Onde?
- O que mais você desenhou na gravura e por quê?
- Em que tipo de ambiente de água você está? Por quê?
- O ambiente de água é calmo, agitado ou assustador?

---

[3] Esta atividade foi retirada de Julie Lowe, *Building Bridges: Biblical Counseling Activities for Children and Teens* (Greensboro, NC: New Growth Press, 2020). Inclui também outras atividades que você pode usar para ajudar as crianças a identificar seus medos e levá-los a Deus em busca de consolo e ajuda.

- Como é o clima? Qual estação do ano é essa?
- Alguém precisa ser resgatado? Se sim, de quê?
- Como ele pode ser ajudado? E quem pode ajudá-lo?

Algumas crianças ou adolescentes acharão essa atividade simplesmente divertida, mas eles a concluem tão rapidamente e em um nível tão superficial que você não será capaz de reunir muitas informações úteis. Para essas crianças e adolescentes, você pode fazer o acompanhamento pedindo-lhes que imaginem a si mesmos e a sua vida como um barco na água. Peça-lhes que redesenhem tendo isso em mente. Mas outros jovens revelarão muito sobre si mesmos e seus pontos de vista sobre segurança, estabilidade, como encontram descanso e como encaram o Senhor. Aqui estão algumas perguntas adicionais a serem feitas:

- Se Deus entrasse nessa situação, como Ele seria?
- Como Ele viria?
- Considere as seguintes passagens de Salmos. Quais são algumas das maneiras pelas quais Deus é descrito? Como isso ajuda quando você está enfrentando uma grande tempestade em sua vida?
  - Salmos 73:28: "Mas, para mim, bom é aproximar-me de Deus; pus a minha confiança no Senhor Deus, para anunciar todas as tuas obras".
  - Salmos 62:7: "Em Deus está a minha salvação e a minha glória; a rocha da minha fortaleza *e* o meu refúgio estão em Deus".
- Como seria para Deus ser seu refúgio nesta gravura?
- O que significa "o Senhor é sua rocha"?

– Salmos 18:2: "O Senhor é o meu rochedo, e o meu lugar forte, e o meu libertador; o meu Deus, a minha fortaleza, em quem confio; o meu escudo, a força da minha salvação e o meu alto refúgio".
- Se Deus entrasse neste quadro, o que você desenharia?
- Como Ele ajudaria?
- Como Ele seria seu libertador? Seu escudo?

Discuta essas ideias com o adolescente ou a criança e veja o que eles podem fazer. Procure maneiras de ajudá-los a fazer conexões quando eles próprios estiverem enfrentando desafios. Em seguida, considere como você pode fazer essas conexões ganharem vida nos lugares reais em que eles têm dificuldade. Como podem confiar que Deus será seu libertador, e o que isso significa de maneira tangível em suas circunstâncias? O que eles podem e devem esperar que Deus faça ou não?

Em Salmos, há inúmeras imagens ricas de Deus: escudo, protetor, refúgio, torre alta, abrigo etc. Sinta-se à vontade para pensar de maneira atraente e criativa sobre as formas adicionais a partir das quais as Escrituras podem falar com a criança com quem você está trabalhando.

Encaminhando as crianças para Cristo

Como conselheiros, muitas vezes somos tentados a convencer a criança ansiosa que aconselhamos do quão infundados são os medos dela e que coisas ruins não acontecerão. Às vezes é esse o caso, mas na maioria das vezes descubro que as crianças que aconselho, como Chris, têm medo de perigos e ameaças genuínas.

A verdade é que, assim como os adultos, as crianças vivem em um mundo decaído e destruído, onde coisas ruins acontecem. Câncer, perigos, crimes e traumas são reais. Todos nós falhamos, cometemos erros, zombamos de algo e sofremos *bullying*. A vida nem sempre é da maneira como gostaríamos que fosse. Temos de ter cuidado para não dar a uma criança um falso conforto ou garantias que não podemos oferecer. Sua esperança e a deles são encontradas naquele que reina sobre todas as coisas.

Qualquer que seja o conforto que proporcionemos às crianças, devemos, em última instância, encaminhá-las a Cristo, que pode estar com elas em meio ao medo. Como conselheiro, o conforto que ofereço é limitado; não posso dar garantias ou protegê-las de todo medo. Além disso, nem sempre o conforto que ofereço é acessível. Não posso ir para a escola com elas, viver dentro da cabeça delas ou estar disponível sempre que estiverem em dificuldades. Apesar disso posso indicar aquele que está sempre acessível, sempre disponível — cujo conforto é perfeito e ilimitado. "Não fiquem com medo, pois estou com vocês; não se apavorem, pois eu sou o seu Deus. Eu lhes dou forças e os ajudo; eu os protejo com a minha forte mão" (Isaías 41:10; NTLH).

O Espírito pode ir a lugares dentro do coração e da mente de uma criança que você e eu não podemos penetrar. Nosso papel é refletir Cristo pelo conforto que proporcionamos às crianças com quem conversamos — e sempre conduzindo-as a Ele, o melhor conforto. Ele pode conhecê-las de maneiras mais profundas e significativas do que nós. Ele também deseja que aprendam a depender dele em todas as situações da vida.

Ao falar com Chris, lemos juntos 2Coríntios 1:4, porque proporciona uma imagem de conforto que apresenta Cristo, "que nos consola em toda a nossa tribulação, para que também possamos consolar os que estiverem em alguma tribulação, com a consolação com que nós mesmos somos consolados por Deus". Aqui está um efeito cascata: Você pode dar conforto a uma criança porque primeiro você recebeu conforto. Você pode oferecer esperança, porque primeiro você encontrou esperança em Cristo. Como conselheiro, você vive e personifica diante de seus aconselhados o que Cristo é e fez por você. Chris e eu conversamos sobre como Deus sempre oferece sua presença a seus filhos em meio ao medo. Eu compartilhei com ele que Deus lembra a seus filhos temerosos repetidamente que Ele está com eles. Aqui estão apenas alguns dos versículos que compartilhei com Chris:

- "No dia em que eu temer, hei de confiar em ti" (Salmos 56:3).
- "Quando estou aflito e preocupado, tu me consolas e me alegras" (Salmos 94:19, NTLH).
- "Ainda que eu andasse pelo vale da sombra da morte, não temeria mal algum, porque tu estás comigo; a tua vara e o teu cajado me consolam" (Salmos 23:4).
- "Sejam fortes e corajosos; não se assustem, nem tenham medo deles, pois é o Senhor, nosso Deus, quem irá com vocês. Ele não os deixará, nem abandonará" (Deuteronômio 31:6, NTLH).

As crianças precisam encontrar esperança e conforto nos lugares certos. Não queremos garantir que coisas ruins não acontecerão nem oferecer falsas esperanças ou fazer promessas que possivelmente não podemos cumprir. De qualquer forma, os adolescentes geralmente percebem essas tentativas frágeis. *Devemos* mostrar a eles aquele (Cristo) que realmente pode ajudá-los em suas lutas e medos. Algumas crianças precisam de ajuda de curto prazo (acomodações, apoio extra ou conforto no meio de uma tragédia ou experiência difícil). Não importa a gravidade das lutas que enfrentam, todas as crianças ansiosas precisam saber que existe um Deus que caminha com elas em meio a seus medos. Agir com sabedoria significa descobrir de que tipo de intervenção elas precisam, ao mesmo tempo que, de maneira adequada e consistente, apontamos para uma fé maior.

Para Chris, planejamos que ele voltaria para a escola, com os pais o levando na primeira semana. Antes de ele sair do carro, eles deveriam orar usando o texto de Filipenses 4:4-7 e lembrariam juntos do conforto de que o Senhor está perto e da promessa de que, enquanto orassem, a paz de Cristo guardaria seu coração. Falamos sobre ele se lembrar de orar toda vez que se sentisse ansioso enquanto estava na escola. Era importante lembrar a Chris que Jesus estava com ele mesmo quando saía do carro. Na semana seguinte, os pais de Chris oraram com ele antes que ele entrasse no ônibus escolar e o lembraram de que o Senhor estava com ele — e eles o continuaram lembrando disso. Chris conseguiu voltar à escola e toda a família aprendeu a orar juntos por cada dia.

Treze verdades das Escrituras para confortar crianças ansiosas

Ao promover uma atmosfera de conversa aberta com a criança que está ajudando, certifique-se de fundamentar suas discussões com verdades encorajadoras das Escrituras. Aqui estão algumas ideias para você começar:

1. Você não está sozinho.
Salmos 23:4 (NVI): "Mesmo quando eu andar por um vale de trevas e morte, não temerei perigo algum, pois tu estás comigo; a tua vara e o teu cajado me protegem".

2. Você tem valor.
1Pedro 2:9 (NVI): "Vocês, porém, são geração eleita, sacerdócio real, nação santa, povo exclusivo de Deus, para anunciar as

grandezas daquele que os chamou das trevas para a sua maravilhosa luz".

Mateus 10:31 (NIV): "Portanto, não tenham medo; vocês valem mais do que muitos pardais!".

3. Ele vê suas lágrimas.

Apocalipse 21:4 (NTLH): "Ele enxugará dos olhos deles todas as lágrimas. Não haverá mais morte, nem tristeza, nem choro, nem dor. As coisas velhas já passaram".

4. Existe ajuda.

Salmos 46:1: "Deus é o nosso refúgio e fortaleza, socorro bem-presente na angústia".

Hebreus 4:15-16 (NTLH): "O nosso Grande Sacerdote não é como aqueles que não são capazes de compreender as nossas fraquezas. Pelo contrário, temos um Grande Sacerdote que foi tentado do mesmo modo que nós, mas não pecou. Por isso tenhamos confiança e cheguemos perto do trono divino, onde está a graça de Deus. Ali receberemos misericórdia e encontraremos graça sempre que precisarmos de ajuda".

5. Sua vida tem um propósito.

Jeremias 29:11: "Porque eu bem sei os pensamentos que penso de vós, diz o Senhor; pensamentos de paz e não de mal, para vos dar o fim que esperais".

6. O que você está passando é temporário.

2Coríntios 4:16-18: "Por isso, não desfalecemos; mas, ainda que o nosso homem exterior se corrompa, o interior, contudo, se renova de dia em dia. Porque a nossa leve e momentânea tribulação produz para nós um peso eterno de glória mui excelente, não atentando nós nas coisas que se veem, mas nas que se não veem; porque as que se veem são temporais, e as que se não veem são eternas".

7. Existe uma saída.

1Coríntios 10:13: "Não veio sobre vós tentação, senão humana; mas fiel é Deus, que vos não deixará tentar acima do que podeis; antes, com a tentação dará também o escape, para que a possais suportar".

8. Você é mais do que aparenta ser.

1Samuel 16:7 (NVI): "O Senhor, contudo, disse a Samuel: 'Não considere sua aparência nem sua altura, pois eu o rejeitei. O Senhor não vê como o homem: o homem vê a aparência, mas o Senhor vê o coração'".

9. Você nem pode imaginar as coisas boas que estão reservadas para você.

1Coríntios 2:9 (NTLH): "Porém, como dizem as Escrituras Sagradas: 'O que ninguém nunca viu nem ouviu, e o que jamais alguém pensou que podia acontecer, foi isso o que Deus preparou para aqueles que o amam'".

10. Você nem sempre se sentirá assim.

2Coríntios 4:8-9 (NTLH): "Muitas vezes ficamos aflitos, mas não somos derrotados. Algumas vezes ficamos em dúvida, mas nunca ficamos desesperados. Temos muitos inimigos, mas nunca nos falta um amigo. Às vezes somos gravemente feridos, mas não somos destruídos".

Salmos 30:5 (NTLH): "A sua ira dura só um momento, mas a sua bondade é para a vida toda. O choro pode durar a noite inteira, mas de manhã vem a alegria".

11. Você é muito amado.

Jeremias 31:3 (ARA): "Com amor eterno eu te amei; por isso, com benignidade te atraí".

Efésios 3:17-18 (NVI): "e oro para que, estando arraigados e alicerçados em amor, vocês possam, juntamente com todos os santos, compreender a largura, o comprimento, a altura e a profundidade e conhecer o amor de Cristo que excede todo conhecimento".

12. Você não será envergonhado.

Isaías 54:4 (NVI): "Não tenha medo; você não sofrerá vergonha. Não tema o constrangimento; você não será humilhada (o). Você esquecerá a vergonha de sua juventude".

Hebreus 13:5-6 (NTLH): "Não se deixem dominar pelo amor ao dinheiro e fiquem satisfeitos com o que vocês têm, pois Deus disse: 'Eu nunca os deixarei e jamais os abandonarei'. Portanto, sejamos corajosos e afirmemos: 'O Senhor é quem me ajuda, e eu não tenho medo. Que mal pode alguém me fazer?'".

13. Deus está pronto para fazer o bem em sua vida.

Gênesis 50:20 (NIV): "Vocês planejaram o mal contra mim, mas Deus o tornou em bem, para que hoje fosse preservada a vida de muitos".

Romanos 8:28 (NVI): "Sabemos que Deus age em todas as coisas para o bem daqueles que o amam, dos que foram chamados de acordo com o seu propósito".

Lembrar a criança das promessas imutáveis da Palavra de Deus dará a ele uma estrutura sólida para processar preocupações e medos, tanto agora quanto na idade adulta. Porque sabemos que a Palavra de Deus não volta vazia (Isaías 55:11), podemos confiar no Senhor para fundamentar essas verdades profundamente em seu coração e trazê-las à mente quando ela mais precisa.

Assegure-se de todas as suas garantias com lembranças de quem Deus é, quem a criança é em Cristo e as promessas do cuidado e da presença do Senhor, não importa quais sejam as circunstâncias. Esse conforto é o que a criança mais precisa — não uma promessa de que nada assustador ou difícil jamais acontecerá a ela, mas de que o Senhor de toda a criação está com ela, é por ela e tem um plano de amor para a vida dela.

Uma palavra aos pais

Quando os filhos estão sofrendo, a maioria dos pais concorda que faria qualquer coisa para ajudá-los a obter alívio. Isso significa que você pode se contentar com soluções que tragam alívio momentâneo, mas podem causar problemas secundários.

Veja, por exemplo, Monica, de 6 anos, que tem muito medo do escuro. Todas as noites, na hora de dormir, ela começa sua rotina de olhar embaixo da cama e no armário, além de acender as luzes e fechar as cortinas. Uma noite, ela vê algo perturbador na TV. Embora você tenha cumprido todo o protocolo com ela, Monica ainda está com muito medo. Ela parece estar em pânico e chora, implorando que você fique com ela até que ela adormeça. Você já tentou orar com ela, tocou uma música suave, leu, adicionou uma segunda luz e deu a ela todas as versões de conforto que você possa imaginar. Está ficando tarde e todos vocês estão privados de sono. Eventualmente, você cede e permite que Mônica se acomode na cama com você para que todos possam ter uma noite de sono decente. O que começou como uma ferramenta de sobrevivência para uma situação difícil, no entanto, lentamente se torna o novo normal. Monica gosta do calor e da proximidade dos pais e luta contra a ideia de voltar para o seu próprio quarto.

Talvez para outras crianças, o mecanismo de enfrentamento que você escolheu — permitir que elas assistam à TV até adormecerem — tenha se tornado uma distração. Começou como uma solução de curto prazo para fazer com que elas passassem por um período de ansiedade particularmente desafiador. Às vezes, decisões temporárias como essas, tomadas por impulso, rapidamente se tornam hábitos permanentes. As crianças ficam dependentes da TV para adormecer, de ter um dos pais no quarto ou de outra estratégia de conforto nada ideal que tenha sido implementada. As crianças não começam dependendo desses métodos, mas eles podem se tornar um potencializador em relação ao medo. A criança começa a perceber, *eu fico acordada até tarde, assisto à TV, durmo com meus pais, ou* (preencha a lacuna). As crianças podem não querer superar seus medos porque isso significa perder algo de que passaram a depender ou desfrutar. Que motivação elas terão para superar o medo se isso significar perder um privilégio especial?

Você vê como, se não formos atenciosos e cuidadosos sobre como abordamos os medos de nossos filhos, podemos involuntariamente dar razões para que eles mantenham os medos?

Como a mídia constantemente transmite todos os perigos do mundo, bem como temas mais maduros em programas que visam especificamente aos jovens, a pergunta permanece: como infundir esperança em uma cultura cheia de angústia? Muitos programas e minisséries hoje atraem os jovens com temas bem sombrios ou retratando a vida como algo sem sentido. À luz das muitas mensagens com as quais as crianças são bombardeadas, elas precisam que lhes ofereçamos razões de que Deus é relevante para elas. Elas precisam encontrar significado e identidade nas coisas que genuinamente se realizam. Elas precisam de esperança.

Damos aos nossos filhos motivos pelos quais eles podem viver a vida sem medo? Promovemos conversas sobre tópicos difíceis e os convencemos de que nenhum assunto é muito delicado para ouvirmos e nenhum tema está fora dos limites, que podemos lidar até mesmo com os detalhes mais íntimos da vida deles com amor e preocupação genuínos? Devemos ser proativos em promover conexões com nossos filhos. Devemos trabalhar incansavelmente para envolvê-los e investir profundamente na vida deles. Isso irá neutralizar poderosamente qualquer tentação de acreditar que o que oferecemos é irrelevante ou inadequado.

Deixe seus filhos saberem que não estão sozinhos. Busque uma conversa significativa com eles. Seja proativo ao abordar situações difíceis que eles enfrentarão em seu mundo. Seja um guia redentor falando sobre a corrupção que eles serão forçados a eliminar. Deixe-os saber que há alguém que luta por eles.

8

Ajudando crianças iradas[1]

Michael R. Emlet

Jacob, de 12 anos, está zangado. Às vezes, sua raiva é como um dia nublado cheio de nuvens carregadas de chuva que ameaçam as pessoas ao seu redor. Às vezes, sua raiva é uma tempestade prolongada que quase afoga todos na casa. Em outras ocasiões sua raiva vem do nada, como uma tempestade em fim de tarde, no final de um dia predominantemente ensolarado. Com essa variabilidade, parte do desafio para seus pais é conseguir prever seu "clima" emocional em um determinado dia! Ficar dentro de casa ou não? Trazer guarda-chuva ou não? Planejar um piquenique ou não? Seus pais estão profundamente perplexos e desanimados; ele também está.

Jacob cresceu em uma família cristã bem fortalecida e tem duas irmãs mais novas. Ele professou sua fé em Jesus desde muito jovem. Seus pais trabalham fora de casa — seu pai em tempo integral como advogado de uma organização cristã sem fins lucrativos e sua mãe trabalha meio período em uma pré-escola local. Durante o ano passado,

---

[1] Adaptado por Michael R. Emlet do seu livreto *Angry Children: Understanding and Helping Your Child Regain Control* (Greensboro, NC: New Growth Press, 2008).

seu pai passou mais tempo longe de casa, viajando. Jacob está na metade da sétima série e a transição para o Ensino Fundamental II tem sido um desafio. Embora sempre tenha sido o primeiro da classe no ensino fundamental I, ele tem tido dificuldades com a nova carga de trabalho no ensino fundamental II. Além disso, seus dois melhores amigos se mudaram no verão passado, e ele ainda não tem amizades profundas na escola ou no pequeno grupo de jovens da igreja.

Jacob se descreve como alguém "muito sensível". Seus pais concordariam. Quando criança, ele era geralmente muito feliz, mas parecia ter pavio curto. Com os desafios e mudanças dos últimos anos isso só se intensificou. Jacob diz: "Às vezes, nem sei por que estou com tanta raiva. Tem dias que fico muito irritado com todos ao meu redor. Outras vezes, a raiva simplesmente brota de mim e não a consigo controlar. Eu digo coisas que realmente não quero dizer, palavras que magoam minhas irmãs ou meus pais. Nós resolvemos isso mais tarde e pedimos perdão, mas ainda me sinto culpado".

Nos piores dias, a raiva envolve toda a família, transformando-se em gritos e palavras ásperas, especialmente entre os pais e ele. Uma vez Jacob ficou com tanta raiva que jogou sua garrafa de água de metal contra a parede, esmagando a garrafa e derrubando o gesso da parede. Várias vezes ele saiu de casa furioso, batendo a porta, caminhando para um parque próximo e ignorando mensagens frenéticas de seus pais sobre seu paradeiro. Seus pais também perderam a paciência, principalmente seu pai. Às vezes, os pais dele respondem de forma punitiva, suspendendo certos privilégios, como o celular ou o videogame, sem realmente explicar ou processar o que aconteceu. Eles pisam em ovos, com medo de que a qualquer momento Jacob exploda de raiva por algo pequeno.

Finalmente, eles vêm até você em busca de ajuda, perguntando: "Será que algum dia haverá paz de verdade em nossa casa, ou brigas e embates diretos serão a norma?".

Quando a raiva se tornou um padrão na vida de uma criança, como você poderá ajudar? Você sabe que "a raiva humana não produz a justiça que Deus aprova", no entanto como você pode ministrar a uma criança de forma que ele aprenda a estar "pronto para ouvir, mas demore para falar e ficar com raiva" (Tiago 1:19-20, NLTH)?

De onde vem a ira?

Como todas as nossas emoções, a ira não surge do nada (embora às vezes pareça que sim). As emoções não acontecem simplesmente *com* uma criança; são tudo o que a criança *faz* ou *experimenta* como expressão de seu coração diante de Deus. Em outras palavras, nossas emoções estão ligadas ao nosso coração, nossa natureza interior que está vivendo para Deus ou contra Deus a cada momento. O modo como nosso coração está vivendo ou não para Deus afeta diretamente nossas emoções, palavras e ações. Observe o que Deus diz sobre a maneira como nosso coração está conectado a tudo que pensamos, sentimos, dizemos ou fazemos:

- "O homem bom tira coisas boas do bom tesouro que está em seu coração, e o homem mau tira coisas más do mal que está em seu coração, porque a sua boca fala do que está cheio o coração" (Lucas 6:45, NVI).
- "Pois do coração saem os maus pensamentos, os homicídios, os adultérios, as imoralidades sexuais, os roubos, os falsos testemunhos e as calúnias" (Mateus 15:19, NVI).

- "Ora, as obras da carne [isto é, ações que fluem de um coração que está contra Deus] são manifestas: imoralidade sexual, impureza e libertinagem; idolatria e feitiçaria; ódio, discórdia, ciúmes, ira, egoísmo, dissensões, facções e inveja; embriaguez, orgias e coisas semelhantes" (Gálatas 5:19-21, NVI).
- "Vocês ouviram o que foi dito aos seus antepassados: 'Não matarás', e 'quem matar estará sujeito a julgamento'. Mas eu lhes digo que qualquer que se irar contra seu irmão estará sujeito a julgamento" (Mateus 5:21-22, NVI). Observe que Jesus coloca o assassinato e a raiva na mesma categoria — com a mesma punição — porque ambos vêm do coração.

A ênfase da Bíblia na origem interior da raiva sugere que ajudar crianças iradas envolve mais do que desenvolver meras técnicas de controle da ira. Para resolver o problema de ira de uma criança, você deve visar a fonte de sua raiva — seu coração.

Claro, nem toda ira está errada. A ira de Deus é santa, justa e amorosa, tanto em sua motivação quanto em expressão. Para os cristãos, é apropriado e até necessário sentir ira em face das injustiças e dos pecados que legitimamente irritam Deus. É possível sentir ira e não pecar (Salmos 4:4; Efésios 4:26), mas, muito provavelmente, nossa raiva não está honrando Deus na maioria das vezes, seja na orientação do coração ("Eu quero o que quero e você não pode me impedir"), seja na sua expressão (raiva, fala desrespeitosa, arremessar objetos).

Saber que a raiva de Jacob vem do coração dele deve encher você — e ele — de esperança. Ele não é um escravo de suas próprias paixões nem é incapaz de mudar. Jesus viveu, morreu e ressuscitou para que todos os tipos de pessoas, incluindo filhos (e pais!) com coração muito irado, pudessem ser transformados em pessoas que amam a Deus e aos outros.

O objetivo é o coração

Uma vez que o coração da criança é a fonte de sua ira, ajudá-la a superar a raiva envolve mirar na causa. Frequentemente, crianças e adolescentes resistem em ver as explosões de raiva como algo que tem origem em seu próprio coração. Eles vão querer culpar os pais, os irmãos ou as circunstâncias por seu mau humor ou raiva. Mas a criança precisa aprender que é o responsável por sua raiva. Ninguém faz outra pessoa pecar; comportamentos explosivos são causados por desejos internos, baseados no coração (Tiago 1:13-15). Ao mesmo tempo, a Escritura também ensina que "a palavra ríspida desperta a ira" (Provérbios 15:1, NVI) e exorta os pais a não "provocar" seus filhos (Efésios 6:4). Esses fatores "provocativos" também devem ser considerados no quadro geral de uma criança que está lutando para controlar sua ira, e vamos examiná-los mais tarde.

Um dos objetivos de trabalhar com crianças e adolescentes é ajudá-los a compreender como sua ira age diretamente contra Deus. Lembre-se de que o objetivo não é torná-las crianças "legais" que dizem "sim, senhora" e "não, senhor", mas fazê-las entender que vivem sob a autoridade suprema de Deus. Muitas vezes, os pais (e não raro os conselheiros) focam apenas no aspecto "horizontal" do comportamento pecaminoso da criança — o que a criança fez para perturbar os relacionamentos humanos. Ter como alvo o coração ajuda as crianças a compreender que suas atitudes, palavras e ações iradas interrompem o relacionamento com Deus, em primeiro lugar. Esse enfoque voltado para Deus na verdade mantém o evangelho na frente e no centro, porque o pecado contra Deus e os outros tem um remédio! Se confessarmos nossos pecados honestamente, Ele é fiel e justo para nos perdoar e nos limpar (1João 1:9).

Ter como alvo o coração também envolve compreender as razões por trás das explosões de raiva. Não é tão simples como "Jacob é um pecador e quer tudo do seu jeito!". Embora faça parte do senso comum, essa perspectiva não é particularmente útil no momento. Em vez disso, você precisa descobrir as particularidades do "próprio jeito" *dessa* criança. Peça a Deus que guie você, por seu Espírito, a fim de que tenha a sabedoria bíblica para entender o que realmente está acontecendo no coração do seu aconselhado quando ele está com raiva.

A raiva geralmente reflete muito mais do que uma simples frustração por causa de objetivos impedidos e autocentrados. Frequentemente, é a última parada de outras emoções e experiências, como medo, vergonha, culpa, tristeza, decepção e solidão. A raiva costuma inspirar cautela nas pessoas a sua volta, pois lidar com ela parece perigoso; mas muitas vezes a raiva tem um "ponto fraco" relacionado a algo pessoalmente doloroso que é fundamental explorar na vida de seu jovem aconselhado. Em outras palavras, crianças iradas não estão apenas infligindo sofrimento aos outros; na maioria das vezes, elas estão sofrendo intensamente, e é importante descobrir a origem desse sofrimento. À luz disso, considere questões como as seguintes:

- O que especificamente essa criança deseja, busca, teme ou acredita, nos momentos de ira? Ou em um dia em que ela simplesmente se sente mal-humorada e "desligada"? Algumas crianças mais velhas podem ser autoconscientes o suficiente para responder a esse tipo de perguntas sem rodeios. Porém muitas vezes você terá de desempenhar o papel de um detetive.
- Você vê algumas evidências de fatores como desânimo, depressão, vergonha, culpa, tristeza, pesar, solidão que podem estar por trás da ira?

- Ao mesmo tempo, considere o que Deus diz em relação a esses desejos, motivos, temores e outras experiências emocionais. Analise seu caráter, promessas, ações, consolos e ordens. Lembre-se de que o objetivo de Deus em expor o coração de seu povo é restaurador, não punitivo. Ele anseia resgatar corações rebeldes e consolar corações feridos.

As respostas a essas perguntas o ajudarão a criar uma abordagem de aconselhamento sábia e cativante, voltada para o coração. À medida que as crianças aprendem a entender como seus desejos, medos e crenças alimentam sua ira destrutiva, você pode encaminhá-las a Jesus para obter ajuda específica. Ele promete derramar graça e misericórdia em momentos de necessidade — darei alguns exemplos específicos mais adiante neste capítulo.

Entenda o contexto mais amplo da ira

Junto com a compreensão dos desejos, medos e motivos do coração de uma criança, também é muito importante discernir os potenciais fatores físicos e circunstanciais que podem contribuir com a ira da criança. Embora seja verdade que a ira em última análise provém do coração, é crucial perguntar que outros fatores estão provocando a ira. Considerar o coração oferece uma compreensão mais *profunda* dos problemas da ira, enquanto considerar os fatores situacionais dá uma compreensão *mais ampla*.[2] Compreender o contexto mais amplo da vida de seus aconselhados o ajudará a ser mais paciente, compassivo e criativo ao

---

[2] Agradeço a David Powlison por essa maneira de descrever a relação entre o coração e fatores físicos/situacionais na vida de uma criança.

trabalhar com eles. Enxergar as várias facetas da luta de uma criança requer um questionamento sábio e paciente e uma boa escuta.

Certamente, pode haver disposições temperamentais para a raiva. Cada um de nós foi criado com certos pontos fortes e fracos. Isso não desculpa as manifestações pecaminosas em todas essas áreas, mas nos lembra que, só porque não lutamos tão intensamente com um determinado padrão, não significa que somos melhores do que a outra pessoa. Um pai ou conselheiro naturalmente equilibrado precisa ter cuidado para não ter uma atitude crítica ou impaciente para com aquele que luta contra a raiva.

Com relação aos fatores fisiológicos potenciais, as pesquisas têm demonstrado que certas características são típicas de crianças que tendem à raiva explosiva:[3]

- Dificuldades com memória de curto prazo.
- Diminuição da capacidade de organizar e planejar.
- Dificuldade com multitarefas.
- Pensamento categórico (ou seja, rigidez na resolução de problemas — "há apenas uma maneira de fazer isso" — em vez de ter flexibilidade — "existem várias maneiras de abordar esse problema").
- Problemas para mudar rapidamente de uma situação ou conjunto de expectativas para outra situação.
- Dificuldade em se expressar verbalmente.
- Dificuldade com as habilidades sociais (por exemplo, dificuldade em reconhecer pistas não verbais; dificuldade para entender as mudanças do outro).

---

[3] Lista adaptada de Ross W. Green e J. Stuart Ablon, *Treating Explosive Kids: The Collaborative Problem-Solving Approach* (New York: Guilford Press, 2006), p. 18.

Observe que essas fraquezas potenciais não são problemas de pecado. Eles podem *predispor* a criança com quem você está trabalhando a responder de uma forma explosiva e raivosa se ela for desafiada, mas esses fatores não são pecados em si mesmos. No entanto, quando essas fraquezas estão presentes, aumenta a tentação de a criança ficar frustrada e perder o controle. Como a presença de alguns desses fatores influencia o modo como você ajuda os pais a pastorearem os filhos?

Aqui está um cenário que os pais de seu aconselhado podem enfrentar. Quando o filho explode em resposta a um pedido do tipo: "Por favor, limpe seu quarto antes do jantar", o que está acontecendo? Embora seja verdade que questões relacionadas à preguiça e ao amor ao conforto possam estar motivando a desobediência, talvez a criança esteja confortável com toda aquela bagunça, o que pode levar mais rapidamente à frustração. Peça aos pais que dividam a tarefa em partes pequenas: "Primeiro, pegue seus sapatos e coloque-os no armário. Muito bom. Agora pegue seus livros e coloque-os de volta nas prateleiras". O filho deles ainda pode ter dificuldade em obedecer, mas eles terão feito uma concessão apropriada para suas fraquezas potenciais.

Além disso, se uma criança não parece mudar facilmente de uma situação para outra, faça um planejamento adequado. Os pais ainda podem exigir que ele desligue o dispositivo alguns minutos antes do jantar, mas dar avisos de 10 e 5 minutos pode ajudar muito a evitar uma explosão quando realmente chegar a hora de pressionar o botão "desligar".

Finalmente, se você descobrir que seu aconselhado foi vítima de provocação ou intimidação na escola, isso também afetará sua abordagem geral em relação à ira que ocorre em casa depois da escola. Isso não desculpa a ira da criança, mas dá corpo aos contornos mais amplos da luta. Deus sempre considera o contexto de uma pessoa que sofre, mesmo quando fornece um remédio para respostas pecaminosas.

Portanto, a fim de ministrar com profundidade e amplitude à criança com a qual você está trabalhando, maximize sua compreensão das várias facetas da luta dela (coração, corpo e situação) e ajuste sua abordagem adequada. O que isso pode parecer mais especificamente?

Uma explosão recente entre Jacob e seus pais aconteceu numa tarde, quando seus pais lhe pediram várias vezes, ao longo de duas horas, que tirasse o lixo. Ele dizia que iria, mas não o fez. Ele estava deitado na cama, ouvindo música. Seus pais, exasperados, aumentaram sua demanda com uma ameaça: "Faça agora ou você não poderá ir ao jogo de basquete hoje à noite!" Jacob saiu furiosamente de seu quarto, batendo a porta, tirando um pouco de tinta no batente da porta. "Você só sabe me perturbar. O tempo todo me mandando fazer as coisas! Não posso nem descansar um pouco depois da escola antes de me tornar seu escravo?!"

Esse *parece* um simples caso de não querer ser incomodado para fazer algo desagradável. Talvez você possa imaginar um cenário em que a preguiça seja o principal problema — ele só não quer se dar ao trabalho de sair da cama para fazer algo que considera desagradável. Mas não desta vez. Enquanto você e Jacob conversam, ele descreve uma experiência durante a aula de educação física no início daquele dia, quando chegou em último lugar durante uma corrida de 400 metros. Alguns de seus colegas com um melhor desempenho o provocavam, zombando sobre como ele estava ofegante.

"Isso apenas confirmou o quão deslocado eu me sinto nessa escola. Eu me sinto um perdedor. Ninguém entende o quão solitário sou. Eu me senti muito para baixo e só queria ouvir alguma música que ajudasse a acalmar minha mente. Estava funcionando até que meus pais insistiram que eu levasse o lixo para fora." Isso dá uma imagem bem mais completa da raiva de Jacob. Ele não é apenas um pecador; ele também é um sofredor. Ele está lutando contra a vergonha. Ele se sente desanimado e sozinho. Mas a principal forma de manifestar sua frustração foi a raiva destrutiva. Deus fala em cada uma dessas experiências. Jacob conta uma história de vergonha, isolamento e impotência. Deus conta uma história de vergonha encoberta, isolamento banido pela comunhão com Ele e outros crentes e impotência destruída pela habitação do Espírito.

Nenhum lugar nas Escrituras capta totalmente a experiência de Jacob, mas certamente o salmo 25 se conecta a ele de várias maneiras. É um modelo para ele se voltar para Deus em sua aflição e qualquer momento, desde a sua humilhação na corrida até a ira desatada sobre seus pais.

No meio de uma provocação ou de uma situação vexatória, Jacob pode gritar:

A ti, Senhor, elevo a minha alma. Deus meu, em ti confio;
não seja eu envergonhado, nem exultem sobre mim os meus
inimigos (v. 1-2).

Deus entende sua sensação de isolamento e solidão:

Volta-te para mim e tem compaixão, porque estou sozinho e
aflito (v. 16).

Jacob pode apelar para a companhia de Deus mesmo enquanto ora para que Deus forneça melhores amizades na escola:

A intimidade do Senhor é para os que o temem, aos quais Ele dará a conhecer a sua aliança (v. 14).

E, quando ele demonstrou uma raiva ímpia e sentiu uma aguda sensação de fracasso, esse salmo lhe dá palavras para retornar ao Deus amoroso de sua alma:

Não te lembres dos meus pecados da mocidade, nem das minhas transgressões. Lembra-te de mim, segundo a tua misericórdia, por causa da tua bondade, ó Senhor (v. 7).

Considera as minhas aflições e o meu sofrimento e perdoa todos os meus pecados (v. 18).

Jacob não usaria essas palavras exatas, é claro. Você deseja que ele faça dele as palavras do salmista, ampliando onde for apropriado. Por exemplo, ele pode orar: "O Senhor promete que a alma do 'homem que teme ao Senhor permanecerá em bem-estar' (Salmos 25:12-13). Deus, eu quero honrá-lo, mas minha vida não é como um sentimento de 'bem-estar' para mim. Meu pai está longe demais. Eu perdi meus melhores amigos. Estou lutando para manter minhas notas altas. Eu preciso de ajuda!". Ouvi-lo orar também abre caminho para uma conversa significativa (por exemplo, a ausência de seu pai, suas dificuldades com as notas).

Como conselheiro de Jacob, você é um exemplo da graça e misericórdia de Jesus Cristo sobre ele. Você quer que ele experimente que Jesus o *abraça* e está *ao lado* dele. Como ele é capaz de ir mais fundo na hora de expressar a raiva e realmente tem um coração muito agitado, você quer ajudá-lo a expressar o que está aprendendo com os pais. Eles podem muito bem não ter a devida noção da complexa mistura de tristeza, vergonha e desejos pecaminosos em ação na vida de Jacob.

Às vezes, ao aplicar as Escrituras sobre a ira de uma criança, tendemos a nos concentrar apenas em passagens que falam sobre a raiva pecaminosa e sua loucura (por exemplo, Provérbios 14:29; 29:22; Efésios 4:26-27; Tiago 1:19-20). Sem dúvida, essas perspectivas bíblicas também devem ser abordadas, mas reconhecer que a ira tem raízes amplas e profundas ajuda você, como conselheiro, a ministrar as boas-novas de Jesus com a mesma amplitude e profundidade. Por exemplo, falar sobre o fato de que o próprio Deus demonstra sua justa ira contra aqueles que cometem injustiça e opressão pode ajudar Jacob a confiar naquele que julga com justiça (Salmos 10; 1Pedro 2:23).

A interação com Jacob sobre essas verdades abençoadas provavelmente exigirá várias reuniões e, sem dúvida, você enfrentará resistência em alguns pontos. Mas, ao experimentar o fato de Jesus o encontrar em seus lugares de fraqueza e dor, capacitando-o a responder honestamente sem raiva pecaminosa e dando-lhe perdão quando ele falhar, Jacob sentirá a esperança de mudança começar a crescer. Claro, com crianças mais novas que lutam contra a ira, você precisa ser mais concreto, dividindo a verdade bíblica em trechos pequenos, e potencialmente começar a incorporar arte, música e brinquedos a essa interação. A maneira como você expressa as verdades das Escrituras precisa ser adequada ao desenvolvimento (veja o capítulo 3 para obter mais informações sobre os estágios de desenvolvimento).

Uma palavra aos pais

É inevitável que, como pais, vocês sejam pegos no fogo cruzado da ira de seus filhos. Mais do que estão dispostos a admitir, vocês contribuem para o tiroteio ao demonstrar impaciência, aspereza, raiva ou retraimento, o que só agrava o problema. Essa é uma situação em que você provavelmente ficará desanimado e sem esperança, não apenas com a luta de seu filho, mas também com suas próprias expressões pecaminosas de raiva. É fácil ficar tão focado no problema a ponto de não perceber as oportunidades de ver a graça de Deus em ação. Vou lhe sugerir três maneiras gerais pelas quais você pode influenciar os "padrões climáticos" em sua casa: (1) fortalecer proativamente seu relacionamento com seu filho, (2) ser um exemplo de consistência, simplicidade e dependência e (3) desenvolver um plano para os momentos de crise.

1. Fortaleça seu relacionamento de forma proativa

O foco aqui está na construção de relacionamento com seu filho, em oposição à resolução de problemas no momento. Para usar uma analogia médica, uma dieta saudável e exercícios protegem de doenças cardíacas. Fazer essas coisas pode não proteger totalmente a pessoa contra um ataque cardíaco, mas a dieta e os exercícios ajudam muito na prevenção desse problema. Da mesma forma, concentrar-se na construção de laços relacionais com seu filho tem valor preventivo. Aqui estão algumas dicas práticas de construção de relacionamento:

- *Procure maneiras de acentuar os pontos fortes de seu filho*. Não se concentre tanto na fraqueza e no pecado a ponto de não conseguir perceber que Deus deu um dom único a seu filho e está atuando na vida dele (1Coríntios 12:7).
- *Procure oportunidades de desfrutar de tempo com seu filho que está em dificuldades*. Muitas vezes, a soma de suas interações com seu filho pode parecer negativa. Procure criar momentos de puro prazer

juntos. Mostre afeição. Dedique uma quantidade de tempo (não apenas tempo de qualidade) para envolver seu filho nos interesses dele. Se seu filho acredita que você não o ama e não gosta dele porque você não expressa tais sentimentos, você será o alvo quando o conflito se instalar.

- *Examine a maneira como você fala sobre seu filho com os outros.* Sua fala mais parece uma calúnia? Ou você tempera sua conversa com gratidão sobre o bem que você vê Deus fazendo com seu filho (Efésios 4:29)? Quando você pratica a identificação do que há de bom em seu filho antes dos outros, isso amolece seu próprio coração e afeta positivamente suas interações com ele.

- *Procure maneiras de dizer sim aos pedidos de seu filho.* Muitas vezes dizemos não por nosso próprio desejo de conveniência ou conforto. Deus é um Pai que derrama dádivas sobre seus filhos (Romanos 8:32). Como exercício desta semana, faça uma anotação mental do equilíbrio entre as vezes em que você diz não ao seu filho e as vezes em que diz sim. Você pode se sentir surpreso — e culpado!

- *Procure compreender os fatores mais profundos e amplos que contribuem para a ira de seu filho.* Como observei anteriormente, no caso de Jacob, é importante investigar com cuidado e amor o que está por baixo da superfície da agressividade de seu filho. Isso comunica que você se preocupa com a vivência de seu filho de forma geral, não apenas com um modo de mantê-lo na linha.

- *Ore*! A oração sincera é um sinal de humilde dependência de Deus e esperança de que Deus está e estará trabalhando na vida de seu filho. Examine o conteúdo de suas orações por seu filho irado. Elas refletem o seu próprio arrependimento? Estão cheias de petições voltadas para o caráter de seu filho, como orações específicas pelo fruto do Espírito na vida dele (Gálatas 5:22-23)? Peça a Deus que lhe dê sabedoria para lidar com o coração, o corpo e os aspectos circunstanciais da luta de seu filho.

2. Seja um exemplo de consistência, simplicidade e dependência

- *Consistência*. Seja coerente praticando o que você prega. Se você costuma expressar o tipo errado de ira em seu tom de voz, palavras ou ações, seu filho vai se ressentir por ser submetido a padrões que nem você segue. Além disso, seja consistente em relação às expectativas e às regras. Seja claro sobre o que você espera de seu filho, não mudando suas expectativas de um dia para o outro. Por último, seja consistente na disciplina. Você deve ter um plano de como reagirá ao mau comportamento de seu filho. Não trate cada ofensa como um "10" em uma escala de 1 a 10. Quando seu filho está fora de controle, é fácil simplesmente reagir e disciplinar devido à frustração. Quando você faz isso, a disciplina costuma ser punitiva, não restauradora.

- *Simplicidade*. Seja um exemplo de simplicidade, dando ao seu filho instruções simples e claras. Sobrecarregá-lo com instruções ou explicações pode precipitar um colapso e certamente o tornará ainda pior diante de um ataque de raiva em andamento. "Quanto mais você fala, mais perto está de pecar; se você é sábio, controle a sua língua" (Provérbios 10:19, NLTH).

- *Dependência*. Seja um exemplo de dependência de Deus, arrependendo-se na frente de seu filho quando você não foi coerente ou simples, ou quando sua própria ira tornou as coisas muito piores. O fracasso se torna uma oportunidade para restauração e construção de relacionamento. Quando você pecar contra seu filho, vá até ele e confesse explicitamente o seu pecado (Tiago 5:16; 1João 1:9). Peça a ele que ore por você, para que Deus o ajude a ser um pai mais fiel e que honra a Cristo, mostrando a seu filho que você também depende de Deus para ajudar a mudar seu próprio coração e comportamento.

3. Desenvolva estratégias para momentos de crise

Você precisa ter um plano para ajudar seu filho quando ele for tentado a perder o controle. A maioria dos pais tem apenas duas opções em seu repertório de respostas: cumprir suas expectativas de obediência agora (o que geralmente leva a um acesso de raiva) ou abandonar ou reduzir suas expectativas (o que geralmente mantém a paz). Embora qualquer uma das opções possa de fato ser uma escolha sábia e misericordiosa em certas situações, com os motivos e o tom paternal corretos, outras abordagens podem ser mais úteis com crianças consistentemente agressivas. Aqui estão algumas opções que você pode adicionar ao seu repertório de respostas:

- *Permita uma pausa*. Dê a seu filho um tempo sozinho para que ele possa recuperar o autocontrole. Isso não é o mesmo que um castigo, em que você isola uma criança por um determinado período como um ato de disciplina. Em vez disso, é o momento de seu filho se acalmar e reconsiderar sua atitude desafiadora.[4] A pausa também pode ajudar você a se acalmar, impedi-lo de

---

[4] Veja Scott Turansky e Joanne Miller, *Good and angry: exchanging frustration for character... in you and your kids* (Colorado Springs, CO: Shaw, 2002), p. 67-69.

disciplinar impulsivamente e pensar, com espírito de oração, em sua interação com seu filho. Quando ele recuperar o controle, lembre-se de responder afirmativamente. Na parábola dos dois filhos (Mateus 21:28-32), observe como Jesus elogia o filho que inicialmente se recusou a obedecer, mas depois fez o que seu pai pediu.

- *Use o humor ou o riso.* Às vezes, um sorriso, um abraço ou até fazer cócegas desarma seu filho, diminui a escalada de uma batalha fervente e permite que você e seu filho se aproximem para resolver o problema em questão. Considere isso como uma "resposta gentil" que afasta a ira (Provérbios 15:1).
- *Coopere de forma criativa.* Trabalhe com seu filho para encontrar uma solução que leve as preocupações de ambos a sério e que honre a Deus e seja mutuamente aceitável. Embora isso *possa* funcionar no calor do momento, é melhor praticar de forma proativa durante um momento calmo, especialmente se houver situações típicas que desencadeiam a raiva de seu filho.

Digamos que um típico ponto de explosão para você e seu filho ocorra cerca de 30 minutos antes do jantar, quando ele reclama de fome e pede um lanche. Você não permite um lanche tão perto da hora do jantar porque tem medo de que isso estrague o apetite. A cooperação criativa começa com você e seu filho entendendo os desejos e as preocupações um do outro (Filipenses 2:4). A preocupação de seu filho é a fome. Sua preocupação é que ele estrague o apetite pela boa refeição que você está preparando. Observe que nenhum dos desejos é pecaminoso. A próxima etapa é trabalhar em conjunto para encontrar uma solução que trate de ambas as questões. Como ficaria uma conversa que se move em direção à cooperação criativa?

Talvez no início do dia você possa perguntar ao seu filho por que ele costuma fazer um lanche antes do jantar. Quando ele responde que geralmente está com muita fome nessa hora, você pode reconhecer que é difícil esperar o tempo adicional até o jantar, validando o que ele sente. Você pode simplesmente expressar sua preocupação de que, se ele comer um lanche muito perto da hora das refeições, não terá espaço para uma boa refeição. Pergunte a ele se vocês podem trabalhar juntos para resolver esse problema de uma forma que honre a Deus. Esse é um momento crítico em que você pode encorajar seu filho a fazer parte de uma solução mútua, em vez de simplesmente impor uma solução a ele. Ele pode responder com a ideia de que, em tal situação, poderia pegar um pequeno punhado de amendoim ou um pedaço de queijo em vez de algo maior que afetaria seu apetite. Você pode concordar em tentar isso por uma semana para ver como as coisas vão. Outras soluções mutuamente satisfatórias podem ser preparar um almoço mais reforçado ou planejar um jantar mais cedo.

Claro, esse é um caso fácil. Muitas outras vezes não será tão simples, e você também terá de abordar de forma proativa o coração dos problemas subjacentes que motivam o desafio e a ira, como observei ao longo deste capítulo. Mesmo que seu filho esteja com fome, isso não lhe dá licença para ficar furioso. Ao mesmo tempo, trabalhar em direção a uma solução mutuamente satisfatória e que honre a Deus contribuirá muito para evitar explosões futuras.

Para concluir, quero lembrá-lo das palavras de Paulo em Romanos 5:20: "mas onde aumentou o pecado transbordou a graça" (NVI). Isso é verdade para seu filho e para você. Ambos falharão repetidamente. Porém, quando *você* está experimentando a graça abundante e o perdão de Jesus em meio a suas falhas como pai, você é encorajado a prosseguir no ministério para seu filho ou filha que está enfrentando lutas. E esteja certo de que, por Jesus ser um sumo sacerdote fiel que simpatiza com suas fraquezas, Ele continuará a derramar sua graça, misericórdia e sabedoria enquanto você o busca (Hebreus 4:15-16) a fim de que você seja um instrumento de redenção na vida de seu filho irado.

9

Aconselhamento após uma tentativa de suicídio

Garrett Higbee

Mariah tinha 15 anos e estava no segundo ano do ensino médio quando tentou o suicídio. Ela era uma boa aluna, uma atleta e tinha muitos amigos. Isso devastou seus pais e chocou a todos, exceto seus amigos mais próximos. A maioria não sabia que ela vivia um dilema. Havia pequenos sinais, mas nada óbvio que pudesse sugerir a profundidade de seu sofrimento. Como sua desesperança chegou a esse extremo? O que a levou a um ato tão desesperado?

Mariah cresceu em um lar cristão com um pai amoroso, uma mãe carinhosa e dois irmãos mais novos. Exceto por desentendimentos familiares típicos, eles se davam bem. Quando ela era mais nova, seus pais pareciam passar por uma crise no casamento, mas eles sempre superavam. Ela temia que seus pais pudessem se divorciar. Conforme ela crescia, ficou mais próxima de seu pai. Ele a "capturou" melhor do que a mãe dela. Ela amava sua mãe e queria estar mais próxima dela, no entanto sua mãe parecia preocupada em cuidar de todos os outros.

Mariah queria desesperadamente ser amada. Ela não achava as garotas populares tão legais, mas às vezes se juntava a elas nas redes sociais e zombava das garotas menos populares. Ela sempre se sentia mal com isso mais tarde. Estava se tornando uma boa jogadora de vôlei, mas também sentia a pressão para não decepcionar seu time. Ela temia tirar uma nota C em matemática pela primeira vez. Ela também descobriu que sua melhor amiga estava se mudando. Tudo isso aumentou seu estresse. Mariah se sentia cada vez mais insegura. Ela se preocupava que ninguém gostasse dela e temia não corresponder às expectativas de seus pais, professores, treinadores e colegas. As aulas eram mais difíceis, os meninos pareciam mais rudes e as meninas pareciam mais mesquinhas.

Até um certo grau, a igreja era um refúgio. Ela gostava do grupo de jovens e era próxima de um líder jovem, mas ainda via a necessidade de se sentir o melhor possível na igreja. Mariah compartilhou alguns de seus medos com um pequeno grupo na igreja. Eles foram compreensivos, mas ninguém realmente a acompanhou para aprender mais sobre ela ou lhe dar conselhos. Ela sempre parecia muito bonita, e a cultura em sua igreja era ter uma boa aparência e confiar em Deus.

Ela ficou cada vez mais isolada mental e emocionalmente. Foi até se afastando de Katie, a melhor amiga que estava se mudando. Ela raciocinou que se afastar agora tornaria mais fácil quando Katie fosse embora. Nessa época, Mariah começou a ter pensamentos de autocondenação. Coisas como, *você nunca será boa o suficiente. Você não é tão bonita quanto elas ou tão inteligente quanto ela.* Ela postou algumas coisas nas redes sociais sobre sua fé e, enquanto alguns a elogiaram, outros zombaram dela na escola. Ela só ouvia a voz dos críticos ficando cada vez mais alta e muitas vezes chorava quando estava sozinha. Ela experimentou álcool algumas vezes. Mariah teria tomado as pílulas que os outros lhe ofereceram nas festas, mas prometeu ao técnico e à equipe que não usaria drogas.

Sua mãe ficou mais preocupada quando a ouviu chorar à noite, então resolveu olhar o telefone de Mariah. Ela ficou chocada com o histórico de navegação e as postagens de Mariah. Parecia que ela estava se tornando outra pessoa. Quando seus pais tentaram falar com ela sobre algumas preocupações, Mariah ficou com raiva e sentiu que seus pais haviam violado sua privacidade. Ela foi ainda mais fundo em sua concha, mostrando cada vez menos interesse pelos seus amigos, pelo vôlei e pelo tempo com a família. O restante do verão foi tenso. Seus pais aumentaram as regras e restrições. Conforme o novo ano escolar se aproximava, os pais de Mariah a forçaram a ver um conselheiro recomendado por sua escola. Mariah foi, relutantemente, e admitiu estar deprimida, mas não revelou muita coisa. Depois de várias sessões, o conselheiro a encaminhou a um psiquiatra, que prescreveu um antidepressivo.

No início, o medicamento não pareceu surtir muito efeito. Com o tempo, Mariah relatou que se sentia estranha — ela tinha mais energia, mas também estava cada vez mais agitada. Ela percebia que não tinha como escapar das pressões e dos estresses de sua vida e, ainda assim, estava obcecada em querer sair disso tudo. Uma de suas amigas confidenciou-lhe que ela estava se cortando e que isso trazia uma estranha sensação de alívio. Mariah tentou um corte superficial, mas não teve o efeito que sua amiga descreveu.

Mariah tornou-se mais desafiadora e distante em casa. Seus pais não sabiam o que fazer. O conselheiro os orientou que fossem pacientes enquanto os remédios faziam efeito. Eles foram orientados a mostrar para Mariah o quanto se importavam e a lhe dar espaço. Ela estava com raiva, sozinha, sentia-se profundamente incompreendida e sob uma enorme pressão para ser alguém que não sabia ser.

Em um domingo de manhã, seus pais permitiram que ela ficasse em casa, não indo à igreja. Sentada sozinha, ela sentiu que seria melhor para todos (incluindo sua família) se ela partisse. Ela foi ao armário de remédios de seus pais e engoliu os comprimidos para dormir de sua mãe com duas taças de vinho.

Quando sua família voltou da igreja, sua mãe a encontrou desmaiada na cama. Eles ligaram para a emergência e, em poucos minutos, Mariah estava em uma ambulância a caminho do hospital. Quando ela voltou a si, estava confusa, envergonhada e com medo. Então o pastor apareceu e ela percebeu que seus problemas foram expostos. O pastor orou com a família e chamou os pais à parte para sugerir obter aconselhamento bíblico na igreja. Os pais nem mesmo haviam considerado essa opção.

Preparação para aconselhar Mariah e seus pais

Historicamente, o aconselhamento bíblico afirma que a melhor maneira de aconselhar uma criança é por meio de um bom aconselhamento aos pais. Acredito que isso seja sábio. Descobri que, em situações complicadas como essa, no entanto, o melhor conselho para as crianças é na maioria das vezes uma combinação do trabalho com a criança e do trabalho com os pais — por vezes juntos e por outras de forma independente. Geralmente, quanto mais jovem for a criança, maior deverá ser o envolvimento dos pais. Embora eu acredite que os pais precisam ser uma parte ativa da vida do adolescente e até mesmo ter uma parte no aconselhamento, também é importante permitir que o adolescente tenha alguma autonomia e confiança de que as coisas ditas ao conselheiro serão mantidas em sigilo (a menos que seja algo que ameace a vida). Treinar os pais durante essa provação enquanto aconselham a filha pode ser feito pelos mesmos conselheiros, mas ter uma equipe de cuidados da alma por perto é o ideal. Em nosso caso, isso incluiria um conselheiro e defensor (mentor) de Mariah e um conselheiro e defensor dos pais. Trabalharíamos juntos como uma equipe, cuidando bem de Mariah sem deixar de lado os pais dela.

Antes que você comece

Aqui estão algumas questões que você deve conhecer e resolver antes de começar o aconselhamento:

1. Ao aconselhar adolescentes, considere o contexto e a confidencialidade desde o início. Converse com os pais do adolescente sobre o que é apropriado compartilhar e o que não deve ser compartilhado. Garanta para eles que você os manterá informados sobre quaisquer problemas que possam atentar contra a vida e qualquer outra questão que possa surgir. Explique por que é importante para o filho ter alguém com quem conversar que mantenha certos assuntos confidenciais.
2. Como conselheiro homem, sempre tenho uma mulher na sala (aprendiz, uma representante direta de Mariah ou conselheira parceira) quando aconselho uma mulher.
3. Lembre-se de que os adolescentes costumam ter dificuldades em relacionamentos formais de aconselhamento. Parece forçado para eles e geralmente é iniciado por pais que estão motivados a encontrar alguém para ajudar seus filhos. A maioria dos adolescentes não compartilha desse nível de motivação, especialmente se eles veem o conselheiro como um representante de seus pais. Como podemos superar essas realidades um tanto assustadoras para nos conectarmos com Mariah pessoalmente? Uma maneira seria designar outro conselheiro para os pais, para que eles recebessem

ajuda bíblica de um conselheiro que não fosse o conselheiro de seus filhos. Outra opção seria reunir-se com eles separadamente para orientá-los sobre como curar e cuidar após a crise.

Como aconselhar Mariah

Mariah se sentia muito sozinha. Ela notava que havia poucas meninas que passavam pelo que ela estava passando. Na verdade, as tentações e dificuldades enfrentadas por ela não são raras, e é útil lembrá-la de que ela não é uma aberração (1Coríntios 10:13). O suicídio de adolescentes é a terceira causa de morte em sua faixa etária. As meninas consideram o suicídio mais do que os meninos e tentam em uma taxa mais elevada.[1] Embora os meninos adolescentes sejam menos propensos a tentar o suicídio, é mais provável que tenham sucesso quando o fazem. O suicídio de adolescentes é um problema crescente nos Estados Unidos e no mundo. Então, como podemos ajudar? Vamos começar examinando como abordar o aconselhamento de Mariah.

Trate Mariah como uma sofredora

Precisamos nos conectar com Mariah (e com qualquer outro adolescente), antes de podermos corrigi-la. Ela está deprimida, ansiosa e, em termos bíblicos, "temerosa". Quando alguém está sofrendo, precisamos começar demonstrando compaixão. Mariah já sabe que tem sido difícil;

---

[1] Suicide Datasheet, CDC, https://www.cdc.gov/violenceprevention/pdf/suicide-datasheet-a.pdf. O suicídio é a terceira principal causa de morte entre os norte-americanos de 15 a 24 anos. As mulheres têm mais probabilidade do que os homens de ter pensamentos suicidas e tentam o suicídio três vezes mais que os homens.

ela entende que deveria ter falado mais com seus pais. Sabe que agiu desesperadamente e poderia ter encontrado maneiras melhores de lidar com sua vida. Essas questões precisarão ser abordadas em algum momento, mas agora é importante que ela entenda que Deus a manteve segura mesmo em seu desespero. Precisa ouvir o quanto é amada, e não sobre o quanto seus pais estão decepcionados. Temos de combater as mentiras que ela tem dito a si mesma com a verdade do amor e cuidado de Deus por ela. Ela necessita ser lembrada do evangelho e de como Deus está perto dos corações quebrantados e quer se aproximar dela. Ela deve ser lembrada de que confiar em Deus é sua verdadeira esperança de superar a perda, a solidão, o medo da humanidade e o medo do fracasso. Ao aconselhar Mariah e seus pais, sigo um método simples, mas eficaz, de aconselhamento chamado modelo CARE. "CARE" significa conectar, avaliar, responder e encorajar. Particularmente ao trabalhar com jovens, os dois primeiros passos são cruciais para ganhar a confiança deles.

Passo 1: Conexão antes da correção
(Romanos 12:13; 1Tessalonicenses 5:14)

> Exortamos vocês, irmãos, a que advirtam os ociosos, confortem os desanimados, auxiliem os fracos, sejam pacientes para com todos (1Tessalonicenses 5:14, NVI).

Imagine-se no lugar de Mariah enquanto você se prepara e ora antes de sua primeira sessão. Ela está envergonhada e abatida. Sabe que o que ela fez está sendo examinado de alto a baixo na igreja. Você deverá ser acolhedor, atencioso, porém, ao mesmo tempo, estar frente a frente com ela. Seja empático, mas não excessivamente doce; seja reativo, mas não atue como se você soubesse como ela se sente. Falar sobre depressão pode ser confuso e difícil, especialmente para os adolescentes. Alguns não sabem como articular seus sentimentos; outros são muito cautelosos. Quando você acrescenta o trauma e o constrangimento de uma tentativa de suicídio, você tem o desafio de criar um ambiente seguro para um adolescente compartilhar com você o que ela ou ele está pensando ou sentindo.

Minha frase de abertura é tipicamente algo assim: "Eu sei que você não quer estar aqui. Seus pais provavelmente a obrigaram a vir, e você preferiria estar fazendo qualquer outra coisa em lugar disso".

Isso normalmente provoca um leve sorriso ou um aceno de cabeça, quebrando o gelo (apenas um pouco!). Então eu lhes digo que estou aqui à disposição deles, e o que eu vou compartilhar com os pais é algo que vamos decidir juntos. No caso de Mariah, também seria importante dizer algo como: "A menos que você esteja correndo um risco significativo de se machucar novamente, posso até lhe pedir que compartilhe as coisas com seus pais, mas de minha parte só lhes darei um relatório geral da situação sem nenhum detalhe". Dito isso, eu começaria o trabalho em um encontro com os pais e Mariah juntos. Eu perguntaria a todos por que eles estão lá e o que esperam obter do aconselhamento. Os pais muitas vezes têm bastante a dizer nesse ponto e os adolescentes, quase sempre, bem pouco.

Esse é um bom momento para abordar o conflito de interesses implícito que está por trás da maioria dos aconselhamentos de adolescentes. Por um lado, os pais querem obter a ajuda para seus filhos; por outro, os adolescentes muitas vezes sentem que os conselheiros são uma espécie de agentes dos pais e por isso devem satisfação a eles, compartilham o que os pais pensam e provavelmente não serão pessoas confiáveis. Portanto, é importante deixar que tanto os pais quanto os adolescentes saibam o que esperar no aconselhamento. Depois de obter a perspectiva dos pais e esclarecer as metas e expectativas relacionadas à confidencialidade e ao cuidado, seria bom passar algum tempo com Mariah sem a presença deles.

Passo 2: Avaliar o que está no coração (Provérbios 18:13; 20:5)

> Os propósitos do coração do homem são águas profundas, mas quem tem discernimento os traz à tona (Provérbios 20:5, NVI).

No início do processo de aconselhamento, geralmente tudo o que você saberá se restringe ao problema que se apresenta. Nesse caso, tudo o que você realmente sabe sobre Mariah é que ela estava deprimida e tentou o suicídio. No início, você vai querer avaliar o risco contínuo de automutilação dela, porque o risco aumenta quando alguém tenta o suicídio.[2]

Agora você quer ouvir a história dela. Isso pode levar duas ou três sessões para acontecer. Embora tirar isso do coração dela seja seu objetivo desde o início, ofereça esperança por meio das Escrituras e dê uma lição de casa voltada para o coração em cada sessão. Uma opção seria designar a leitura de um salmo e responder a algumas perguntas sobre como ela se relaciona com o autor, o contexto emocional e a verdade contida nele. Por exemplo, o salmo 130 aponta para a misericórdia de Deus, conecta-se com a vergonha e destaca o conforto de Deus. Isso

---

[2] Uma dessas ferramentas é a Suicide Assessment Five-Step Evaluation and Triage (SAFE-T), http://www.sprc.org.

ajudaria alguém como Mariah a ver que Deus não a rejeitou nem a deixou e a ver a esperança nos propósitos dele. Pedir que ela reflita sobre o caráter de Deus, de que modo ela pode confiar em Deus em tempos de incerteza e a promessa de seu poder redentor a ajudará a aplicar a Palavra de Deus à sua situação.

Ao ouvir a história dela, seja paciente e faça perguntas tais como as que seguem. Como foi crescer em sua casa? Quem são seus amigos mais próximos? Como você se relaciona com seus pais? O que foi bom, difícil ou ruim em sua vida? O que você gostaria de fazer? O que você não gosta de fazer? Pergunte sobre preferências musicais, passatempos e talentos. Peça a ela que lhe conte sobre seu relacionamento com Deus e sua experiência na igreja. Você precisa saber mais sobre ela do que seu problema com o suicídio ou a depressão. Ao conhecer aos poucos a história dela, você provavelmente ouvirá temas ligados à solidão, a pensamentos condenatórios e à dor de se sentir diferente, incompreendida ou não amada. A depressão nos adolescentes pode ser mascarada pela raiva, pelo retraimento ou até mesmo por um verniz de alegria. Ajudar um adolescente a compreender suas emoções e expressá-las honestamente faz parte da prevenção da dor emocional internalizada. À medida que você se debruça sobre o que levou à tentativa de suicídio, você vai querer avaliar os fatores que aumentaram sua depressão, como perda, outras pessoas que ela conhece que lutam com tendências a automutilação, conflito familiar, uso de drogas ou álcool, estresse, intimidação ou abuso.

Uma maneira simples de categorizar o pensamento suicida é determinar se o seu aconselhado "não quer viver" ou "quer morrer". Na primeira categoria, você tem pessoas em aconselhamento de baixo risco, que se sentem deprimidas ou um tanto sem esperança e que podem ter intenção suicida ocasional. Elas normalmente não têm nenhum plano e nenhuma intenção real de se ferir, mas qualquer ameaça ainda deve ser levada a sério. Seu plano seria preventivo e proposital, porém com menos restrições ou urgência. A segunda categoria, "quer morrer", inclui as pessoas em aconselhamento que correm risco moderado a alto de tentar o suicídio. Elas têm uma obsessão crescente em morrer para escapar da dor, da vergonha ou do estresse, com vários níveis de intenção e premeditação. O desenvolvimento de um plano claro ou acesso a meios fáceis, junto com maior isolamento ou mudanças de humor, significa que o aconselhado passou para a categoria de alto risco. Mariah passou de baixo risco para alto risco durante um ano ou mais. Havia sinais de alerta, mas em adolescentes pode ser particularmente difícil avaliar o nível de risco. Os sinais de alerta mais significativos foram o aumento da depressão e o crescente isolamento.

Passo 3: Responder com verdade e graça (Gálatas 6:1-2; Efésios 4:15)

> Irmãos, se alguém for surpreendido em algum pecado, vocês, que são espirituais, deverão restaurá-lo com mansidão. Cuide-se, porém, cada um para que também não seja tentado. Levem os fardos pesados uns dos outros e, assim, cumpram a lei de Cristo (Gálatas 6:1-2, NVI).

Fica bem claro que Mariah luta contra a depressão, mas essa é a raiz de seus problemas ou seria fruto de outra coisa (Lucas 6:45)? À medida que você rastreia os temas do coração na história da vida dela, é provável que a luta dela seja uma mistura de medo e desespero. Como o medo conduz à desesperança? Vamos olhar para trás em sua história para desbloquear padrões que o ajudarão a atingir o coração com as

Escrituras que podem trazer ajuda e esperança. Aqui estão alguns sinais de estresse que surgiram enquanto eu falava com ela:

- Exigências de trabalhos escolares.
- Conflito familiar.
- Medo de decepcionar os outros.
- Nunca se sente bem o suficiente.
- Afastamento de amigo.
- Comparações e pressões nas redes sociais.
- Isolamento e ausência de apoio.
- Diminuição do interesse no que costumava proporcionar prazer.
- Agitação e ira.
- Perda de um bom amigo.
- Amigos superficiais da igreja.
- Efeitos colaterais de medicamentos.
- Overdose e hospitalização.
- Vergonha e constrangimento.
- Obrigação de ir à igreja para obter ajuda.

Essas tensões e os padrões de pensamento ao seu redor apontam para o aumento do medo e da ansiedade, que levam a pensamentos desesperadores. Os conselhos e as passagens bíblicas ideais dependem da raiz do problema dela. Tenho descoberto que o pensamento suicida costuma estar enraizado em uma mistura de ansiedade e depressão. Embora você possa se perguntar se o medicamento está ajudando ou prejudicando, esse não é o seu foco nem o seu lugar de fala. Se ela ou os pais perguntarem sobre os medicamentos, ou se você ou eles estão preocupados com pensamentos suicidas elevados ou outros efeitos colaterais graves, você deve encaminhá-los novamente ao médico. Mariah perguntou sobre seus medicamentos. Discutimos os efeitos colaterais e recomendei que ela (e seus pais) não ajustassem ou descontinuassem os medicamentos, a menos que estivessem sob os cuidados de um médico.

Depois de avaliarmos o nível de risco de automutilação e os problemas básicos que levaram à tentativa de suicídio, estamos prontos para desenvolver um plano de cuidados. Agora, Mariah imagina que todos a estão julgando. Uma abordagem gentil com a restauração em mente deve guiar sua resposta. A confiança é uma rua de mão dupla. Mariah precisará de tempo para conhecer os membros de sua equipe de atendimento e confiar neles. Os membros da equipe vão à casa dela, participam das sessões de aconselhamento e ajudam a orientar a família entre as sessões. Todos são instruídos a ter um interesse ativo em Mariah e a permitir que ela saiba que estão orando por ela. Essa equipe é liderada pelo conselheiro, mas deve expandir-se para um mentor/defensor para ela, alguém que possa apoiar os pais como amigos e conselheiros sábios, e outros se você, Maria e os pais dela decidirem que seria útil. Esse deve ser um esforço de longo prazo.

Lembre-se de que, em situações de crise, a discrição é fundamental; a comunicação discreta ajudará a evitar decepção e segredos futuros. Essa família precisa ser cercada por uma comunidade sábia e atenciosa. O estigma do suicídio é real e precisa ser tratado de uma forma que ajude a passar do estado de vergonha ao testemunho da graça de Deus. Embora esse seja um estágio em que nosso foco principal é saber como responder, continuamos avaliando Mariah, fazendo-lhe perguntas e verificando se você identificou corretamente o centro de seus problemas e se o que você está dizendo se encaixa ou faz sentido para ela. Com frequência os adolescentes sentem que são tratados com condescendência ou "mencionados" com muita frequência. Envolvê-la ao passar algumas opções de lição de casa é útil e pode diminuir sua resistência e aumentar seu senso de respeito por ela.

Dê a Maria esperança real e duradoura. Leve-a às Escrituras que lhe mostrarão a compaixão de nosso Deus, que a encontra em meio à dor. Lá ela pode encontrar o verdadeiro descanso da alma. Os salmos são um lugar nas Escrituras para você acampar com Maria. Peça que ela leia os salmos que falam sobre o sofrimento, a vergonha e a proteção e esperança de Deus — salmos 6, 23, 25, 32, 69, 73 e 139. Peça que ela escreva seu próprio salmo depois de compreender o poder do lamento e falando honestamente com Deus.

Aqui estão alguns versículos específicos que podem ser usados para ajudá-la em meio à sua situação atual:

- "Venham a mim, todos os que estão cansados e sobrecarregados, e Eu lhes darei descanso. Tomem sobre vocês o meu jugo e aprendam de mim, pois sou manso e humilde de coração, e vocês encontrarão descanso para as suas almas. Pois o meu jugo é suave e o meu fardo é leve" (Mateus 11:28-30, NVI).
- "Oh! Se eu pudesse consolar-me na minha tristeza! O meu coração desfalece em mim" (Jeremias 8:18, ARC, ênfase adicionada).
- Este é o meu conforto *em meu sofrimento: a tua promessa* dá-me a *vida* (Salmos 119: 50 NVI, ênfase adicionada).

Às vezes, os adolescentes acham que ninguém entende a dor deles. Pode ser algo poderoso mostrar a eles o que as Escrituras dizem sobre o sofrimento e que elas reconhecem a dor, ao mesmo tempo que lembram o conforto e os propósitos de Deus.

Mas temos esse tesouro em vasos de barro, para mostrar que o poder que a tudo excede provém de Deus, e não de nós. De todos os lados somos pressionados, mas não desanimados; ficamos perplexos, mas não desesperados; somos perseguidos, mas não abandonados; abatidos, mas não destruídos (2Coríntios 4:7-9, NVI).

O medo de Mariah precisará ser abordado de algumas formas. A ansiedade generalizada aponta para a necessidade de compreender a soberania e o cuidado de Deus, o poder da oração para conectá-la a Deus e aos propósitos dele, e sua identidade em Cristo.

Pois Deus não nos deu espírito de covardia, mas de poder, de amor e de equilíbrio (2Timóteo 1:7, NVI).

Não andem ansiosos por coisa alguma, mas em tudo, pela oração e súplicas, e com ação de graças, apresentem seus pedidos a Deus (Filipenses 4:6, NVI).

Por causa de seu temor do homem e das pessoas agradáveis, Mariah se compara a eles e sente que nunca será boa o suficiente. Isso cria um ciclo interminável de desempenho e sensação de fracasso.

Quem teme o homem cai em armadilhas, mas quem confia no Senhor está seguro (Provérbios 29:25, NVI).

Os adolescentes podem questionar sua própria fé. No caso de Mariah, seu testemunho era sólido. Ela precisa saber que Deus a quer — que Ele não desistiu dela.

Estou convencido de que aquele que começou boa obra em vocês vai completá-la até o dia de Cristo Jesus (Filipenses 1:6, NVI).

Mesmo quando eu andar por um vale de trevas e morte, não temerei perigo algum, pois tu estás comigo; a tua vara e o teu cajado me protegem (Salmos 23:4, NVI).

Assim, meus amados, como sempre vocês obedeceram, não apenas na minha presença, porém muito mais agora na minha ausência, ponham em ação a salvação de vocês com temor e tremor, pois é Deus quem efetua em vocês tanto o querer quanto o realizar, de acordo com a boa vontade dele (Filipenses 2:12-13, NVI).

Mais importante ainda, ela precisa saber não apenas o que fazer, mas quem ela é em Cristo. Passar algum tempo lendo os primeiros três capítulos de Efésios pode ser uma boa maneira de ajudar seus aconselhados a fundamentar a própria identidade em Cristo.

Incentive a permanência em Cristo e na comunidade (João 15; Hebreus 3:12-14)

Vede, irmãos, que nunca haja em qualquer de vós um coração mau e infiel, para se apartar do Deus vivo. Antes, exortai-vos uns aos outros todos os dias, durante o tempo que se chama Hoje, para que nenhum de vós se endureça pelo engano do pecado. Porque nos tornamos participantes de Cristo, se retivermos firmemente o princípio da nossa confiança até o fim (Hebreus 3:12-14).

Uma grande parte do bom conselho bíblico é uma combinação de oferecer esperança e manter os aconselhados focados na Palavra de Deus por meio de um dever de casa voltado para o coração. Os adolescentes são especialistas em discernir falsas esperanças ou chavões. Dizer a alguém como Mariah que "tudo vai melhorar" ou "poderia ter sido pior" quando ela está deprimida é uma forma segura de desencorajá-la ainda mais.

Continue lendo Salmos com Mariah. Os salmos soam bem entre os adolescentes porque são objetivos, reais e às vezes beiram a irreverência. Ao lê-los, os adolescentes percebem que podem ter dúvidas, gritar e até ficar frustrados, mas ao mesmo tempo podem olhar para Deus. Ensinar um adolescente a lamentar perante Deus é uma maneira de ajudá-lo a ver o quanto Deus se importa.

Esperança verdadeira é o que Mariah precisa desenvolver, e ela só pode ser encontrada em Cristo. Ensinando-a a estudar a Bíblia, orar autenticamente e ter comunhão profunda, tudo isso a conduz para Cristo e a ajuda a andar pela fé. O objetivo da comunidade e do discipulado precisa ser mais do que conhecimento da Bíblia. Você pode ajudar Mariah a aprender a orar por meio da Palavra e ensiná-la a aconselhar a si mesma usando as próprias palavras de Deus. O Espírito usará tudo isso para renovar e transformar Mariah (Romanos 12:1-2).

Uma palavra aos pais

Os pais de um adolescente que luta contra pensamentos suicidas ou que tentou o suicídio muitas vezes não sabem a quem se dirigir. Uma vez que seu filho está recebendo ajuda, ele sente alívio, mas ainda precisa superar um labirinto de desafios emocionais e relacionais. Pode ser um momento em que todos andam com medo de outra tentativa de suicídio ou de não enxergar sinais de depressão. Muitas vezes é um momento de grande introspecção. *Onde foi que nós erramos? Como podemos não ter percebido isso?* Também pode ser um momento de desespero, vergonha e sensação de fracasso, e parece que a igreja é o último lugar para buscar ajuda e cura.

Comecem aprendendo o que puderem sobre a depressão e as pressões que os adolescentes sofrem, mas não se culpem. Existem muitos motivos pelos quais os adolescentes ficam ansiosos e deprimidos. Vocês não podem protegê-los de todas as variáveis que levam à depressão e ao pensamento suicida. O que vocês podem fazer é interessar-se pela vida deles. Vocês podem aprender maneiras melhores de ouvir, se relacionar e se importar. No início, eles podem tentar excluí-los. Não deixem que isso o impeça de continuar lutando por eles. Descobri que a rejeição é um grande problema para os pais. Seu filho adolescente pode não querer sua influência às vezes, mas precisa desesperadamente dela. Digam a eles que vocês não estão indo embora.

Tempo de qualidade geralmente significa tempo em quantidade. Seu filho adolescente pode precisar que vocês parem tudo, levem-no para um passeio (ou algum lugar sem distrações) e apenas ouçam. Entendam que a vida deles é mais complicada social e emocionalmente do que a de vocês pode ter sido na idade deles. Esse não é o momento de lembrá-los de quanto tempo eles perdem nas redes sociais ou de como precisam de uma ética de trabalho melhor. Em vez disso, perguntem qual amigo os entende melhor e o que eles mais gostam nessa pessoa. Quais são suas lutas e maiores fardos? Se vocês suspeitam que pode estar ocorrendo automutilação ou pensamentos suicidas, não há problema em falar sobre isso. Lembrem-se de que uma pergunta incomoda a consciência, mas uma acusação pode endurecer o coração. Sejam curiosos, mas não tão invasivos a ponto de eles sentirem que vocês estão desesperados. Vocês podem falar diretamente sobre mutilação ou suicídio como um problema, mas não deem a entender que vocês sabem o que eles estão pensando ou fazendo.

Não deixem seu medo tornar vocês superprotetores. Façam perguntas, fiquem conectados, mas não exagerem. Sites de prevenção de suicídio de adolescentes sugerem que uma conversa franca provavelmente não levará a mais tentação ou comportamento autodestrutivo e poderá evitá-lo.[3] Se eles compartilharem e tiverem pensamentos sobre automutilação, responda com cuidado e não reaja emocionalmente. Perguntem se há coisas que eles possam se apoiar em um momento de desespero. Envolvam-se com base na gravidade do caso, tornem difícil o acesso àqueles meios (trancar ou remover comprimidos ou objetos pontiagudos, armas ou álcool em casa). Se vocês não tiverem certeza de suas intenções e sentirem risco iminente ou engano, sempre o levem para cuidados intensivos imediatamente.

Fiquem atentos a coisas que podem causar automutilação. Depressão ou alterações de humor, mudanças nos hábitos alimentares e de sono, ansiedade elevada, sensação de estar preso, abstinência, agitação, intimidação, perda, histórico familiar de suicídio ou doença mental, uso de drogas ou álcool, comportamento imprudente e/ou desesperança ou conversa suicida. Mariah mostrou sinais crescentes de depressão, isolamento, estresse e os efeitos colaterais dos medicamentos. Juntas, essas coisas causaram uma depressão sombria.

---

[3] Para obter mais informações sobre a prevenção do suicídio, os seguintes sites oferecem orientações úteis: http://suicideprevention.nv.gov/Youth/Myths/; https://www.verywellmind.com/common-myths-about-teen-suicide-2611327; https://www.nami.org/Blogs/NAMI-Blog/setembro2018/5-Common-Myths-About-Suicide-Debunked.

O que poderia ter ajudado a evitar a tentativa de suicídio? Talvez os pais admitindo que precisam de ajuda no casamento. Talvez buscando conselho divino para a filha, ajuda médica sábia e um mentor divino em quem ela pudesse confiar. Lembrem-se, no entanto, de que a depressão e os pensamentos suicidas têm muitas origens. Se vocês notarem algo que gostariam de ter feito de forma diferente, podem dizer: "Sinto muito", para Deus e para seu filho. E, assim como para seu filho, o desafio para vocês é confiar que Deus ouve suas orações e está cuidando do filho de vocês. Peçam ao seu fiel Salvador que edifique sua casa (Salmos 127). Ele não irá falhar com vocês.

Mariah se beneficiou do aconselhamento bíblico e, à medida que sua depressão gradualmente desapareceu, ela se tornou uma ajuda para muitas outras meninas em sua escola. Seus pais aprenderam maneiras melhores de se comunicarem um com o outro e com ela. Isso permitiu que construíssem confiança mútua e ela contasse com o apoio dos pais ao longo de seus anos de ensino médio. Mariah foi abençoada por ter pais dispostos a aprender, uma igreja disposta a acompanhá-la e uma equipe de aconselhamento que ancorou seu cuidado no evangelho.

As igrejas e os conselheiros bíblicos precisam encontrar maneiras de ajudar os adolescentes com depressão e ansiedade antes das tentativas de suicídio. Precisamos criar uma melhor consciência dos problemas e mais opções de ajuda, incluindo grupos de cuidados baseados na Bíblia e opções de aconselhamento.

10

Ajudando as crianças com sentimento de vergonha[1]

Edward T. Welch

Steven, um menino pequeno de 11 anos, sabe que cada dia na escola vai lembrá-lo de que ele não está à altura. Leitura e matemática são difíceis para ele; manter a atenção é ainda mais difícil. Ele já se considera um "idiota", mas os inevitáveis comentários de outras crianças tornam tudo mais difícil. Seus problemas se encaixam nas descrições do Transtorno de Déficit de Atenção.

Todos nós experimentamos o fracasso. Somos capazes de fazer muito bem algumas coisas e outras não tão bem assim. Mas Steven tinha tanta experiência em fracassar que os eventos malsucedidos da vida começaram a se misturar com sua identidade. O fracasso não foi algo pelo qual ele passou; era quem ele era. Talvez isso não tivesse sido dito *todos os dias* a ele por um adulto frustrado, mas a frequência com que ouviu "fracassado" foi o suficiente para dar evidências consistentes de que ele era, de fato, um fracasso.

---

[1] Adaptado por Edward T. Welch de seu minilivro *Helping Children with Shame: Resting in God's Approval* (Greensboro, NC: New Growth Press, 2020).

Ele é o mais velho de três filhos. Sua irmã tem quase 10 anos e está indo bem na escola, assim como seus amigos. Seu irmão tem 7 anos, e Steven o acha um incômodo na maioria das vezes. Seus pais estão preocupados, mas têm ideias diferentes sobre como ajudá-lo. Sua mãe é gentil e não o confronta. Ela gostaria de tornar a vida mais fácil para ele. Seu pai é um pouco mais tradicional: melhor enfrentar seus problemas, resolvê-los, perseverar neles até dominá-los. Ele tende a ser impaciente, embora tenha passado por lutas semelhantes na escola. Ele não entende seu filho e vive em algum lugar entre a frustração e a desistência.

O ensino em casa parece que resolveria seus problemas. Haveria menos comparações diárias. Ele poderia trabalhar em seu próprio ritmo. Mas, quando algo passa a fazer parte da identidade de alguém, uma sequência de dias sem críticas não é suficiente para a mudança de comportamento. Isso apenas coloca o problema em segundo plano, permitindo que se torne mais evidente em outros ambientes públicos. E o ensino doméstico não era uma opção, visto que ambos os pais trabalhavam. Então ele foi para a escola.

Suas emoções geralmente corriam em uma de duas direções: "Eu sou tão burro". Quer ele tenha dito em voz baixa — inconscientemente — ou com raiva, esse era seu comentário sobre sua vida. Ou ele dizia: "Você é tão burro". Quando as emoções o dominavam, o que muitas vezes acontecia, ele recorria ao que outras pessoas diziam sobre ele, e isso era tudo que ele parecia ser para os que estavam à sua volta. Essas palavras se tornaram uma característica de sua raiva e de seu comportamento descontrolado. Seu autocontrole parecia piorar à medida que a idade aumentava.

Do lado positivo, ele tinha uma tendência criativa. Tinha interesse em ver como a casa estava arrumada e decorada. Seus comentários eram interessantes e às vezes considerados.

Por onde começar?

Os pais de Steven o estão enviando a um conselheiro por dois motivos: querem que ele seja curado e precisam de ajuda. Você está disposto a ver a situação como uma forma de ficar ao lado dos pais e *ajudá-los* a serem eles os conselheiros de Steven. O primeiro desafio é por onde começar. Você tem uma longa lista para escolher. Ele está com raiva, e a ira, além de ser importante, é uma maneira fácil para entrar nas Escrituras, mas você deve proceder com cuidado. Os conselheiros querem dizer o que é certo, porém isso é fácil. Mais difícil é discernir o que é *mais* importante.

Você percebe que Steven é desatento e parece ter dificuldades de aprendizagem. Em vez de se concentrar nisso, você sugere que os pais examinem o desempenho dele na escola como uma forma de obter mais informações sobre o filho.

O fracasso é um tema recorrente na história de Steven. Visto que o fracasso e a vergonha são identificados como questões críticas da humanidade, você decide entrar por esse portal. A essência da história bíblica é que o Senhor tem um grande apreço por aqueles que não são aceitos pelos outros, que são diferentes e não estão à altura da visão de sucesso de algumas pessoas. A realidade é que a vergonha é uma característica dominante de nossa experiência humana, não importa nossa idade, bem como é um tema dominante nas Escrituras. O primeiro passo é ver esse ponto.

Palavras que descrevem vergonha

A vergonha tem um vocabulário diversificado, e essas palavras diferentes podem nos ajudar a ver isso com mais clareza. Aqui estão algumas:

Inferior	Fraco
Inadequado	Rejeitado
Perdedor	Um nada
Diferente	Ignorado
Fracassado	Insuficiente
Desajustado	Repulsivo
Estúpido	Impopular
Envergonhado	Desejoso de se esconder
Observado	Último
Indesejado	Intimidado

Esses sentimentos podem ser dolorosos, dominadores e instáveis quanto à intensidade. Como pais e conselheiros, reconhecemos que essas lutas não desaparecem simplesmente com o tempo, embora a maturidade possa colocá-las em segundo plano para algumas crianças, às vezes. Para onde você vai a seguir?

"Derrame o seu coração" (Salmos 62:8)

Com crianças e adolescentes, um objetivo claro não é garantia de que você chegará lá. As crianças podem não ter interesse em falar com você sobre o que é importante e podem nem mesmo ser capazes de identificar o que é importante. As crianças precisam de habilidade para expressar suas emoções. Portanto, um conselheiro pode sentir rapidamente que o relacionamento de aconselhamento está em perigo antes de começar, e pode acontecer isso mesmo. Mas você sabe que, na casa de Deus, tentamos colocar nossos problemas em palavras e dirigir essas palavras ao Senhor. Isso significa que você espera atrair a criança — quanto mais ela falar, melhor.

"Steven, Deus gosta que você fale com Ele. Gosta que você conte o que foi bom no seu dia, o que foi difícil e em que ponto você precisa de ajuda. Vou falar com Ele sobre essas coisas. Você quer orar também?"

Os salmos são exemplos de como podemos falar com nosso Pai. Eles também nos ensinam como falar uns com os outros. Os salmos muitas vezes propõem naturalmente falar com o Senhor, falar *sobre* o Senhor uns com os outros, elogiar juntos o Senhor e clamar juntos ao Senhor. Convidamos uma criança para falar conosco porque é isso que fazemos com Deus *e* uns com os outros.

Se a criança ou adolescente está relutante, ainda pode aprender essa lição com os pais, professores, mestres da escola dominical e outros, portanto um tempo improdutivo com uma criança não é o ponto final para um envolvimento frutífero. Mas você espera envolvê-los pessoalmente tanto quanto possível. Para esse fim, você pode colocar palavras sobre a experiência de Steven. Segue um exemplo:

— Steven, você parece não gostar nada da escola. Você pode imaginar algo tão ruim quanto a escola?

— Não, a escola é a pior coisa.

— Às vezes, quando a professora fala, você não sabe o que ela está dizendo. As pessoas sempre dizem que você deve se esforçar mais. Você pode se sentir diferente de todas as outras pessoas e, geralmente, não queremos nos sentir diferentes.

— Eu simplesmente não gosto disso.

O progresso é difícil nesse ponto. Se um dos pais estiver presente, você pode pedir a ele que ajude Steven a encontrar palavras que descrevam sua experiência.

Conheça o cobrador de impostos

O aconselhamento oscila entre conhecer a criança e conhecer as palavras de Deus para a pessoa. Ao considerar as Escrituras, a vergonha pode ser encontrada em palavras tais como *desonra*, *pobre*, *fraco*, *oprimido* e, é claro, *vergonha*. Fazem parte desse grupo mulheres estéreis, leprosos, cobradores de impostos e samaritanos. O desafio é ter pelo menos uma conexão significativa entre a criança e as Escrituras.

Os cobradores de impostos estavam entre os excluídos. Ninguém gostava deles; ninguém queria estar associado a eles. Mas Jesus é diferente do restante de nós. Jesus gosta dos excluídos porque eles precisam de sua ajuda, e acontece que Ele também era um excluído. Jesus convidou os cobradores de impostos para comerem com Ele, o que era outra forma de dizer: "Junte-se a mim, você é totalmente aceito aqui" (Mateus 9:11). Uma das histórias mais conhecidas do Novo Testamento é sobre um cobrador de impostos que queria ver Jesus, mas presumiu que ele próprio não era digno de se aproximar do Mestre. Porém Jesus, mesmo com uma grande multidão ao seu redor, viu Zaqueu em uma árvore, falou seu nome e passou a tarde em sua casa. Então Zaqueu se tornou amigo de Jesus. Depois disso, Zaqueu passou a tratar as pessoas de maneira diferente porque Jesus o tratou muito bem (Lucas 19:1-8).

O cobrador de impostos passou de um indivíduo rejeitado para alguém que Jesus conhece pelo nome. De um indivíduo rejeitado para alguém que Jesus honrou com uma visita. De um indivíduo rejeitado para alguém que é amigo de Jesus. Não admira que Zaqueu tenha mudado de forma tão drástica. Como ele *não* assumiria o caráter de quem tanto o honrou?

Essa história pode atrair uma criança para as Escrituras. Caso contrário, continue procurando maneiras de conhecer a criança, busque apresentar palavras relacionadas à experiência dela, orar juntos e surpreendê-la com a forma como Jesus o aceita com compreensão e bondade.

Coloque roupas novas

Outro ensinamento sobre a vergonha é que Jesus nos dá roupas novas. A maioria das crianças tem a sensação de que as roupas certas — as roupas legais — podem trazer dignidade à vida, e as roupas erradas podem causar embaraço. Ao longo da história bíblica, as roupas estavam ligadas ao nível social. Nas Escrituras, essa história aparece quase imediatamente à época em que a humanidade andava nua e não se envergonhava disso, até de repente perceber sua nudez e a necessidade de cobri-la.

O início da conversa pode ser assim:

— Todo mundo tem aquelas roupas que são prediletas e aquelas que nunca gostaria de usar. Você vê esses chinelos? Por alguma razão, eu realmente gosto deles. Eu acho que eles são legais. Qual é a sua peça favorita?

— Gosto de roupas da mesma cor. E meus tênis pretos são meus favoritos.

Uma maneira de entrar nas Escrituras é a partir da visão de Zacarias de um sacerdote chamado Josué, que estava nas cortes celestiais com roupas velhas e sujas (Zacarias 3:1-5). Satanás foi rápido em acusar e pedir a expulsão do sacerdote. Seu argumento era que o sacerdote não estava apto para estar na presença de Deus e deveria ser banido. O Senhor, porém, repreendeu Satanás e vestiu o sacerdote — que representa cada um de nós perante o Senhor — com vestes puras e um turbante limpo. O estilo da vestimenta poderia não ser moderno, mas a roupa era linda. O turbante adicionou o toque real de uma coroa. O ponto principal da história é que Jesus tira nossa culpa e vergonha e nos torna apresentáveis.

Onde podemos encontrar cobertura adequada? Essa pergunta aparece ao longo das Escrituras. Termina com vestimentas nupciais que cobrem todo o povo de Deus (Apocalipse 19:7-8). Nesse ínterim, pense na túnica de José, nas vestes dos sacerdotes (Êxodo 28:2), até mesmo na armadura que Deus nos dá para a guerra espiritual (Efésios 6:10-15). Visto que as Escrituras têm imagens diferentes dessas roupas, os conselheiros podem ter alguma liberdade em imaginá-las.

"Quando Jesus o leva para sua casa, Ele lhe dá roupas novas que são as melhores. Ele realmente faz você parecer forte — como um soldado com lança, espada, armadura e escudo. Você pode ver isso se olhar de perto." (Em seguida, leia Efésios 6:10-17.)

Procure se gloriar no Senhor

Quando afundamos sob o peso da rejeição, muitas vezes tentamos nos ligar a alguém de reputação. Para os adultos, pode ser uma equipe esportiva; para adolescentes, pode ser uma celebridade ou uma banda favorita; para crianças mais novas, pode ser um amigo popular. Ou seja, reconhecemos que nossas conquistas nunca serão suficientes para nos levantar e fazer parte de um grupo. Precisamos da reputação de outro. E essa é a essência do evangelho de Jesus.

Assim diz o Senhor: "Não se glorie o sábio na sua sabedoria, nem se glorie o forte na sua força; não se glorie o rico nas suas riquezas. Mas o que se gloriar glorie-se nisto: em me conhecer e saber que eu sou o Senhor, que faço beneficência, juízo e justiça na terra; porque destas coisas me agrado, diz o Senhor" (Jeremias 9:23-24).

Quando estamos com Jesus, temos o maior amigo imaginável. Ele nos chamou de seus. Ele nos trouxe para seu círculo íntimo e compartilhou seus pensamentos e planos íntimos. As palavras de Deus para nós, "Estou com você", são a *maneira* de responder aos nossos sentimentos de rejeição e fracasso.

Uma palavra aos pais

Você tem o alicerce perfeito: você ama seu filho, deseja crescer em Cristo como seu pai, e acreditamos que o Senhor nos ouve em nossos momentos de necessidade. Nossa pergunta agora é: como você pode amar seu filho com ainda mais sabedoria e de uma forma que vocês dois estejam unidos?

O amor começa com paciência e bondade. A impaciência da ira nunca ajuda e, para um menino que já está abatido por seus fracassos e pelos comentários de outras pessoas, a ira o derrubará ainda mais.

O amor requer um conhecimento crescente sobre a outra pessoa. Você vai querer conhecer seu filho de uma forma que lhe permita falar palavras que descrevam a experiência dele. Outros, como professores, médicos, mestres da escola dominical e familiares podem contribuir para um perfil ainda mais completo. Quaisquer estratégias que venham desse conhecimento incluirão pequenos objetivos e pequenos passos para o crescimento. Por exemplo, se seu filho tem dificuldade com números, você pode revisar suas expectativas, trabalhar com ele com mais paciência e intervalos mais curtos que podem ser gradualmente estendidos.

O amor procura e desfruta dos pontos fortes dos outros. Há benefícios em perseverar em questões desafiadoras, mas os pais podem acentuar os pontos fortes dos filhos mais do que os pontos fracos. E, uma vez que começamos a procurar os pontos fortes de uma pessoa, geralmente vamos encontrar muitos.

Com tudo isso, você desejará buscar a humildade. Você se sairá melhor quando se vir como necessitado diante de Cristo. Então, você orará por seu filho, orará por si mesmo, pedirá a outros que orem e será rápido em buscar conselhos.

Você também se sairá melhor quando vir as lutas de seu filho como *mais* semelhantes às suas, em vez de menos. Reputação, fracasso, rejeição e vergonha — tudo isso faz parte de todos nós. Imagine o pai de Steven vendo sua própria busca por realizações e uma realidade alternativa mostrada no evangelho por meio da qual ele confia em Jesus e nas realizações dele. Imagine ser capaz de confessar como gostaria de se orgulhar de algo em si mesmo e como deseja crescer para se orgulhar mais de Jesus.

Nosso fracasso, rejeição e vergonha podem nos ajudar a apreciar a morte e ressurreição de Jesus. Ele foi rejeitado por judeus e gentios. Ele até foi rejeitado por seus amigos. Os eventos que levaram à sua crucificação acumularam um ato degradante após outro. Jesus foi insultado, cuspido, chicoteado e tratado como se não tivesse valor. Ele estava nu na cruz e clamou: "Deus meu, Deus meu, por que me desamparaste?" (Mateus 27:46). Em tudo isso, Ele compartilhou e carregou nossa culpa e vergonha.

Aos poucos, a mensagem chega ao seu alvo. O povo de Deus é aquele que está familiarizado com o fracasso, a rejeição e a vergonha.

Aqueles que descansam em suas realizações não precisam dele. Em vez disso, a evidência de que somos seu povo é ter aprendido que as realizações são um fundamento instável para a vida e que precisamos de Jesus. Quem teria pensado que o fracasso e a rejeição de uma criança levariam essa criança e seus pais ao coração de Deus e às boas-novas de sua morte e ressurreição?

Mas Deus escolheu o que para o mundo é loucura para envergonhar os sábios, e escolheu o que para o mundo é fraqueza para envergonhar as fortes. Ele escolheu as coisas insignificantes do mundo, as desprezadas e as que nada são, para reduzir a nada as que são, para que ninguém se vanglorie diante dele. É, porém, por iniciativa dele que vocês estão em Cristo Jesus, o qual se tornou sabedoria de Deus para nós, isto é, justiça, santidade e redenção, para que, como está escrito: "Quem se gloriar, glorie-se no Senhor" (1Coríntios 1:27-31, NVI).

AS CRIANÇAS E SEU CORPO

11

Ajudando as crianças a lidar com a aparência

Jocelyn Wallace

Lily fica na frente do espelho e fecha os olhos com força enquanto se vê. Ela verifica sua roupa com desdém e puxa a camiseta para baixo para cobrir sua barriga. Está muito apertada... de novo. Ela servia bem apenas algumas semanas atrás. Suspiros. As calças dela também estão muito apertadas. Ela franze a testa e olha para o estômago; parece que está saliente. Ela se sente como um hipopótamo. Por que ela se sente tão gordinha e estranha, como se não se encaixasse bem em sua própria pele? Ela se vira e se afasta do espelho com um novo suspiro. Não que se importar com a aparência vá tornar o dia dela na escola melhor.

Ela não gosta muito da escola, mas tem pavor da hora do almoço. Ontem, alguém riu ao observar quanto espaço ela ocupava na cadeira e então apontou e sussurrou sobre o pudim em sua bandeja. Outro dia, ela ouviu algumas garotas falando sobre como suas coxas balançavam quando ela caminhava. Seus colegas de classe nem a chamam mais de Lily. Eles apenas a chamam de "a comilona". Isso faz com que ela se sinta uma aberração. Em momentos como esse, ela só gostaria de ser invisível.

Não há nada legal sobre ela. Ela não é boa em ciências, matemática ou mesmo para encenar peças de teatro. Ela já sabe que não é bonita sem que todos na sexta série apontem para isso o tempo todo. Ela é apenas uma perdedora... Lily, a comilona, a perdedora gordinha. Ela se pergunta por que o mundo simplesmente não a engole. Por que essa tem de ser a vida dela?

* * *

Connor calçou os sapatos para ir à escola e estremeceu. Ele está cansado de olhar para esses mesmos tênis feios. Ele não tem um novo par de tênis há muito tempo. Ele entendeu quando a mãe disse que não havia necessidade de comprar tênis novos quando os antigos ainda serviam nele. Mas esse era o problema. Por que todas as suas roupas de criança ainda serviam nele? Ele iria crescer?

Ele balançou seus braços magros. Eram como geleia. Ele ficou muito envergonhado durante a educação física na semana passada, quando não conseguiu terminar a escalada na corda. Ele não podia evitar — seus braços estavam tão doloridos que pareciam queimar. Ele não conseguiu escalar mais do que a metade da corda. Ele não conseguiu tocar o sino como todos os outros meninos. Ele apenas escorregou até cair no chão. Então suas mãos queimaram tanto quanto seus braços.

Não teria sido tão ruim se todos os meninos não tivessem caído em cima dele e começado a zombar por ser um fracote. Foi humilhante. Seu melhor amigo Mike, por outro lado, era tão forte quanto um cavalo. Ele era tão incrível que já tinha pelos de pêssego no queixo. Todos os outros meninos estavam sempre pedindo a ele que mostrasse um músculo ou fizesse flexões. Isso fez Connor se sentir um bebezinho ao lado de Mike. Quando Mike começou a falar sobre ir para o time de futebol do ensino médio, Connor sabia que não haveria chance de ele ser capaz de acompanhá-lo. Sabia que Mike provavelmente começaria a sair com outros caras em vez dele. Ele estaria sozinho agora? Quando ele se tornaria um homem de verdade?

Ajudando crianças nas suas lutas com a aparência

Como podemos ajudar crianças como Connor e Lily? A insastifação com a aparência é apenas algo que elas precisam superar? Connor, Lily e muitas crianças feridas como elas podem ser encorajadas e direcionadas para Deus e sua ajuda sempre presente. Enquanto seus colegas e nossa cultura tentam fazer com que se encaixem em uma versão idealizada de beleza ou desenvolvimento, o Senhor tem uma palavra diferente para elas: elas foram formadas "de um modo terrível e tão maravilhoso" (Salmos 139:14), e Jesus as ama e será para elas a fonte de conforto e ajuda nas dificuldades.

Compartilhar essas verdades com elas de uma forma que possam entender e aplicá-las começa com a compreensão dos problemas de desenvolvimento que as crianças enfrentam e, em seguida, ajudando-as a ver o que Deus em sua Palavra diz para encorajá-las e ajudá-las.

Questões de desenvolvimento

No processo natural de desenvolvimento humano, a maior parte do crescimento nas crianças em idade escolar é voltada para o desenvolvimento e uso dos músculos e ganho de habilidades motoras. As interações sociais são mais aleatórias do que propositadas. Entretanto, mais tarde, em crianças de 5 a 10 anos, as habilidades de pensamento, consciência corporal e consciência social tornam-se o foco principal do desenvolvimento.[1] À medida que as crianças se tornam mais conscientes de seu próprio corpo, elas começam a formar julgamentos sobre seu valor e sobre o que vale a pena. Por causa de mensagens culturais difundidas sobre aparência física e normas sociais, até mesmo crianças que foram criadas com uma cosmovisão bíblica muitas vezes lutam com julgamentos errôneos sobre seu corpo e sobre como interagir apropriadamente com os outros.

O que as crianças pensam a respeito de seu próprio corpo impacta e afeta significativamente suas interações com os outros. À medida que as crianças percebem seu corpo e o avaliam, também começam a notar coisas sobre o corpo de outras crianças. Quando as crianças completam 9 ou 10 anos, viver e trabalhar em seu corpo único — e interagir com outras crianças aprendendo a viver e trabalhar em *seus* corpos únicos — ocupa grande parte de seu foco e energia. À luz das muitas mensagens culturais que envolvem a forma, o tamanho e a força do corpo, se essas avaliações não tiverem raízes bíblicas, as interações com outras pessoas podem ser afetadas negativamente de forma significativa.

À medida que a consciência corporal e social se desenvolve, as interações e os relacionamentos entre as crianças mudam. Crianças que nunca notaram nem se importaram com o que as outras pessoas pensam sobre elas de repente passam a avaliar o quão normal parecem aos outros. Ao mesmo tempo em que aumenta a capacidade de avaliar o que está acontecendo em seu próprio corpo, elas começam a julgar o que está acontecendo com outras crianças e em outros ambientes. Crianças em idade escolar percebem as avaliações e reações silenciosas

---

[1] National Institutes of Health, U.S. National Library of Medicine, "School-Age Children Development", https://medlineplus.gov/ency/ article/002017.htm.

dos outros em relação a elas. Muitos desses julgamentos são severos, pouco amorosos e, principalmente, focalizados em qualidades externas.

Ser aceito e desejável em seu grupo social torna-se o foco principal à medida que as crianças continuam a amadurecer. Ser aceito quando criança só exigia ter lanches legais para compartilhar e ser capaz de se balançar em todas as barras de exercício sem cair. Crianças de 9 a 12 anos, por outro lado, começam a se concentrar no estilo de roupa e em comportamentos pessoais, como a maneira como andam e falam, arrumam o cabelo e reagem à autoridade, para fazer uma declaração sobre quem são. Além disso, há uma pressão enorme para ter um corpo que não seja muito alto, nem muito baixo, com muitos pelos ou cheio de espinhas — porque não ter isso significa que você é "normal", e ser normal é desejável.

Ao mesmo tempo em que a uniformidade e a aceitação dos colegas se tornam tão importantes, o próprio desenvolvimento pessoal e individual dos pré-adolescentes os diferencia e destaca sua singularidade. O processo de desenvolvimento humano em crianças e adolescentes é uma obra incrível do belo projeto de Deus. Mas, em vez de celebrar a maravilhosa individualidade das diversas criações humanas de Deus, a maioria das crianças só pode ver que não se parece com as outras pessoas nem age como elas. Isso as leva a se sentirem estranhas e rejeitadas, o que muitas vezes resulta em tristeza e sofrimento que parecem desesperadores e devastadores, já que os "defeitos" são uma parte orgânica da personalidade deles.

Como resultado, muitas vezes as crianças querem ter, mais do que qualquer coisa, as qualidades que veem nos outros e que acreditam ser mais desejáveis. Elas gostariam de ser melhores, mais rápidas, mais inteligentes, mais engraçadas e mais atléticas. Elas se concentram em se tornar "legais". A moda se torna mais importante do que nunca e geralmente é baseada em tendências na escola, na igreja ou em outros ambientes sociais. Seu comportamento começa a imitar a multidão com a qual andam, porque desejam estar tão "apropriadas" quanto aquelas crianças. Ser aceito parece uma coisa boa, e muito esforço é despendido na busca desse objetivo.

As crianças precisam da nossa ajuda

Esse ambiente de desenvolvimento mental, emocional, social, espiritual e corporal pode facilmente se tornar uma tempestade perfeita para alguns dos episódios mais agudos e dolorosos de sofrimento que uma criança já experimentou. Mesmo quando há uma forte influência bíblica guiando nossos filhos, a cultura e os colegas exercem uma grande influência que não pode ser ignorada. Mas os adultos que os amam podem ajudar as crianças a entender as mensagens em que acreditam sobre si mesmas e sobre o que as torna valiosas. Essa é uma oportunidade para compartilhar o evangelho sobre o fato de como conhecer Jesus e segui-lo pode ajudá-los em suas lutas muito reais.

A maioria das crianças não tem maturidade para entender que algo que parece "normal" nem sempre é bom. Muitas vezes, a combinação de consciência da imagem corporal e do desenvolvimento social que começa no quinto e sexto ano resultará em hábitos prejudiciais à saúde, que são viciantes e desvalorizam o ensino fundamental e médio se não forem vistos e tratados. Quando esses hábitos doentios de pensar e agir não são abordados biblicamente, a desesperança pode se desenvolver, às vezes até levando ao pensamento suicida. Como ajudamos crianças mais velhas e adolescentes a lutar contra as percepções errôneas e prejudiciais sobre si mesmas e seu corpo? O mundo secular aborda esses perigos por meio de plataformas de conscientização social, incentivando as crianças a aceitarem seu corpo e apontando os perigos do *bullying*. Embora seja útil trazer uma consciência sobre o problema, tais plataformas não tratam acerca de como pensar, sendo um cristão, sobre nosso corpo e como fazer julgamentos que apontam nossas escolhas de vida em direções positivas.

Aprender a ver nosso corpo com os olhos de Deus ajudará a trazer a cura

Não há dúvida de que Lily, Connor e muitas outras crianças que lutam contra a vergonha ou o desconforto em relação a seu corpo estão sentindo uma grande dor. Eles não se sentem normais nem se sentem aceitos por seus colegas, que muitas vezes são cruéis. Como podemos trazer-lhes verdadeiro conforto e ajudá-los a ver que não precisam aceitar a estimativa errada do mundo sobre seu valor?

Comece compreendendo todos os desafios de desenvolvimento que as crianças enfrentam, mas, ao mesmo tempo, garanta-lhes que Jesus entende ainda melhor do que você o que elas estão enfrentando e é capaz de estar com elas em todos os momentos do dia. Conforme aconselhei Lily, comecei fazendo-a pensar comigo sobre algumas das maneiras pelas quais ela poderia ver o amor de Jesus em sua vida. Eu a incentivei a examinar uma lista de maneiras pelas quais sua família viu Jesus amar e cuidar de todos durante o ano anterior. Também pedi a Lily que registrasse as ocasiões em que pediu a Jesus que a ajudasse durante o dia, junto com as formas como Ele respondeu às suas orações. Ao fazer isso, Lily lembrou que, embora as palavras e os pensamentos dos outros parecessem poderosos, Jesus era mais poderoso e sempre estaria lá quando enfrentássemos problemas. Juntos, repassamos o salmo

46 e até memorizamos o primeiro versículo: "Deus é o nosso refúgio e fortaleza, socorro bem presente na angústia".

Passamos a ler juntos o salmo 139, que nos apresenta verdades importantes para lembrar especialmente em momentos de confusão ou angústia relacionados ao corpo. Os versículos 1-6 descrevem em uma linguagem vívida e bela que Deus sabe tudo sobre cada um de nós, até mesmo as partes que são difíceis de aceitar ou das quais outros zombam e menosprezam. Os versículos 17 e 18 ensinam que Deus conhece completamente cada parte de nós, que somos muito preciosos para Ele e que Ele nos valoriza. Os versículos de 7 a 12 nos lembram que, por Deus estar conosco, nunca teremos de enfrentar situações assustadoras ou difíceis sozinhos. Os versículos 13 e 14 nos ensinam que Deus traçou um plano para nossa vida e então criou o corpo perfeito para cumprirmos esse plano para Ele.

Ao conversar com Connor, o pastor das crianças o encorajou a fazer um desenho de si mesmo para pendurar em seu quarto e acompanhar todas as maneiras como ele usava as diferentes partes de seu corpo para amar outras pessoas. Foi emocionante colocar a data ao lado da foto de seus braços quando ele limpava a calçada para seus vizinhos idosos, ou ao lado da foto de suas pernas quando ele brincava de pega-pega na praça com seu irmão mais novo.

Você pode lembrar às crianças que, mesmo quando o plano de Deus para nossa vida envolve o que chamaríamos de "imperfeições" e possivelmente até mesmo deficiência, doença ou anomalia física, nossa tristeza e sofrimento podem ser filtrados e processados por meio de nossa confiança em um Deus bom e amoroso que tem planos e propósitos específicos para a nossa vida. Também temos a ajuda de um Salvador que pode se identificar e ter empatia com qualquer sofrimento ou mágoa que estejamos passando (Hebreus 4:15). Jesus oferece ajuda e esperança em meio a uma dor terrível e em meio à confusão (Tiago 1:2-5).

Ensinar as crianças a acreditar que Jesus está com elas como Ele afirma que está (Mateus 28:20), que as ama tão profundamente quanto diz que ama (1João 4:10) e que veio para que tivessem uma vida plena e satisfatória nele (João 10:10) a ajudará a confiar nele o suficiente para clamar pela ajuda dele durante o dia. As crianças podem pedir ajuda a Jesus no refeitório quando outras crianças estão brincando com elas, na educação física quando se sentem um fracasso ou quando precisam resolver seus próprios pensamentos difíceis sobre seu corpo.

Foi importante para Lily e Connor aprenderem que pensamentos negativos sobre si mesmos e seu corpo não vêm de Jesus e podem ser rejeitados. As crianças podem aprender a avaliar as palavras dos outros em relação a elas diante dos padrões do profundo amor de Jesus e, então, optar por não ouvir ou acreditar nas palavras desamorosas dos outros. Lily e eu decidimos que uma maneira de ter certeza de que ela não estava acreditando em mentiras sobre si mesma seria escrever os comentários maldosos que seus colegas de classe disseram e depois pedir aos pais dela à noite para ajudá-la a descobrir se os comentários eram verdadeiros e deveriam ter credibilidade. Foi útil para ela aprender a avaliar os comentários de seus colegas de classe e a usar a verdade da Bíblia para determinar se deveria confiar nesses comentários ou rejeitá-los.

Enquanto os colegas e a cultura das crianças estão gritando que elas devem ter uma determinada aparência para serem aceitas, Deus diz que as ama e as aceita por causa de como Ele as criou e quem elas são em Cristo, não por causa de sua aparência ou desempenho. Onde os colegas apontam ou zombam das diferenças, Deus oferece aceitação com base em seu amor abundante e transbordante. Ajudar as crianças a compreenderem a si mesmas à luz de seu relacionamento com Deus por meio de Cristo oferecerá mais esperança, ajuda e cura do que qualquer tentativa de simplesmente reforçar sua autoaceitação ou melhorar sua aparência.

Deus diz que apenas uma coisa é necessária para ser aceito por Ele, que é ir a Ele pela fé em Jesus Cristo, o Salvador. Jesus acolheu todos os tipos de pessoas que foram rejeitadas pelos outros. Zaqueu era um homem baixinho que foi rejeitado por seu povo por causa da maneira como realizava seu trabalho, mas Jesus lhe disse que veio para aceitar pessoas como ele que estavam à margem da sociedade (Lucas 19:1-10). A mulher samaritana junto ao poço era considerada uma cidadã de segunda classe por causa de sua etnia, religião e relacionamentos, mas Jesus recebeu não só a ela, como também a muitos outros da aldeia dela que acreditaram nele (João 4:1-42). Jesus acolheu em sua família leprosos, doentes crônicos e aqueles que foram expulsos da sociedade por usarem seu corpo de forma pecaminosa, contanto que viessem a Ele em fé (Mateus 8:1-4; 9:20-22; João 8:1-11). Os seguidores de Jesus são pessoas que podem ser rejeitadas pela sociedade, mas são bem-vindas a Ele por acreditarem que Ele é o Filho de Deus que tira seus pecados. Ele vai nos acompanhar em situações em que nos sentimos rejeitados e sozinhos.

Hábitos errados de pensamento podem contribuir para causar problemas

Mesmo com a verdade bíblica para guiar a visão de nós mesmos e uma compreensão precisa de quem é Deus e seu amor por nós, devemos reconhecer que as crianças ainda serão afetadas pelas mensagens culturais que as estão bombardeando de todos os lados. Devemos ajudá-las a ver como viver de forma prática a verdade do amor de Deus e cuidar delas.

Nossa visão de nosso corpo se desenvolve a partir da forma como nossa mente pensa e do que nosso coração ama, e tem impacto sobre como falamos e sentimos sobre nós mesmos e sobre como nos relacionamos com os outros. Nossa imagem também revela nossa visão de Deus. Embora possa ser doloroso ou difícil entender o que as crianças feridas estão pensando e acreditando, ajudá-las a descobrir o que estão pensando e de que estão gostando permitirá identificar áreas em que confiam nas mentiras da cultura ou de seus colegas mais do que têm confiado no amor e cuidado de Deus por elas.

Nosso corpo foi criado para glorificar a Deus, por meio do amor a Deus e às pessoas ao nosso redor (Gênesis 1:26-28). Mas, desde a queda, todos nós seguimos nosso próprio caminho. Nosso relacionamento com Deus, com as pessoas e até com nosso próprio corpo foi quebrado. Com isso, em vez de usarmos nosso corpo para glorificar a Deus, consideramos útil usá-lo para refletir uma certa imagem ou reputação para nós mesmos. Você pode lembrar àquelas crianças que elas estão lutando contra a própria imagem que Deus utilizou para criar o corpo delas com o objetivo de amá-lo e amar os outros. Incentive-as a pensar sobre como podem usar as palavras, as mãos, os pés e a mente para amar e ajudar outras pessoas que precisam de encorajamento ou afirmação. Criar uma visão de ministério para os outros pode ser um bom antídoto para a dolorosa introspecção causada por pressão cultural e mentiras.

A comparação causa danos

A comparação baseada na inveja costuma ser outra fonte de problemas de imagem para muitos. Em vez de admirar os outros pela obra de Deus na vida deles, muitas vezes nos ressentimos por terem o que queremos (Tito 3:1-8). Uma criança que está focada nas pernas mais fortes de outra pessoa, nos olhos mais bonitos ou na cintura mais fina está na verdade cobiçando a forma do corpo ou a capacidade física que ela acredita que a fará feliz (Êxodo 20:17).

Quando estamos desapontados com o corpo que Deus nos deu, é fácil desenvolver hábitos de descontentamento, murmuração e reclamação que nos afastam da utilidade em cumprir os bons propósitos de Deus (Filipenses 2:13-14). É útil orientar a criança a pensar sobre o que aconteceria se ela de repente tivesse a aparência que sonhou. Um certo tipo de cabelo, força, físico ou formato de rosto os ajudaria a amar, desfrutar e glorificar mais a Deus? Se a criança de repente parecesse perfeita (em sua opinião), as pessoas olhariam para ela e pensariam sobre o que Deus é, ou estariam apenas focadas em quão naturalmente maravilhosas elas eram? Ajudar seu filho a descobrir o que ele realmente deseja quando está infeliz com seu corpo irá incentivá-lo a recorrer a Jesus para obter a ajuda de que precisa para viver para Ele.

Essa mentalidade não é natural para nenhum de nós. É uma dádiva do Espírito e é o caminho da paz. Frequentemente, as lutas das crianças com a aparência fluem de seu medo de que nunca serão "normais" ou se encaixarão na expectativa padrão da cultura ao seu redor. Os cristãos, entretanto, são encorajados a não se limitar a simplesmente ser como todo mundo, mas, em vez disso, ter sua vida transformada em algo muito melhor (Romanos 12:1-2).

As perguntas "e se" de uma criança irão ajudá-lo a identificar contra quais medos específicos ela está lutando. "E se eu nunca tiver amigos de verdade?" ou "e se ninguém gostar de mim?" pode indicar o medo de nunca se adaptar. "E se eu nunca tiver músculos grandes?" ou "e se meu cabelo sempre parecer tão estranho?" pode mostrar como uma criança tem medo de que sua aparência física nunca se encaixe no padrão. A voz de Jesus é poderosa sobre esses temores, porque Ele também conhecia a profunda dor da solidão e rejeição de seus amigos (Mateus 27:46). Ele pode ajudar as crianças a saberem que a aceitação por qualquer ser humano nunca será comparada com o que Ele sozinho pode oferecer por meio da salvação e adoção em sua família (Romanos 8:15). A autoestima não está ligada à aparência de nosso corpo, mas sim à obra de um Salvador que se identifica com nossas lutas e promete nunca se separar de nós (Romanos 8:38-39). A sociedade e seus padrões, nossos semelhantes e sua ideia de "normal" ou mesmo nossos pensamentos sobre nós mesmos não são confiáveis, porque todos esses padrões mudam. Porque é impossível para Deus mentir ou mudar, encontramos refúgio em sua verdade e amor imutáveis (Hebreus 6:18; Tiago 1:17).

Nota aos pais

À medida que seu filho compartilha com você os problemas que ele tem com a própria imagem, esteja disposto a ouvir atentamente as preocupações dele, analisando cada uma delas. Perguntas sobre a aparência são comuns e, embora sejam desafiadoras, as respostas estão na Palavra de Deus (Eclesiastes 1:9). Fazer boas perguntas ajudará a descobrir a visão que ele tem de Deus e sua compreensão de seu propósito como filho amado de Deus aqui na terra.

É tentador simplesmente reforçar a autoconfiança do seu filho para que ele se sinta melhor consigo mesmo, sem gastar tempo e esforço para resolver questões difíceis. Embora seu objetivo seja mostrar apreço a seu filho, deixar de lado a dor sem ajudar a responder a perguntas honestas não ajudará seu filho no longo prazo. Repetidas vezes esses problemas reaparecem mais tarde, mas com muito mais consequências que alteram a vida. Se precisar de ajuda para resolver problemas, busque conselho pastoral ou conselho de um casal mentor de confiança em sua igreja.

Os pais precisam dar muito retorno e reforço positivo para ajudar seus filhos a ver corretamente a si mesmos e aos outros, especialmente quando estão passando por estágios de desenvolvimento difíceis. Muitos pais se sentem desconfortáveis ao falar com os filhos sobre o corpo deles. No entanto, ajudá-los a compreender que Deus é o autor tanto da aparência quanto da personalidade deles preparará o terreno para uma compreensão mais profunda do cuidado abrangente de Deus sobre todos os detalhes da vida deles e os motivará para mudar o foco de si mesmos para os outros.

Ajude seus filhos a conhecer os estágios normais de crescimento e desenvolvimento. Prepare-os para qualquer mudança que esteja por vir, para que não fiquem assustados ou sejam pegos de surpresa. Fale sobre suas próprias lutas com a aparência e como Deus o ajudou. Numa época em que nada neles parece ser normal, ajude-os a compreender que não estão sozinhos em suas lutas e que muitas pessoas vivenciam as mesmas batalhas. Deixe bem claro que podem vir até você (e, finalmente, ao Senhor) para resolver qualquer mágoa ou confusão que possam estar sentindo.

Monitore quem tem permissão para falar sobre a vida de seu filho. Se a Palavra de Deus não for a voz predominante e mais consistente, mensagens conflitantes irão agravar a confusão. Incentive seus relacionamentos com amigos, familiares e mentores que defenderão a definição de Deus sobre o que é bom e digno. Ao ajudá-lo a avaliar as influências na vida deles, ensine verdades bíblicas sobre amizade, como servir e não criticar e como defender a verdade com bondade.

É fácil pensar que, em um estágio em que se encaixar é tão importante e quase todos lutam com sentimentos de inutilidade, outras crianças seriam especialmente amorosas e gentis umas com as outras, mas essa não é a experiência comum da infância ou adolescência. As diferenças que os adultos maduros podem celebrar e apreciar são muitas vezes ridicularizadas, difamadas ou menosprezadas na infância. Ensine a seus filhos que esta é uma das principais maneiras pelas quais eles devem ser diferentes e se destacar — usar suas palavras para edificar os outros e não destruir ninguém. Embora nem todas as crianças sejam vítimas diretas do *bullying*, 100% das crianças precisarão saber como responder biblicamente a comentários cruéis, agressivos e maldosos de outras pessoas em geral e sobre seu corpo em particular.

Um fator importante a ser observado é que o acesso a dispositivos eletrônicos pessoais e o uso generalizado de redes sociais deixam as crianças especialmente vulneráveis. A maioria das crianças não tem ideia de que as postagens nas redes sociais são apresentações altamente selecionadas da versão mais perfeita de quem se apresenta ali. A maior parte dos usuários de redes sociais apresenta suas fotos e vídeos com os retoques mais perfeitos — e a maioria nem chega a ser imagens reais, devido à edição mágica de filtros. Eles postam seus "10" todas as vezes, e há uma enorme pressão pessoal para viver de acordo com aquela imagem. Além disso, os comentários on-line costumam ser mais cruéis e cortantes do que as interações presenciais. Os comentários on-line em plataformas de jogos e aplicativos permitem que os usuários ataquem outras pessoas e enviem mensagens cruéis e infundadas às vítimas que as crianças não saberão como filtrar ou processar.

Finalmente, ajude as crianças a verem seu corpo como uma forma de servir a Deus. Aprender a cuidar bem do corpo é tão importante para o crescimento quanto aprender a se vestir, escrever e falar. Às vezes, os desafios com a aparência da criança surgem porque os pais não se envolveram na supervisão de hábitos saudáveis de alimentação e estilo de vida; assim, seus filhos desenvolveram um corpo insalubre e obeso que causa constrangimento. Os pais são as vozes mais influentes no que diz respeito a hábitos alimentares e estilo de vida saudáveis, e não devemos descartar a influência deles em relação aos maus hábitos e à gula. Você precisará ajudar seu filho a aprender a escolher alimentos nutritivos, a dormir o suficiente, a ter uma programação adequada e a exercitar o corpo para que se mantenha forte e saudável.

 Conversei com Lily e sua mãe a respeito do que a Bíblia diz sobre o motivo de Jesus tê-la criado e como Ele a projetou para ser uma bênção para outras pessoas. Ela está tentando ver como pode ser útil e gentil com os outros, em vez de apenas pensar sobre o que ela não gosta em si mesma. A mãe de Lily a tem ajudado a pensar em formas de ser amorosa com as demais crianças na escola, mesmo quando elas forem indelicadas com ela, e cuidar de outras crianças que podem se sentir tão solitárias quanto ela. Sua mãe a incentivou a encontrar outra garota que estivesse sozinha na hora do almoço e perguntar se ela gostaria de companhia. Foi muito difícil se apresentar a alguém novo, mas, por causa disso, ela conseguiu conhecer uma colega de classe chamada Julia. Ela tem trabalhado muito para não perder tanto tempo pensando: "e se eu nunca tiver amigos?" e, em vez disso, se concentrar em ser um amigo melhor para as pessoas ao seu redor.

 Também conversamos sobre como tratar seu corpo como um presente de Deus, cuidando bem dele. Lily e sua mãe decidiram caminhar juntas por 30 minutos todos os dias depois da escola. Esse exercício não apenas a ajuda a se sentir com mais energia e feliz, mas também é um momento em que ela e sua mãe podem conversar sobre o dia delas. É muito útil ter sua mãe ajudando-a a pensar sobre comentários maldosos ou olhares ofensivos e imaginar maneiras de responder com amor, em vez de apenas guardar tudo para dentro de si mesma.

Um dia, o pai de Connor o viu flexionando os braços diante do espelho no banheiro e perguntou a ele sobre isso. Ele mencionou que, quando tinha a idade de Connor, realmente o incomodava que ele fosse muito menor do que os outros meninos de sua classe. Foi útil para Connor saber que seu pai também lutou para não se sentir anormal. Isso o encorajou a conversar com seu pai sobre mais coisas que o estavam incomodando, e seu pai foi capaz de compartilhar um pouco mais sobre o que Connor poderia esperar nos próximos anos à medida que continuava crescendo. Foi útil saber que ele realmente ficaria mais forte e mais alto, mesmo que fosse mais tarde do que seus amigos.

Connor e seu pai também conversaram algumas vezes com o líder das crianças em sua igreja para pensar em algumas das coisas que eram difíceis para Connor. O líder perguntou a Connor quanto tempo ele estava gastando comparando-se aos outros meninos na escola e o encorajou a considerar se o que sentia era ciúme de Mike. Ele nunca tinha pensado nisso dessa forma, mas tinha de admitir que estava com um pouco de ciúme. Ele pediu a Jesus que o perdoasse e fizesse com que ele se aceitasse como Deus o havia feito "de maneira terrível e maravilhosa", mas não exatamente como Mike.

Uma das coisas que seu pai o incentivou a fazer foi começar a descobrir coisas em seu corpo pelas quais ele poderia ser grato e depois pensar em como usar essas qualidades para servir aos outros. Um dia, quando ele estava reclamando em seus pensamentos sobre como seus braços eram magros, ele decidiu se concentrar em como Deus poderia usar seus braços para tornar o dia de sua mãe melhor. Ele decidiu tirar o lixo da cozinha sem ser solicitado. Foi surpreendente ver como ele se sentiu muito melhor. Ele também foi capaz de ajudar a carregar as compras de sua avó para a casa dela e limpar a calçada de seus vizinhos idosos. O pai de Connor disse a ele que os vizinhos contaram que se sentiam muito valorizados por serem cuidados.

Conforto duradouro

Embora mensagens influenciando as crianças a se compararem aos outros nos cerquem em nossa cultura, a devoção e a bondade de Deus para com seus filhos estão disponíveis gratuitamente para todos, sem distinção. As crianças que estão sofrendo encontrarão conforto duradouro em um relacionamento com Deus por meio da morte, sepultamento e ressurreição de Jesus Cristo. Embora a luta para viver em um mundo que dá tanta ênfase à beleza e à força exteriores não desapareça, suas mensagens prejudiciais podem ser mais bem discernidas e combatidas no contexto de um relacionamento genuíno com Deus, que nunca vacila em seus cuidados. Mensagens concorrentes do mundo sobre a autoestima podem ser processadas por meio do amor incomparável de Deus e de seu cuidado e afeto.

12

Falando com crianças sobre sexo

Kevin Carson

A história de Ben

Ben era um menino de 13 anos que havia passado por grandes mudanças nos dois anos anteriores. Fisicamente, ele havia crescido cerca de 15 centímetros, e sua voz estava ficando cada vez mais grave. Mas essa não foi a maior mudança que ocorreu em sua vida. Um ano antes, Kyle, o pai de Ben, se afastou de sua família e parou de desempenhar seu papel na vida cotidiana de Ben. Como seu pastor por muitos anos, observei cuidadosamente a resposta de Ben ao longo do divórcio. Ele parecia permanecer aberto à conversa, sensível à mãe e comprometido em honrar a Deus em sua forma de viver.

Recentemente, enquanto juntava a roupa suja no quarto de Ben, Shelly notou Ben deitado em sua cama assistindo a um vídeo em seu celular. Pareceu-lhe estranho que ele estivesse debaixo das cobertas no meio do dia e se sentisse muito desconfortável com a chegada dela ao quarto. Uma sensação de mal-estar cresceu quando ela saiu da sala para pegar um pouco de roupa adicional e voltou para vê-lo ainda deitado ali.

Shelly guardou a roupa em silêncio, sentou-se ao lado da cama de Ben e se preparou para uma conversa estranha.

— Ben, não é comum você estar na cama no meio do dia. Você está se sentindo bem?

— Sim, mãe — Ben murmurou, virando o rosto para longe dela.

Shelly continuou:

— O que você está assistindo?

Ben lutou embaraçosamente com as palavras. Ele admitiu timidamente:

— Bem, estou vendo algumas fotos de meninas.

Sinais de alarme e uma enxurrada de perguntas correram por sua cabeça enquanto ela procurava encontrar a maneira certa de responder-lhe. Ela respirou fundo.

— Garotas? O que elas estão fazendo? Do que você está falando?

— Só garotas, mãe — Ben respondeu baixinho.

Shelly ficou bastante desconfiada de que, além de assistir a coisas inapropriadas, ele também estivesse se masturbando. Tal pensamento a fez sentir calafrios e falta de ar. Esse era um dia que ela temia. Depois de alguns segundos que pareceram minutos, Shelly se atrapalhou com suas próximas palavras.

— O que você está fazendo embaixo das cobertas? Por que você não se senta aqui ao meu lado para que possamos conversar?

— Prefiro que não, mãe — disse Ben, com o rosto cada vez mais vermelho e os olhos começando a lacrimejar.

A reação de Ben não surpreendeu Shelly. De seus três filhos, Ben sempre pareceu o mais carinhoso. À medida que crescia, sempre que era corrigido, ficava envergonhado e chorava.

Ela pressionou um pouco mais.

— Ben, o que você estava assistindo?

— Vídeos, mãe — respondeu Ben.

— Vídeos? — Shelly repetiu com a voz um tanto tensa. — O que exatamente você estava assistindo sobre as garotas?

O silêncio momentâneo pesou muito até que ele respondeu suavemente.

— Mãe, prefiro não mostrar a você. Eram apenas garotas.

Ela esperou até que Ben lentamente mostrasse a ela um relance da tela. Era uma garota nua.

— Ben, quando você começou a olhar para isso? Onde você achou isso?

— Quando eu estava na casa de Zach — Ben respondeu.

— Na casa de Zach? Quando? O que você estava fazendo? Onde estavam os pais dele?

Nesse ponto, as lágrimas de Ben começaram a escorrer por seu rosto. Shelly estendeu a mão, abraçou-o e encorajou-o a contar a história a ela.

Ben explicou que ele e Zach estavam no telefone de Zach assistindo a alguns clipes dos bastidores de Star Wars no YouTube quando uma foto de uma garota bonita apareceu em um comercial de jogos no meio do clipe. Zach clicou nele.

O link os levou a um comercial de videogame com outros anúncios associados a imagens na página. A maioria dos links de anúncios eram animações, mas um deles era de uma garota real. Em poucos momentos e alguns cliques curiosos, os meninos acidentalmente tropeçaram em um site pornográfico. Zach e Ben ficaram espantados, mas acabaram não saindo do site.

Shelly perguntou:

— Ben, por que você continuou assistindo? Isso é pornografia. — Ela disse a ele que poderiam falar mais sobre isso em breve e pediu que ele lhe desse o celular.

O coração de Shelly se partiu por seu filho. Ela começou a perceber que a inocência de seu filho fora roubada por um anúncio do YouTube, na casa de um amigo. Ela também sentiu raiva do produtor da pornografia, dos pais de Zach por não filtrarem sua internet no telefone e de si mesma.

Shelly planejou falar com seus meninos quando tivesse certeza de que cada deles estaria pronto. No entanto, como Ben tinha dois irmãos mais novos, ela julgou que Ben não fosse tão desenvolvido quanto as crianças de mesma idade. Além disso, Shelly pensou que sua casa estivesse "protegida" de conteúdos inapropriados. Ela temeu que Ben pudesse ver algo impróprio em algum lugar, mas esperava que ele simplesmente se afastasse rapidamente se isso realmente acontecesse. Shelly também sabia que, com todas as dificuldades recentes em sua casa, havia adiado a conversa por pura conveniência.

Falando com uma mistura de desespero, excitação, raiva e preocupação, Shelly pediu minha ajuda. "O que eu deveria fazer? Como vou lidar com ele? Você poderia, por favor, dedicar alguns minutos como um homem piedoso para conversar com ele?".

Princípios bíblicos para orientar conversas sobre sexo com crianças

Ben nos oferece um ótimo estudo de caso para considerarmos como conselheiros ajudam crianças e pais a navegar por essas águas desconhecidas — conversas que se relacionam tanto com sexo em geral quanto com masturbação e pornografia em particular. O cenário mais ideal nesse tipo de situação de aconselhamento seria preparar os pais para ter essas conversas com seus próprios filhos, uma vez que os pais devem ser as figuras principais na vida de uma criança, estabelecendo a base para a compreensão do desígnio de Deus para o sexo. Existem muitas situações, como a de Ben, no entanto, em que um dos pais está ausente da foto ou não tem um relacionamento forte com seu filho, e você, como conselheiro, pode ser chamado para ocupar o lugar dele para essa criança e ajudá-la a lidar com essas questões significativas.

Cada conversa que você tiver com uma criança ou adolescente será diferente, pois cada jovem terá seu próprio temperamento, conhecimento prévio e relacionamento com o Senhor. Lembre-se de que, em todos os cenários, uma discussão bíblica sobre sexo, definida no contexto de uma compreensão aprofundada de Deus e seu desígnio, provavelmente ocorrerá ao longo de uma série de conversas, não apenas uma.

Podemos ver como os olhos de Ben foram abertos para uma caixa de Pandora cheia de novas ideias, pensamentos e emoções relacionadas ao sexo. O desafio é como conduzir o coração dele para os prazeres sexuais futuros encontrados dentro do contexto do plano de Deus e do tempo de Deus e como ajudá-lo a obter uma visão para a glória de Deus com seus pensamentos e ações. Isso é particularmente difícil de fazer quando o mundo ao seu redor oferece promessas de prazer e excitação imediata.

Sim, ao escolher assistir à pornografia, entregando-se à masturbação e permitindo que seu coração seja levado pela luxúria, Ben falha em honrar a Deus. No entanto, como conselheiros, devemos entender que Ben também sofre. Ele é um menino que enfrenta não só as pressões do início da adolescência, mas também a intensa dor do abandono do pai. Isso deve ser levado em consideração ao procurarmos encorajar nele um coração que honre ao Senhor. Enquanto ele luta com essas coisas, a cultura oferece conteúdo de fácil acesso, seu corpo atinge a maturidade sexual plena e a estimulação física, visual e mental trazem grande prazer para seu coração dolorido.

A primeira vez que Ben e eu nos encontramos, pedi que ele me contasse sua história. Ele explicou como não havia prestado atenção nas garotas antes de ele e seu amigo depararem com a pornografia. Depois disso, no entanto, ele continuou a assistir a vídeos pornográficos regularmente e a conversar com seus amigos sobre o que eles assistiam; muitas vezes ele lutou contra a fantasia sexual e a masturbação. Usei minha planilha intitulada "Quadro geral" para ajudar Ben a começar a contextualizar essa luta espiritual, emocional e fisicamente. Essa planilha ajuda a definir o cenário para interpretar as circunstâncias e oportunidades à luz de cinco questões fundamentais sobre o propósito da vida.

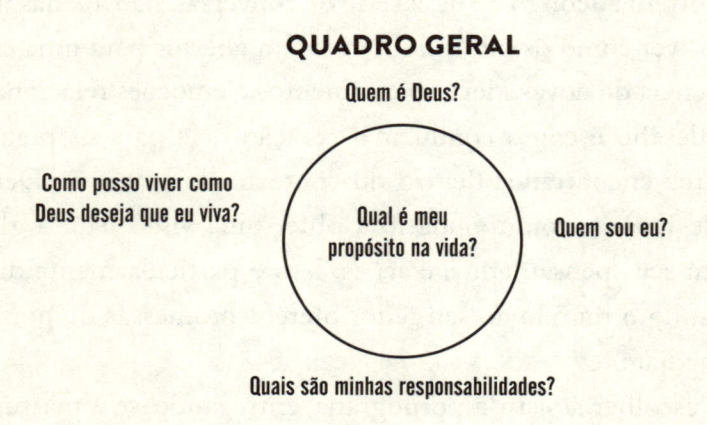

QUADRO GERAL

Quem é Deus?

Como posso viver como Deus deseja que eu viva?

Qual é meu propósito na vida?

Quem sou eu?

Quais são minhas responsabilidades?

Ao pensar sobre onde você quer começar a envolver Ben, você pode ficar tentado a se concentrar primeiro no problema e conversar com Ben imediatamente sobre pornografia e masturbação. Ben realmente precisa conhecer primeiro o contexto mais amplo em torno de qualquer conversa sobre pecado, sofrimento e luta. Ben precisa entender quem ele é, quem é Deus e por que Deus o criou. Sem essa base, o conselho que você dá ao abordar o sexo e a pornografia provavelmente não será tão eficaz quanto você espera.

Qual é o meu propósito na vida?

Depois de ouvir a história de Ben, comecei orientando-o em uma discussão sobre o propósito de sua vida. Talvez Ben nunca tenha parado para pensar profundamente sobre isso. Conversei com ele sobre todos os prazeres e boas dádivas que Deus nos dá a cada dia.

— Ben, você falou sobre como as pessoas nos vídeos pareciam estar se divertindo muito, e sobre como é bom se masturbar e pensar sobre sexo. Acho que você encontrou algo importante a considerar. Vamos fazer uma lista juntos de todas as coisas na vida que você acha prazerosas.

Ben e eu nos divertimos enquanto fazíamos uma longa lista de algumas de nossas coisas favoritas, incluindo tomar sorvete, jogar futebol e assistir a filmes com amigos.

Perguntei a Ben:

— Você sabe de onde vêm todos esses bons presentes?

Ben facilmente identificou Deus como o doador desses passatempos favoritos. Rimos juntos enquanto falávamos sobre Deus ser *o melhor Deus de todos os tempos*, o que me permitiu discutir os melhores dons de Cristo, salvação, santificação e serviço em favor dos outros. Foi nesse ponto que apresentei 2Coríntios 5:14-15 ao lado do versículo 9, onde Paulo diz que tem como objetivo viver uma vida centrada em Cristo e que honre a Cristo.

A melhor motivação para Ben aprender a viver primeiro para Jesus é o amor que Cristo tem por ele. Paulo escreveu: "Porque somos dominados pelo amor que Cristo tem por nós, pois reconhecemos que um homem, Jesus Cristo, morreu por todos, o que quer dizer que todos tomam parte na sua morte. Ele morreu por todos para que os que vivem não vivam mais para si mesmos, mas vivam para aquele que morreu e foi ressuscitado para a salvação deles" (2Coríntios 5:14-15, NTLH).

Como cada um de nós, Ben foi colocado nesta terra para glorificar a Deus. É o amor transformador de Jesus que motivará Ben a seguir um estilo de vida que visa honrar e engrandecer ao Senhor. Uma compreensão da graça que Deus oferece a ele por meio de Jesus o capacitará a ver sua vida como uma vida de ação de graças, não vivendo sob uma lista de regras, mas vivendo como um filho amado resgatado. Essencialmente, quero ajudar Ben a começar a compreender que Deus é tão bom, amoroso e generoso que é uma alegria desejar tornar-se mais semelhante a Cristo e honrá-lo com cada parte de nossa vida.

Quem é Deus?

Durante minha segunda reunião com Ben, nos concentramos nas próximas duas partes do quadro geral. Começamos com a segunda pergunta, "Quem é Deus?".

Ben e eu já havíamos identificado Deus como o doador de boas dádivas. O próximo passo foi identificar Deus como Criador, Senhor e Salvador. Gênesis 1—3 ajudou a formar a base de nossa conversa.

Criador. Expliquei a Ben que, como nosso Criador, Deus nos projetou de maneira complexa. Ele sabe melhor do que ninguém o que é melhor para nós.

Senhor. Porque Deus é Deus, Ele estabelece o padrão para o que é certo, errado, bom, mau, sábio, insensato, apropriado e impróprio. Ele governa o universo. No final do dia, Deus é aquele cuja opinião é a mais importante.

Salvador. Ben e eu olhamos juntos para Gênesis 3 para explorar a necessidade de Deus como Salvador. Ben relembrou a história de Adão e Eva no jardim do Éden. Discutimos a queda de Adão e de toda a humanidade depois dele. Enfatizei o fato de que Adão e Eva (e todos nós) não poderiam se salvar da justa punição do pecado; mas Deus veio procurá-los com amor e graça. Deus foi até eles para redimi-los, e também fez isso por Ben ao enviar Jesus para morrer na cruz.

Após esse diálogo, pedi a Ben que me ajudasse a responder à pergunta: "Quem é Deus?". Ele explicou que Deus é o Criador, Senhor e Salvador. Essa compreensão fundamental ajudaria a definir os parâmetros de como discutiríamos sexo. Deus é o Criador, Senhor e Salvador em relação ao sexo também. A voz e os valores do mundo não são a autoridade nesse assunto — Deus é.

Quem sou eu?

Passamos para a terceira pergunta do quadro geral. A pergunta "Quem sou eu?" ajuda Ben a ver quem é ele diante de quem é Deus. Ben é um ser criado, feito à imagem de Deus, muito amado e está em Cristo.

Um ser criado. Eu disse a Ben:

— Essa pode parecer uma pergunta sem muito valor, mas, se Deus é o Criador e Ele criou você, isso não o torna parte da criação?

Ben concordou. Passei a explicar a ele como, embora isso seja verdade, muitas vezes agimos como se fôssemos o Criador e pensamos que temos a palavra final em nossa vida. Nossa natureza pecaminosa deseja que sejamos nossa autoridade suprema, mas isso não muda a realidade. A verdade é que somos chamados a ser submissos a Deus.

Porta à la imagem de Deus. Continuei explicando que Deus nos criou à sua imagem (Gênesis 1:26-28; Isaías 43:7). Isso foi crucial para moldar a forma como Ben via a si mesmo e aos outros. Usei o exemplo de uma copiadora. Enfatizei a ideia de que uma cópia é uma imagem ou semelhança do original. Continuei:

— Ben, você foi feito à imagem ou semelhança de Deus. Ele fez com que você fosse como o próprio Deus e funcionasse como Ele. Como imagem de Deus, você é uma pessoa especial com valor pessoal.

Enquanto Ben ouvia, perguntei:

— Se você é valioso porque foi feito à imagem de Deus, o que você acha que também é verdade sobre as outras pessoas ao seu redor? Qual é o valor delas?

Ben me disse que elas também são valiosas porque também foram feitas à imagem de Deus. Eu concordei, e discutimos como, devido a essa verdade, a forma como tratamos os outros é importante. Devemos valorizar, respeitar e apoiar a imagem de Deus nos outros. Portanto, qualquer comportamento que minimiza o significado da imagem de Deus em outra pessoa é pecaminoso.

Em seguida, fiz minha primeira referência à pornografia e expliquei como ela era uma violação desse princípio. Falamos sobre o fato de que a pornografia despreza e desrespeita a imagem de Deus nos outros e os torna objeto de nossa luxúria, em vez de tratá-los com o respeito, a dignidade e o amor que merecem.

Alguém que é amado e está em Cristo. Voltamos ao amor de Deus porque eu queria continuar a enfatizar isso como a motivação para toda a nossa obediência. Eu o encorajei:

— Ben, lembra o quão profundamente você é amado? Deus demonstrou seu último ato de amor por você ao enviar Jesus à cruz em seu lugar. Como filho de Deus, você foi renovado e recebeu o Espírito dele para que você pudesse viver de acordo com a identidade que recebeu de Cristo (Efésios 4:1; Tiago 1:13-18; 2Pedro 1:3-11).

Expliquei isso mais adiante para Ben.

— Lembra como Deus dá os melhores presentes? Um de seus presentes para nós é o incrível prazer do sexo, mas é um presente que só deve ser aberto no tempo certo e de acordo com o plano de Deus. Ele faz isso porque, em sua bondade amorosa, deseja que você aproveite esse presente da maneira certa e no momento certo, a fim de proteger e abençoar você e sua futura esposa. Quando vierem pensamentos sobre sexo, quero que se lembre do quanto Deus ama você, está ao seu lado e convida você para se render ao senhorio dele, confiando que os caminhos dele são os melhores.

Quais são minhas responsabilidades?

As três primeiras perguntas do quadro geral estabeleceram uma base sólida para o restante de meus compromissos com Ben. As duas perguntas a seguir fornecem orientação para a vida cotidiana dele.

Ben e eu começamos a examinar alguns dos passos práticos que ele poderia seguir para ter sucesso em sua luta contra a pornografia e a masturbação. Conversamos com a mãe dele sobre restabelecer as salvaguardas de acesso à internet, estabelecer a responsabilidade em casa (por exemplo, uso do computador com permissão apenas em espaços abertos da casa e para fins específicos) e começamos a meditar sobre algumas passagens importantes das Escrituras de nosso primeiro encontro. A planilha simples permitiu a Ben ver uma estrutura para o nosso tempo juntos.

Ame o Senhor seu Deus e o seu próximo. Ben e eu discutimos como o primeiro e o segundo grandes mandamentos fornecem a melhor orientação sobre como viver para a glória de Deus (Mateus 22:37-40). Visto que Deus tem sido tão gracioso conosco, que alegria maior há do que amar Deus e o nosso próximo? O coração do pecador clama para que amemos só a nós mesmos, mas, em contraste, nossa nova vida em Cristo nos convida a amar Deus acima de tudo e os outros (nosso próximo) com sinceridade. Jesus resume tudo na Bíblia com uma declaração simples: "Ame o Senhor seu Deus com todo o seu coração, com toda a alma e com toda a mente". Isso é o que Deus mais deseja.

Além disso, amar o próximo significa que você deseja o que é melhor para os outros e os serve sacrificialmente por amor a Deus. Nesse ponto, mostrei a Ben conexões relacionadas a sexo e luxúria. Amar Deus sobre todas as coisas e o próximo com sinceridade significa buscar honrar o Senhor e os outros acima de si mesmo. Usei uma série de perguntas para ajudá-lo a refletir sobre como isso poderia se relacionar aos seus desejos sexuais. Ver pornografia demonstra que você ama Deus acima de tudo e o próximo com sinceridade? A prática da masturbação se encaixa nos dois grandes mandamentos? Se devemos amar mais a Deus e o próximo, que lugar isso deixa para o seu amor e desejo de prazer sexual?

Faça sexo tendo em mente a glória de Deus. Expliquei a Ben:

— O desígnio de Deus para o sexo inclui muito prazer e é uma maneira de você servir ao seu futuro cônjuge no tempo de Deus. O problema que você tem não é um problema de sexo. A luta é querer desfrutar dos prazeres do sexo no seu tempo e não no tempo de Deus. Em vez disso, você precisa valorizar e aguardar o tempo reservado exclusivamente para você e sua futura esposa para desfrutar dos prazeres e das alegrias do sexo de acordo com o plano de Deus.

Falamos sobre como Deus graciosamente oferece o dom do sexo não apenas para ter filhos, mas como uma maneira prazerosa de servir ao cônjuge e comunicar amor e compromisso um com o outro para a glória de Deus (Provérbios 5:18-19; 1Coríntios 6:19—7:5).

Como faço para viver da maneira que Deus deseja?

A pergunta final do quadro geral fornece a Ben um caminho a seguir. Por que deixar essa pergunta para o fim? Uma criança precisa entender e compreender o contexto antes de obter uma lista do que fazer e do que não fazer. Agora que ele entende melhor as coisas pelas quais é responsável (com relação à sexualidade segundo a Bíblia), vamos nos concentrar em suas decisões diárias.

Ande no Espírito. Gálatas 5:16-26 fornece ajuda para a vida diária de Ben. Expliquei a ele:

— Ben, você está em uma batalha. Você pode não saber disso, mas o desejo de ceder à luxúria luta contra o desejo de amar a Deus acima de todas as coisas, de amar os outros e de praticar o autocontrole.

Vimos essa passagem juntos e conversamos sobre as maneiras pelas quais Ben poderia ser incentivado a andar no Espírito, ou seja, reconhecer a presença e o poder do Espírito enquanto ele vive cada dia. Discutimos como a leitura da Bíblia, a oração, a responsabilidade com os amigos cristãos, o registro diário e a revisão de sua identidade em Cristo a cada dia fortalecerão muito a caminhada dele com Cristo e encorajarão o crescimento do fruto do amor, da fidelidade e do autocontrole na vida dele. Também o lembrei da importância e bênção de fazer todos os esforços para honrar o Senhor (2Pedro 1:3-11).

Espere em expectativa como um ato de amor para com Cristo e os outros. Tendo 1Tessalonicenses 4:1-8 como pano de fundo, discutimos como viver para a glória de Deus em relação ao sexo na vida diária. Tudo se resume à primeira pergunta do quadro sobre o propósito da vida. O apóstolo Paulo enfatiza como os seguidores de Cristo devem viver para Deus e agradá-lo. Ele enfatiza que esta é a vontade de Deus — ter autocontrole em relação aos desejos e ao comportamento sexual. Isso demonstra amor e respeito pelo próximo também.

— Ben, como alguém chamado para ser santo, você deve viver em pureza no que diz respeito a todos os seus desejos, impulsos e ações sexuais. Na verdade, quando você não o faz, você não só desaponta sua mãe e seu pastor como sua autoridade humana, você rejeita a autoridade de Deus. Deus deu a você um corpo que está em mudança e naturalmente deseja prazeres sexuais. Mas a forma como você responde a essas mudanças, o que você deseja, como você vê as garotas e como você as trata são muito importantes. Deus cuida de você e o ama assim como cuida e ama todas as garotas de sua vida.

Revisamos a importância de suas próprias escolhas de sabedoria pessoal a fim de colocá-lo em uma posição forte para dizer não à sua carne e sim ao Espírito. Pedi a ele que começasse a fazer uma lista das principais escolhas futuras sobre o uso da internet, os vídeos assistidos no YouTube com amigos, as conversas com outros colegas e sobre o que fazer quando sentir vontade de se masturbar. Planejamos revisar a lista durante nossa próxima sessão e discutir a maneira como um relacionamento está de acordo com o plano de Deus.

Uma palavra aos pais

Os filhos precisam de conversas honestas e proveitosas com os pais sobre a sexualidade. Como Shelly, muitos pais tendem a tropeçar nessas conversas, sentindo-se desconfortáveis e mal preparados. A realidade, no entanto, é que nunca foi tão importante que os pais cristãos sejam a primeira e melhor fonte de informação sobre o bom projeto de Deus para o sexo, em razão do fácil acesso à pornografia, das mudanças de visão cultural sobre casamento e sexo e da tendência de diminuir o tempo em conjunto da família.

Muitas vezes, quando os pais descobrem pela primeira vez evidências da luta de uma criança com questões relacionadas a sexo, expressão sexual ou pornografia, eles tendem a entrar em pânico. Tenham esperança, queridos pais, porque Deus lhes dá graça e força quando vocês procuram fazer seu papel de pais para a glória dele, e Ele usa mesmo os esforços imperfeitos que vocês fazem para o bem de seus filhos. Com a graça de Deus, os pais podem demonstrar a seus filhos que esse não é um assunto proibido e que eles são um lugar seguro para buscar conselhos.

Comece a conversa cedo

Como Shelly, muitos pais esperam demais para começar a falar com os filhos sobre sexo. Quando um pai espera até que o filho se envolva em um comportamento problemático para discutir essas questões-chave, ele deixa de treinar, pastorear e discipular proativamente o filho (Provérbios 22:6; Efésios 6:4). Portanto, comece cedo. Comece a discutir a sexualidade segundo o ponto de vista bíblico conforme as situações vão surgindo na vida, por exemplo, quando seu filho faz perguntas inocentes na hora do banho, quando faz uma careta quando mamãe e papai se beijam ou quando vê referências sexuais aparecendo na mídia. Uma conversa simples deve começar na idade do jardim de infância.

Nas conversas iniciais, os pais devem explicar a anatomia básica e o papel geral do sistema reprodutor. É importante usar a terminologia adequada para que a criança entenda os nomes reais das partes do corpo e saiba que não há nada de vergonhoso no corpo. No início do ensino fundamental, enfatize que o desígnio de Deus é bom e que Ele planejou uma maneira especial de marido e mulher expressarem amor um ao outro e desfrutarem o prazer juntos. Conforme a criança cresce, inclua mais detalhes como os deste capítulo com Ben.

As crianças apreciarão e responderão positivamente à honestidade e franqueza. Se seu filho fizer perguntas, responda honestamente. O vestiário, as redes sociais e as pesquisas do Google não devem ensinar seus filhos. Os pais têm a responsabilidade de ensinar, treinar e discipular (Deuteronômio 6:6-9). Ao ensinar, procurem falar de maneira apropriada à idade, com clareza e sem confusão eufemística.

Estabeleça limites

Como pais que procuram servir bem a seus filhos, configure sua casa e os aparelhos eletrônicos para limitar o acesso de seus filhos a imagens inadequadas. Como já vimos, é impossível proteger seu filho de tudo; ainda assim, filtros de internet, softwares de controle e regras domésticas claras definirão o padrão para o uso responsável da mídia.

Ao criar seu filho, o objetivo principal *não* é mantê-lo totalmente protegido do mundo. Fazer tudo o que puder para protegê-los de conteúdo impróprio, no entanto, ajudará a habilitar seu filho na piedade ao conduzi-lo a um profundo amor pelo Senhor.

Especificamente no que diz respeito a celulares, ajude a criança a entender que um telefone celular tem usos específicos que são úteis para a vida diária. Fazer uma chamada, tirar uma foto, procurar rotas e gerenciar calendários pode ser feito convenientemente a partir de um telefone. Os pais devem estar particularmente atentos em relação ao surgimento de hábitos imprudentes ao telefone, como estar o tempo todo nas redes sociais, jogar jogos viciantes e outras atividades que desperdiçam tempo. Isso pode minar as mensagens que você está tentando ensinar a seus filhos.

Observe sua reação

Um dos principais objetivos da conversa com seus filhos é ter *outra* conversa. A resposta comedida de um pai às perguntas de um filho ou a um cenário preocupante abre a porta para um maior envolvimento, investigação, descoberta, inclusão, instrução e esperança. Prestar atenção às principais habilidades nessa conversa normalmente resulta em conversas melhores e mais frutíferas.

- *Esteja seguro de que pode manter a calma.* Quando Shelly observou o comportamento suspeito de Ben, ela escolheu permanecer calma e agir do modo mais normal possível. Enquanto Shelly ouvia sobre a casa do amigo e o YouTube, ela calmamente fez mais perguntas, mantendo o tom o mais comedido possível.
- *Procure ouvir com atenção e da melhor maneira possível.* Ouça os fatos. Certifique-se de não presumir os motivos de seu filho ou conjeturar que ele está mentindo. Ao fazer perguntas, divida seu tempo entre as questões relacionadas aos resultados (o que foi dito, sentido e feito) e as questões básicas (o que se acredita, se deseja, se anseia e se ama). Ao ouvir a resposta de seu filho, pergunte a si mesmo: *Que parte da história está faltando? Que vocabulário eu não entendo?*
- *Procure interpretar o que você ouve.* Ao ouvir as respostas de seu filho às suas perguntas, procure discernir o coração dele. O coração do seu filho é rebelde, curioso ou está sofrendo (1Tessalonicenses 5:14)? No caso de Ben, ele acidentalmente viu pornografia, o que o faz potencialmente sofrer por algum tempo enquanto luta para conectar o que viu com seu próprio desenvolvimento físico e com aquilo que honra a Deus.
- *Ofereça ao seu filho uma porta aberta para novas conversas, perguntas e observações.* Todas as pessoas funcionam melhor, falam mais e se abrem mais honestamente em um ambiente seguro. Se seu filho acredita que responder às suas perguntas, fazer suas próprias

perguntas ou confessar pecados específicos será recebido com repreensão exagerada, respostas superficiais, motivos presumidos, sarcasmo ou ridicularização, a oportunidade para conversas significativas será mínima.

Equilibre santidade, disciplina, misericórdia e graça

A confluência de várias pressões fisiológicas, mentais, espirituais, relacionais e culturais fornecem muitas oportunidades para crianças e adolescentes lutarem entre o desejo de honrar a Deus e o desejo de se adaptar à cultura e buscar os desejos sensuais.

Não se surpreenda com o fato de seu filho pecar. Pecados de masturbação, pornografia, curiosidade pelo mesmo sexo e sexo heterossexual são áreas comuns de tentação quando a puberdade chega. Se seu filho começar a pecar em uma dessas áreas, lembre-se de que todos os pecados sexuais fluem de um coração descontente que anseia por prazer para si mesmo em vez de priorizar o amor a Deus e aos outros (Tiago 1:13-18).

Entenda que seu filho, assim como você, sofre e peca. Ao envolver seus filhos, portanto, faça-o com compreensão e graça. Mostre a eles a importância e a alegria de honrar o Senhor mesmo no sofrimento. Onde eles lutam contra o pecado, ajude-os conforme necessário. Certos privilégios talvez precisem ser limitados e outras salvaguardas praticadas a fim de promover um ambiente melhor e mais seguro, mais produtivo para o crescimento e a piedade. Ao longo da jornada, reconheça que seu filho necessita da mesma misericórdia e graça de que você tanto precisa.

Ao preparar seu próprio coração para essas interações, ore sinceramente para que Deus trabalhe no coração do seu filho, para que Deus o ajude a ver seu próprio coração também e para que Deus conceda a todos vocês a consciência de sua graça ao longo da jornada. Veja incidências e interações individuais como parte de uma conversa mais ampla. Embora às vezes você não veja o progresso, confie em Deus, pois Ele usará suas conversas de maneira benéfica na vida de seu filho. Por mais que você ame seu filho e deseje o melhor para ele, Deus o ama infinitamente e trabalha ao seu lado enquanto você se esforça para ser um pai ou uma mãe fiel.

13

Falando sobre identidade sexual

Tim Geiger, Harvest USA

Alex

Agora com 15 anos, Alex é o quarto de cinco filhos. Ele sente que nunca se encaixou — seja em sua família, seja em seu papel como homem. Alex é o caçula de quatro meninos e tem uma irmã mais nova. Cada um dos irmãos de Alex parece ser a síntese da masculinidade: grande, corpulento, atlético, confiante e popular com garotas e rapazes. Alex sente que seus pais não estão muito interessados nele — eles parecem mais comprometidos com seus irmãos e a irmã.

Alex nunca se sentiu incluído por seus irmãos em suas brincadeiras ou amizades. Por ser quatro anos mais novo do que seu irmão mais velho, ele se sentia o eterno "bebê" entre os meninos mais velhos. Quando a irmã de Alex nasceu, apenas dois anos depois dele, ele percebeu como todos a bajulavam e a celebravam.

Quando Alex percebeu a diferença de atenção entre sua irmã e ele, por volta dos 4 anos de idade seu comportamento começou a mudar — ele passou a assumir papéis femininos nas brincadeiras, começou a se comportar de maneira mais tipicamente feminina e preferia brinquedos e cores culturalmente femininos. Seus pais tentaram desencorajar as preferências culturais divergentes de Alex, e às vezes ele se isolava em seu quarto — ou mesmo apenas em sua mente — como se o quarto fosse uma espécie de santuário. Mas a atenção recebida, embora fosse negativa, ainda era atenção. À medida que crescia, Alex começou a se ver como uma mulher e começou a experimentar secretamente algumas roupas e maquiagens de sua mãe.

Quando começou o ensino médio no ano passado, Alex encontrou um novo grupo de amigos que parecia aceitá-lo mais do que seus pais e irmãos. Ele se revelou para eles no ano passado como transgênero e, algumas semanas depois, arriscou-se a usar batom publicamente na escola. Desde então, Alex assumiu riscos cada vez maiores — adicionando ruge, rímel e uma fita para amarrar o cabelo na altura dos ombros em um rabo de cavalo. Ele pediu a seus amigos que o chamassem de "Alexis".

Até esse ponto, ele apenas se expressava como mulher na escola, não em casa. Alex não decidiu quando vai assumir sua identidade para a família, mas tem certeza de que quer dizer a eles que é trans e que deseja fazer a transição para uma mulher. Ele está esperando o momento certo para contar à sua família, mas está morrendo de medo do que eles dirão.

Devin

Devin é uma menina de 12 anos inteligente, criativa e perspicaz, com uma história difícil. Ela tem uma história de abandono relacional e emocional. Seu coração foi ferido muitas vezes durante sua jovem vida. E ela é lésbica.

O pai de Devin nunca quis fazer parte de sua vida, e a mãe era viciada em opioides quando deu à luz. O vício e o estilo de vida caótico faziam com que a mão de Devin sempre estivesse física e emocionalmente indisponível para a filha. Então, quando Devin tinha 6 anos, sua mãe morreu de overdose.

Após a morte da mãe, Devin foi viver com os avós maternos. Embora a amassem, eles também lutavam para demonstrar esse amor — e não raro falhavam. Os avós de Devin se ressentiram das escolhas erradas de sua filha e se afastaram dela anos antes. Eles ficaram chocados ao saber da existência de Devin após a morte da filha. Além disso, não esperavam mudar seu estilo de vida de ninho vazio para acomodar uma neta.

Tendo falhado em se relacionar com sua mãe, Devin então lutou para se relacionar com seus avós. Como uma garota socialmente desajeitada, ela também teve dificuldades em se conectar com colegas na escola e na igreja.

Anos de aconselhamento não ajudaram muito Devin. Embora ela tenha adquirido alguma percepção de si mesma e aprendido algumas habilidades sociais, ela sempre se sentiu diferente — de alguma forma desconectada — dos outros, principalmente de outras garotas de sua idade. Ela agora tinha alguns amigos, mas se sentia *diferente*.

Alguns meses atrás, numa festa do pijama na casa de uma amiga, ela conheceu uma garota nova na escola. Chloe teve um interesse particular por Devin e passou quase a noite inteira conversando com ela. Ela também conversou com as outras garotas. Quando as luzes finalmente se apagaram, Chloe se certificou de que seu saco de dormir estava ao lado do de Devin. Chloe começou a dar um beijo de boa noite em Devin — mas nos lábios. Por uma hora, as duas meninas estiveram fisicamente comprometidas uma com a outra. A autoconfiança e o interesse de Chloe por Devin eram inebriantes. Devin se sentia *diferente* com ela. E era um tipo bom de *diferença*.

A afirmação parecia uma nova vida para Devin. No dia seguinte, elas se encontraram novamente. Logo elas se tornaram namoradas abertamente. Finalmente, Devin tinha alguém que a amava e a fazia se sentir especial. Chloe preencheu todos os déficits de amor que existiram em toda a sua vida.

Vivendo em um mundo decaído

Alex e Devin viveram sentindo-se isolados e sozinhos durante a maior parte de seus dias na terra. Alex se sentiu um estranho em sua família, e Devin também sofreu por se sentir mal-amada, indesejada e abandonada. Excluídos. Um raio de esperança surgiu na vida deles quando foram aceitos por outras pessoas.

Como conselheiro bíblico, você sabe que a aceitação, os bons sentimentos e a satisfação que esses relacionamentos estão gerando atualmente não duram para a eternidade porque não funcionam de acordo com o desígnio de Deus para os relacionamentos. Você também sabe que a vida se torna mais difícil quando tentamos agir de uma maneira que Deus não nos projetou para ser.

Isso é uma parte do que Alex e Devin estão enfrentando. Cada um deles está fazendo mau uso de algo bom dado a eles por Deus (ou seja, sexo e gênero). Vamos parar por um momento e considerar brevemente o desígnio de Deus para sexo e gênero. Esses tópicos são desenvolvidos significativamente nas Escrituras e, dado o escopo e a extensão deste capítulo, mal podemos atingir as superfícies deles aqui.

Conhecendo o projeto de Deus

Sexo. Deus nos diz em sua Palavra que o sexo é um dom reservado apenas aos cônjuges, a fim de que se tornem uma só carne (Gênesis

2:24; 1Coríntios 6:16). Essa dádiva também é orientada para o prazer e edificação do cônjuge, em vez de só para o próprio prazer (veja 1Coríntios 7:3-5). Enquanto os cônjuges são convidados a criar um ambiente em que ambos possam sentir alegria e intimidade, a experiência do sexo deve ser prazerosa para o casal (veja Cânticos dos Cânticos 4:1—8:7). O sexo também pretende proclamar regularmente que a segurança e a beleza da aliança matrimonial declarada pelos dois cônjuges ainda está em vigor e que os laços de amor que unem os cônjuges permanecem fortes.

Gênero. A Escritura não fala explicitamente nem sobre gênero nem sobre sexo e sexualidade, mas há muito que podemos inferir do que é dito diretamente e como o gênero é tratado em toda a Escritura. O que podemos perceber imediatamente é que Deus estabeleceu apenas dois gêneros (masculino e feminino) na criação (Gênesis 1:27). Além disso, Deus, de forma soberana, desde a eternidade passada, atribuiu um gênero ou outro a cada um dos portadores de sua imagem em particular (Salmos 139:13-16; Jeremias 1:5). O gênero atribuído por Deus é imutável e eterno (Deuteronômio 22:5).

Por último, embora isso não venha das Escrituras, devemos lembrar que as definições culturais de gênero não são necessariamente categorias bíblicas. As definições de Deus sobre como homens e mulheres devem agir como seres criados com base no gênero muitas vezes são mais amplas do que as estipulações aplicadas na cultura humana.

Embora Deus tenha criado todos os aspectos de sexo e gênero para serem bons, a entrada do pecado na criação distorceu essa bondade inerente. As maneiras como entendemos sexo e gênero tornaram-se confusas. Em vez de lembrar que esses bons presentes são apenas aspectos de relacionamentos humanos piedosos projetados para nos ajudar a florescer como criaturas e desfrutar a presença de Deus (Gênesis

1:26-31), muitas vezes os manipulamos para servir aos nossos próprios desejos em uma tentativa fútil de redefinir nossa própria identidade.

Reconhecendo com empatia o quebrantamento por meio da relação de aconselhamento

Deus projetou Alex e Devin à sua imagem. Nosso Deus triúno, que vive em um relacionamento especial, não deixou dúvidas de que deseja que aqueles que foram criados à sua imagem também vivam em relacionamento. Ele declarou que não é bom que o homem fique sozinho. Ele quer que estejamos envolvidos em um relacionamento. No entanto, desde a primeira mordida do fruto proibido, os relacionamentos foram corrompidos.

Alex e Devin experimentaram um pouquinho do que é bom nos relacionamentos — afeto, companheirismo, harmonia e solidariedade. É claro que eles desejam mais disso, mas estão procurando um falso substituto para esse sentimento de pertencimento e afirmação. O Senhor deseja que nosso desejo por companhia e aceitação nos leve a Ele. Quer que provemos e vejamos que *Ele* é bom.

Salmos 34:8-10 descreve desta forma: "Provai e vede que o Senhor é bom; bem-aventurado o homem que nele confia. Temei ao Senhor, vós, os seus santos, pois não têm falta alguma aqueles que o temem. Os filhos dos leões necessitam e sofrem fome, mas aqueles que buscam ao Senhor de nada têm falta".

Que promessa doce para Alex e Devin. Na vida deles até agora têm faltado tantas coisas, mas, quando eles se voltarem para o Senhor e mostrarem a Ele sua reverência (temor), poderão sair de uma posição de necessidade para se tornarem aqueles que não carecem de coisa melhor.

Alex e Devin precisam saber que Deus — a fonte de toda boa e perfeita dádiva (Tiago 1:17) — quer ser amigo deles. Eles também precisam entender que Jesus sofreu — foi desprezado, abandonado, intimidado — e que Ele vê a dor que eles suportaram e as maneiras como procuraram resolver sua solidão e sentimento de rejeição.

A oportunidade de desvendar tudo isso com Alex e Devin geralmente só é obtida depois de construir um relacionamento com eles, depois de você refletir o amor de Deus e a preocupação com o sofrimento deles. Aconselhar crianças que se identificam como uma minoria sexual ou de gênero envolve desafios únicos. Provavelmente, o desafio mais importante para o conselheiro reconhecer de antemão é que é provável que ele só se sente no escritório de aconselhamento depois de ter sido solicitado por um dos pais ou enviado para lá por um pastor ou líder de jovens. Ao contrário das situações típicas de aconselhamento adulto, em que o aconselhando percebe que tem um problema não resolvido e pede ajuda, a maioria das crianças que apresentam identidade ou comportamento LGBTQ+ está em aconselhamento apenas porque foi *informado* por um adulto de que precisam de ajuda. Consequentemente, os conselheiros que trabalham nessas questões com menores precisarão, em espírito de oração, ganhar a confiança do aconselhado e seguir em frente com uma agenda compartilhada. Essa agenda não pode ser dirigida para mudar a orientação da criança.

Muitas crianças que apresentam identidade ou comportamento LGBTQ+ estão experimentando (ou experimentaram) algum tipo de trauma emocional ou sofrimento persistente que as levou a concluir que abraçar a identidade ou comportamento LGBTQ+ fornecerá o refúgio seguro que procuram. Talvez a confusão sexual e de gênero entre as crianças seja predominante hoje devido à internet, à ascensão e ao poder manipulador da mídia social e à tendência cultural em direção ao egoísmo e à preocupação consigo mesmo, que resulta em mais e mais crianças experimentando sofrimento, sexualização precoce e vários tipos de abuso. Em tais circunstâncias difíceis, as crianças buscarão conforto e segurança. Controlar a identidade sexual e de gênero e os comportamentos associados a esses aspectos de identidade oferece uma sensação de refúgio em um mundo turbulento e potencialmente prejudicial.

Talvez o trauma ou sofrimento de que falamos no parágrafo anterior envolva relacionamentos com colegas fracassados ou decepcionados. Talvez envolva *bullying*, assédio ou intimidação. Talvez envolva punição ou até mesmo comportamento verbal ou emocionalmente abusivo de outros adultos, incluindo os pais. Talvez envolva exposição à pornografia, toque impróprio ou até mesmo atividade sexual criminosa.

O primeiro objetivo do conselheiro deve ser estabelecer um relacionamento seguro com o aconselhado. Os conselheiros podem fazer isso perguntando os tipos de questões relacionadas à história que revelariam a fonte do trauma ou sofrimento. Em seguida, os conselheiros precisam ter empatia em relação aos jovens aconselhados, deixá-los processar essas experiências e sentimentos e trazê-los à presença do nosso Deus, o defensor dos fracos (Salmos 72:12-13), o Pai compassivo (Salmos 103:13), aquele que faz justiça aos oprimidos (Salmos 10:17-18).

Apontando para o coração

Não é apenas o ambiente ao nosso redor que precisa ser resgatado; precisamos ser redimidos do abatimento que está dentro de nós. Todos nós sofremos e todos nós nos perdemos em nosso sofrimento (Isaías 53:6). Todos nós nos voltamos para o nosso próprio caminho

— o que pensamos ser certo e o que pensamos que nos satisfará. Todos nós temos desejos dentro de nós (Tiago 4:1) que nos afastam de Deus e nos atraem para o pecado e a morte (Tiago 1:14-15). Precisamos de redenção no nível do coração, não apenas no ambiente ao nosso redor.

Ao ler as histórias de Alex e Devin, você pode ter pensado que seria relativamente simples encontrar o problema central do coração de cada jovem que luta. Afinal, a idealização de transgênero de Alex é causada por sua falta de integração adequada nos sistemas sociais de outros meninos, certo? E Devin sofreu com o relacionamento fracassado que teve com sua mãe. Ela quer se conectar com outras mulheres, certo?

Pode ser tentador pensar assim, que uma criança como Alex luta contra a identidade de gênero porque o desejo pelo pecado relacionado ao gênero está em seu coração. Ou supor que Devin luta contra a atração pelo mesmo sexo porque esse desejo particular controla seu coração.

Os conselheiros, entretanto, deveriam evitar esse tipo de pensamento bidimensional. Vivemos em três dimensões, e o comportamento externo nem sempre reflete diretamente a causa central subjacente — assim como a imagem do Mágico de Oz não se parecia muito com o homem por trás da cortina. Embora alguns desejos tenham uma correlação direta com seu comportamento de satisfação (por exemplo, sentir sede leva a pessoa a beber água), muitos deles não têm.

Um exemplo é o sentimento de solidão. Uma pessoa pode tentar satisfazer esse desejo ligando para um amigo. Mas essa não é a única maneira de lidar com a solidão. Outros também podem tentar satisfazer a solidão (ou fugir dela) engajando-se nas redes sociais, indo a um lugar público para ficar perto de outras pessoas, assistindo à televisão em excesso, jogando videogame, comendo ou bebendo excessivamente ou assistindo à pornografia. Nem todos esses comportamentos externos identificam com precisão o desejo subjacente (não estar sozinho). Mas todos são maneiras *possíveis* de uma pessoa solitária responder a esse desejo de não se sentir sozinha.

Identificando o problema central — a idolatria

A verdadeira questão contra a qual as crianças e os jovens precisam de orientação é a idolatria. Uma luta ou pecado relacionado ao sexo nunca é apenas um problema sexual. E luta ou pecado relacionado ao gênero nunca é simplesmente um problema de gênero. Este capítulo está estritamente focado em questões sexuais e relacionadas ao gênero, mas as Escrituras nos dizem que a idolatria está, na verdade, no centro de *todas* as lutas contra *todos* os tipos de pecado. Veja como Tiago descreve a idolatria e seu papel em nosso comportamento pecaminoso: "Mas cada um é tentado, quando atraído e engodado pela sua própria concupiscência. Depois, havendo a concupiscência concebido, dá à luz o pecado; e o pecado, sendo consumado, gera a morte" (1:14-15).

A "concupiscência" citada por Tiago é mais um desejo *controlador*, que se tornou importante demais ou é desproporcionalmente poderoso. Esses desejos acabam levando ao pecado, como diz Tiago, porque *queremos* tanto satisfazê-los que, quando surge a tentação prometendo alívio para a nossa ansiedade, aproveitamos a chance.

Então, que tipos de desejos estão normalmente envolvidos quando uma criança luta contra a atração pelo mesmo sexo ou identidade de gênero? O diagrama a seguir representa os desejos típicos que se tornam muito importantes e acabam aprisionando o coração e controlando o comportamento:

COMO OS DESEJOS SE TORNAM ÍDOLOS

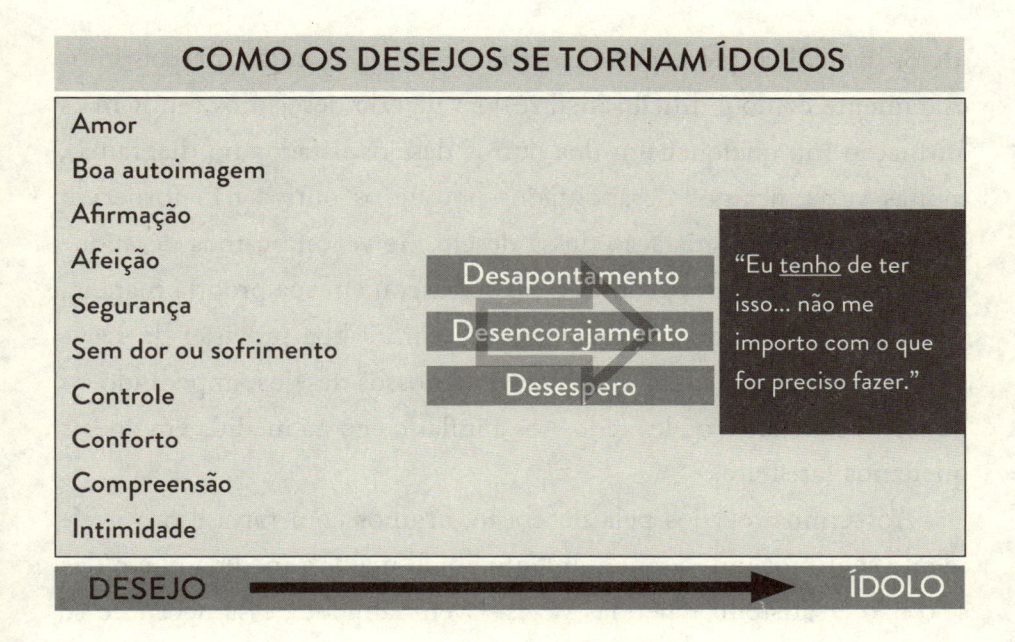

Amor
Boa autoimagem
Afirmação
Afeição
Segurança
Sem dor ou sofrimento
Controle
Conforto
Compreensão
Intimidade

Desapontamento
Desencorajamento
Desespero

"Eu tenho de ter isso... não me importo com o que for preciso fazer."

DESEJO ⟶ ÍDOLO

Os desejos que muitas vezes conquistam nosso coração e se tornam ídolos geralmente são benignos.[1] São desejos como os mencionados no diagrama anterior — desejos por coisas como afirmação, afeto, controle e conforto. E devemos notar que esses desejos, em seu contexto adequado, são geralmente bons ou pelo menos benignos. Em seus contextos adequados, todos eles são parte de quem somos: criaturas portadoras da imagem de Deus.

Em um mundo decaído, não carregamos a imagem de Deus conforme o planejado. Nosso coração está tão decaído e enganoso quanto qualquer outra parte da criação que foi sujeita aos efeitos do pecado na queda. Por conseguinte, nossos desejos podem se transformar em

---

[1] O autor e conselheiro Paul Tripp fornece uma explicação excelente desses desejos desordenados em seu livro *Instruments in the redemer's hands* (Phillipsburg, NJ: P&R Publishing, 2002), p. 75-94.

ídolos à medida que experimentamos o desejo e, então, descobrimos exatamente como é difícil satisfazê-lo. Quando desejamos sentir mais afirmação (ou qualquer um dos outros desejos listados no diagrama), muitas vezes ficamos desapontados porque os outros não fornecem adequadamente a satisfação desse desejo. Às vezes, ficamos desapontados porque desejamos muito essas coisas, ou em sua própria maneira particular, ou em medida inconsistente com a boa provisão de Deus para nós. O pecado afeta a satisfação de nossos desejos, impedindo-os de serem satisfeitos ou levando-nos a inflar o ego na medida em que os queremos satisfeitos.

Ao sermos tocados pela decepção, ficamos com raiva e provavelmente sentimos um desapontamento ainda maior à medida que o desejo não é satisfeito repetidas vezes. Eventualmente, essa decepção se transforma em desespero. E dizemos algo no sentido de: "preciso satisfazer esse desejo. Eu não me importo em fazer o que for preciso". Nesse ponto, o desejo, de outra forma bom, evoluiu para a condição de ídolo. Agora estamos dispostos a sacrificar qualquer coisa para atender ao desejo.

O trabalho do conselheiro, portanto, é triplo.

- *Primeiro*, é importante reconhecer o sofrimento que está presente.
- *Segundo*, ao mesmo tempo em que reconhecemos o sofrimento, também precisamos ajudar a criança ou o jovem a compreender a idolatria específica que atua sob a superfície, impulsionando o comportamento e levando a um sofrimento prolongado.
- *Terceiro*, precisamos ajudar compassivamente esse jovem portador da imagem de Deus a caminhar progressivamente em sua união com Cristo e na graça que recebem por meio do amor de Deus.

É necessário caminhar na graça

O passo inicial para andar na graça é o arrependimento. Ele é a resposta bíblica a todo pecado e à idolatria que o conduz. Para facilitar esse passo, conselheiros e pais precisam se concentrar em duas coisas:

- Ajudar crianças e jovens a compreender sua união com Cristo.
- Ajudá-los a encontrar contentamento em Cristo, em vez de em suas próprias circunstâncias.

Por que eu digo isso?

A Escritura nos diz que o apego a Deus é a fonte de toda satisfação boa e correta relacionada ao desejo. O salmista diz, em Salmos 37:4: "Deleita-te também no SENHOR, e Ele te concederá o que deseja o teu coração". No Sermão da Montanha, Jesus exorta seus ouvintes: "Mas buscai primeiro o Reino de Deus, e a sua justiça, e todas essas coisas vos serão acrescentadas" (Mateus 6:33). Em ambos os casos, a ordem das ações é clara: Deus quer que *primeiro* confiemos, amemos e descansemos nele, e então a partir dele encontramos a satisfação correta de nossos desejos.

Quanto ao Alex, conforme coletamos dados de sua história e usamos as categorias de desejo no modelo acima, aprendemos que ele luta com ídolos de afirmação, autoimagem positiva e conforto. Seria importante conversar com Alex, conhecer suas lutas e fazer-lhe muitas perguntas. Então, um aspecto essencial para ajudá-lo a andar na graça seria levá-lo a compreender as maneiras específicas pelas quais Deus o confirma como um filho muito amado e como um jovem. Leve Alex diretamente à Palavra de Deus e ajude-o encarar o que Deus diz sobre quem ele é e o caráter do amor de Deus por ele. Algumas sugestões das Escrituras para Alex podem incluir o seguinte: Salmos 71:3; 73:23; 139:13-16; Jeremias 29:11 e 2Coríntios 4:7-18. Cada uma dessas passagens fala sobre como a Palavra de Deus ilumina a escuridão particular que Alex experimenta.

Somente quando Alex descansa no que Deus diz sobre ele, pode parar de tentar satisfazer esses desejos por meio de seu comportamento e de usar seu comportamento para manipular outras pessoas. Somente descansando no conforto final que vem por meio da obra consumada de Cristo em seu nome, Alex pode parar de tentar escapar de seu próprio desconforto identificando-se como "Alexis" — uma identidade que produz todo o sofrimento com o qual Alex luta no mundo real.

Ou considere Devin. Talvez ela esteja lutando com os ídolos de intimidade, sendo compreendida e afetuosa. Somente descansando ativamente na intimidade que ela recebe por meio de seu relacionamento com o Senhor, Devin pode parar de tentar criar essa intimidade no abraço de outra pessoa. Unicamente pela fé no fato de que o Senhor a conhece e a ama completamente, Devin pode abandonar sua busca febril de ser compreendida por outra pessoa, no lugar dos pais e avós que ela sente que nunca a compreenderam. Somente experimentando a afeição suprema de Deus, que a chama de "filha", e de Jesus, que a chama de "irmã", Devin deixará de buscar a afeição substituta de outras pessoas.

Tal como aconteceu com Alex, leve Devin à Palavra de Deus e ajude-a a considerar o que Deus diz sobre o seu verdadeiro e fiel amor da aliança por ela. Algumas passagens que podem ser úteis incluem Salmos 91:14-15; Isaías 43:1-5; 2Coríntios 6:18; e Hebreus 2:10-18.

Caminhar na graça envolve mudança

O arrependimento genuíno significa ir em uma nova direção — em direção a Deus e longe de seu próprio caminho. Portanto, é um processo vitalício que acontece por meio do discipulado. Envolve crescer na compreensão e na experiência de sua união com Cristo e todo o poder relacionado à identidade que o ser enxertado na família de Deus traz. Também envolve discipulado prático — ajuda prática — em encontrar contentamento em Cristo, em vez de buscá-lo nas circunstâncias. Isso acontece por meio de um discipulado paciente, cuidadoso e compassivo.

O discipulado é um esporte de equipe. Alex e Devin, e outros em situações semelhantes, precisam de discípulos mais velhos e maduros (conselheiros, pais, mentores) para ajudá-los a aprender e reaprender a experimentar diariamente a verdade, o poder e os benefícios da união com Cristo. Todos nós precisamos de outros para nos ajudar a exercer o autocontrole. Assim como Paulo descreve em Efésios 4:11-16, somos todos parte de um corpo e somos chamados a usar nossos vários dons para "falar a verdade em amor" uns aos outros continuamente. Somente por meio desse discipulado intensivo, ao longo da vida, deliberado e motivado pelo amor, os membros individuais do corpo amadurecerão. E precisamos lembrar que o processo de crescimento na maturidade é gradual, progressivo e, às vezes, dolorosamente lento e repleto de contratempos. Deus provê graça para conselheiros e jovens aconselhados em todos esses lugares difíceis.

Esse processo contínuo pode parecer um conselheiro compassivamente nomeando os ídolos descobertos do aconselhado em cada conversa e fazendo duas perguntas:

- "Onde você tem lutado recentemente com (esse ídolo)?"

- "O que você pode fazer para lembrar o que a Palavra de Deus diz quando (esse ídolo) surgir novamente?"

Em outras palavras, o conselheiro está gentilmente pedindo ao aconselhado que mapeie sua experiência recente e se prepare para uma batalha espiritual semelhante no futuro. Em nenhum dos casos o conselheiro deve condenar, mas, sim, deve pedir ao aconselhado que considere como ele ou ela pode acreditar e agir de forma diferente, se eles descansarem cada vez mais na Palavra de Deus.

Outra maneira prática pela qual os conselheiros podem ajudar os jovens a aprender a andar na graça é modelar habilidades sociais ou facilitar situações sociais com as quais a criança ou adolescente luta. Estabelecer ou representar maneiras adequadas de expressar desapontamento, medo, raiva ou outras emoções é importante para aqueles que nunca aprenderam essas habilidades. Isso pode incluir a avaliação das práticas atuais com o jovem e a formulação de estratégias para reformular, modificar ou encerrar relacionamentos inseguros ou prejudiciais com pares específicos.

E, é claro, os conselheiros devem sempre avaliar a presença ou perspectiva de perigo imediato para os jovens que aconselham. Crianças e jovens que se identificam como homossexuais ou trans sofrem mais *bullying* do que outras crianças e adotam comportamentos de automutilação com muito mais frequência. Se você acredita que a criança está em perigo iminente, envolva as autoridades competentes, leve-as ao pronto-socorro ou ligue para o 190 imediatamente.

Uma palavra aos pais

Mais e mais pais estão descobrindo que têm um Alex ou uma Devin na família. Muito do que foi escrito para conselheiros neste capítulo pode ser prontamente aplicado a um relacionamento entre pais e filhos — particularmente as informações sobre sofrimento, idolatria e discipulado. Existem outras maneiras de os pais ajudarem seus filhos que se identificam como LGBTQ+ ou lutam com questões de identidade sexual ou de gênero.

Primeiro, tome medidas para avaliar ativa e repetidamente o potencial de *bullying*. Monitore regularmente as redes sociais, os textos e as atividades on-line do seu filho. Faça perguntas sobre qualquer coisa que pareça potencialmente prejudicial. Procure pistas não verbais em seu filho que indiquem que algo está errado. Seu filho está se tornando mais retraído? Ele ou ela parece ter menos interesse nas atividades antes favoritas? A aparência dele ou dela mudou? As notas dele ou dela pioraram de repente? Qualquer uma dessas dicas pode ser um sinal de que seu filho se sente ameaçado. Em espírito de oração e com compaixão, questione seu filho a respeito do que você observa. As crianças geralmente não querem falar sobre ameaças percebidas por uma variedade de razões. Seja paciente e persistente e esteja disposto a conversar com outros adultos (ou seja, professores, pais de amigos etc.) que possam ter conhecimento sobre uma situação que precisa ser tratada.

Segundo, regularmente, ao longo dos estágios de desenvolvimento de seu filho, tenha conversas francas, proativas e adequadas à idade dele sobre o bom projeto de Deus para sexo, sexualidade e gênero.[2] Assim que seu filho for capaz de compreender as diferenças de gênero

---

[2] Mary Jo Ridley, "Pick Your Pain: Facing Your Fears About the Talk", blog Harvest USA, https://www.harvestusa.org/pick-your-pain-lying-your-fears-about-the-talk/#.Xa31bkZKjD4. Esse artigo é um recurso gratuito do fundador e presidente da The Birds & The Bees, uma organização com muitos recursos adicionais para ajudar os pais.

(geralmente por volta dos 2 ou 3 anos), comece a conversar com ele sobre como Deus o criou homem ou mulher por uma razão — e que essas distinções são dádivas boas e permanentes de Deus. Particularmente quando as crianças entram na escola primária, comece a falar apropriadamente sobre o dom do sexo e da sexualidade e o contexto no qual Deus o criou para abençoar seu povo e honrá-lo. A cultura ao redor deles não hesitará em introduzir esses tópicos desde o início, então as crianças precisam das lentes bíblicas para avaliar a ideologia do mundo.

Pergunte a seu filho ou a sua filha como ele ou ela desfruta o fato de ter sido criado homem ou mulher. O que isso significa para eles? Eles acham que são o "tipo certo" de menino ou menina? Que decepções, medos e dúvidas eles experimentam? Como eles acham que falham em corresponder às expectativas dos outros (principalmente as suas)? Como eles lutam contra a inveja porque os outros ao seu redor parecem ser meninos ou meninas "melhores" do que eles? Envolva seu filho nessas áreas. Não tenha medo de ouvir seu filho dizer coisas difíceis. Se houver perguntas que você acha que não pode responder, procure outras pessoas ou recursos para ajudá-lo. E, lembre-se, você é responsável por manter essa conversa. Não deixe que ela pare quando seu filho ficar mais velho ou isso parecer desconfortável.

Terceiro, em espírito de oração, ativa e propositalmente, envolva seu filho em uma conversa sobre o que ele viu, ouviu e experimentou. Prepare-o para interpretar e julgar essas coisas de uma perspectiva bíblica. Pergunte a seu filho como ele interpretou e interagiu com imagens sexuais e sexualizadas que ele viu on-line ou em outra mídia. Pergunte a ele o que seus amigos pensam sobre essas questões. Pergunte-lhe francamente como está processando seu próprio desejo sexual. Considere compassivamente as Escrituras como a única autoridade sobre identidade sexual e de gênero em todos os casos. Ao discutir essas questões com seu filho, ajude-o a se tornar sábio e perspicaz.

Quarto, pergunte a seu filho se ele já sentiu atração pelo mesmo sexo ou enfrentou problemas com seu sexo. Se ele responder que sim, não entre em pânico. Experimentar esses pensamentos e fazer essas perguntas não é incomum em um mundo decaído. Envolva seu filho em um diálogo sobre suas perguntas. Tranquilize-o a respeito de seu amor. Demonstre que você está disposto a caminhar ao lado dele e ajudá-lo a enfrentar essas questões profundas e significativas. Além disso, ajude seu filho a desafiar a sabedoria mundana de que a experiência da atração pelo mesmo sexo equivale a uma identidade gay ou lésbica. Isso simplesmente não é verdade. Muitas pessoas experimentam pelo menos alguma atração pelo mesmo sexo. A maioria não age de acordo com isso nem se identifica como gay ou lésbica.

Existem muitos recursos excelentes à disposição dos pais para ajudar as crianças e os jovens a navegar nessas águas profundas do coração.[3] O mais importante para seu filho é que você permaneça presente e envolvido com ele durante todo o processo. Não desista porque parece muito difícil. Não se recuse a discutir isso com seu filho por achar que simplesmente ele irá embora. Não permita que a narrativa rival da cultura decaída ou do coração caído e totalmente enganoso de seu filho

---

[3] Alguns recursos [em inglês] recomendados são: David White, *God, You e Sex: A Profound Mystery* (Greensboro, NC: New Growth Press, 2019); Harvest USA, *Alive: Gospel Sexuality for Students* (Greensboro, NC: New Growth Press, 2018); e Tim Geiger, *Explaining LGBTQ+ Identity to Your Child* (Greensboro, NC: New Growth Press, 2018). Além disso, muitos outros recursos disponíveis para compra ou gratuitos podem ser encontrados no site da Harvest USA, https://harvestusa.org.

seja a única voz que seu filho ouve. Pegue as armas espirituais que são suas em Cristo para defender seu filho (2Coríntios 10:3-5).

Quinto, se seu filho luta contra a atração pelo mesmo sexo ou contra a identidade de gênero, lembre-se de que essas lutas nem sempre duram a vida toda, nem precisam dominar a vida. Uma pessoa que chega ao ponto de batalhar com esses problemas ou se identifica como LGBTQ+ normalmente luta com essas questões, desejos e decepções há anos. Se o Senhor trouxer mudança, provavelmente será gradual e progressiva. Lembre-se: o discipulado é o centro do processo de ajudar pessoas a enfrentar problemas com sexo ou gênero, e o discipulado é um processo para a vida toda. Não desanime. Não deixe que seu filho desanime de continuar a lutar ou que ele experimente a tentação de pecar. Ande com ele tendo compaixão, falando a verdade em amor, e ajude-o a gradualmente aniquilar o pecado em seu corpo enquanto encontra sua verdadeira e duradoura identidade em Cristo.

Sexto, ore com seu filho e ore por ele. Não há nada mais importante que você possa fazer por ele ou ela. Ore proativamente por ele ou ela, para que o Senhor os proteja de mentiras e enganos que estão enraizados no mal e que pretendem desencaminhá-los. Ore também para que seu filho saiba como responder a imagens, mensagens e cosmovisões que parecem boas, mas são na realidade contrárias às Escrituras. Ore para que o próprio Senhor os impeça de ceder à cosmovisão egocêntrica que diz que a única esperança é encontrar o máximo de felicidade e satisfação pessoal.

Em todas essas circunstâncias, é essencial saber que o Senhor ama nossos filhos mais do que nós mesmos. Ele está empenhado em trabalhar para o bem e a santidade deles. Confie em Deus para trabalhar neles por meio de você.

14

Ajudando as crianças que se automutilam

Charles Hodges

Angie tinha 17 anos quando sua família a trouxe até mim em busca de ajuda. Ela estava lutando contra o pensamento suicida, abuso de substâncias e mutilação. Angie veio de um lar desajustado no qual sua mãe, padrasto e irmãos se consideravam cristãos. Eles frequentavam uma igreja que cria na Bíblia e nela baseavam seus ensinos. Eles tinham devoções familiares regulares, e seus pais acreditavam honestamente que estavam fazendo o melhor para guiar a família na direção de Deus.

Os problemas de comportamento de Angie começaram aos 14 anos. Sua mãe pensava que era uma mistura de rebelião adolescente intensificada pela ausência de seu pai biológico. O pai de Angie havia abandonado a família quando ela tinha 7 anos, deixando um grande vazio em sua vida. Como muitas crianças de famílias divididas pelo divórcio, ela se culpava. *Se eu tivesse sido melhor, ela pensava, nada disso teria acontecido.*

Quando ela tinha cerca de 9 anos, sua mãe se casou novamente e, por um tempo, a presença do padrasto pareceu trazer calma à vida de Angie. No entanto as coisas saíram do rumo quando Angie fez 13 anos e começou a ver o padrasto como um inimigo. Juntos, a mãe e o padrasto de Angie tentaram controlar seu comportamento. Eles leram todos os livros úteis sobre adolescentes e sua rebeldia que puderam encontrar, mas, quanto mais trabalhavam nisso, mais ela se rebelava.

Eles removeram tudo em sua vida que se apresentava como uma oportunidade para ela se rebelar de forma destrutiva. Eles desligaram seu acesso à internet, acreditando que ela entrava em fóruns ou sites que encorajavam seu comportamento problemático. Na melhor das hipóteses, eles tornavam quase impossível que ela se encontrasse com amigos, que pareciam assustadores, e na pior das hipóteses restringiram oportunidades para o uso de drogas e imoralidade sexual. Eles decidiram mudá-la de sua escola pública para casa com o objetivo de completar seus estudos.

Quando a conheci, ela acreditava que se cortar com algo afiado era a única coisa que poderia acalmar o medo violento e a tristeza em sua vida. Quando o sangue fluía, ela ficava eufórica, e então se acalmava como não conseguiria de nenhuma outra forma. Ela escondeu os cortes de sua mãe e padrasto, mas, um dia, um dos irmãos viu os cortes e as cicatrizes e contou à sua mãe. Os pais dela ficaram arrasados e não tinham ideia do que fazer em seguida. Eles estavam em aconselhamento com Angie por um ano e agora haviam chegado ao limite.

Como resultado de seus encontros com o conselheiro recomendado pelo pediatra, Angie teve um diagnóstico de autolesão não suicida ou ALNS. Ela lutava contra a depressão e, às vezes, contra a ansiedade. Estava em terapia havia um ano, sem uma mudança significativa em seu humor ou comportamento.

Na chegada, Angie fez um exame físico com uma enfermeira em nosso centro de aconselhamento que documentou sua automutilação. Havia cicatrizes em seus braços, coxas e pulsos. Eram cicatrizes retas e finas que poderiam ter sido feitas por uma lâmina de barbear ou um estilete. Em torno de seu pulso havia um elástico que ela prendia sempre que havia conflito. No aconselhamento, ela nos disse que era um substituto dos cortes. Ela contou que isso reduzia a tensão que frequentemente sentia e fazia com que ela se sentisse melhor.

A história de Angie não é incomum. Aproximadamente 6 a 7% das pessoas com idades entre 11 e 80 anos recorrem a alguma forma de automutilação. A definição médica atual especifica que ferir-se de alguma forma não fatal, sem qualquer intenção suicida, cresceu cinco vezes no último ano. Eles fazem isso para aliviar a ansiedade ou depressão resultante de dificuldades nos relacionamentos, pensamentos negativos e pensamentos perturbadores.[1]

Aqueles que se automutilam não pertencem a etnia, status socioeconômico, sexo ou país específicos. A autolesão não suicida [ALNS] não é exclusiva das nações industrializadas desenvolvidas. Os indivíduos geralmente iniciam a prática entre 11 e 15 anos, mas alguns começam tardiamente aos 60. A maioria das pessoas que se autoflagelam tem outras lutas emocionais. Elas carregam rótulos que incluem transtornos alimentares, depressão, ansiedade, transtorno de estresse pós-traumático [TEPT] e transtornos de abuso de substâncias.[2] Quando questionados sobre qual é o objetivo da ALNS para eles, geralmente os usuários dessa prática dizem que querem se sentir melhor.

---

[1] Catherine Glen, PhD, Matthew K Nook, PhD, "Nonsuicidal self-injury in children and adolescents: clinical features and proposed diagnostic criteria". *Uptodate.com*, 16 de julho de 2019. Recuperado eletronicamente.

[2] Catherine Glen, PhD, Matthew K Nook, PhD, "Nonsuicidal self-injury in children and adolescents: epidemiology and risk factors". Uptodate.com, 16 de julho de 2019. Recuperado eletronicamente.

Como causar uma dor significativa faz a pessoa se sentir melhor em relação aos problemas da vida? É difícil dizer exatamente qual é o mecanismo, mas tem havido considerável especulação de que o alívio associado à automutilação é semelhante ao efeito que uma corrida tem sobre os corredores. Nosso corpo têm um meio natural de lidar com a dor e o estresse, liberando em nossa circulação substâncias chamadas endorfinas. Essas endorfinas reduzem o desconforto e tornam o estresse e a dor suportáveis. Aqueles de nós que têm o hábito de correr estão familiarizados com a "adrenalina do corredor" e sentem falta dela quando não podem correr. Pode ser que um processo físico semelhante atraia aqueles que praticam a automutilação.

Por onde começar?

Por onde começamos com a criança ou adolescente que está se mutilando, e quais são nossos objetivos ao aconselhar esses jovens? A seguir estão diversos itens que consideramos importantes para ajudar aqueles que se ferem.

Ouvir

Ouvir com atenção e por muito tempo é bastante essencial para os casos em que deparamos com uma criança que está sofrendo o suficiente para se machucar. Nesses momentos, ouvir atentamente e em silêncio, sem julgamentos nem espanto em relação ao problema, dará à criança a oportunidade de lhe dizer o que está no centro de seu sofrimento. Provérbios 18:13 nos diz que seria imprudente responder a um problema sem ouvir tudo. Não devo enfatizar muito o quão importante o problema é. Se quiser ajudar, comece ouvindo.

Inicie com boas perguntas e continue ouvindo: quando isso começou? O que estava acontecendo na primeira vez que você se cortou? E na vez seguinte? Continue fazendo perguntas. Ao ouvir, lembre-se de que não é provável que esse problema seja resolvido em um dia. Embora possa parecer óbvio que qualquer pai gostaria que disséssemos a seu filho que deveria parar e dar uma centena de razões para isso, é mais importante chegar à origem de seu sofrimento.

Haverá uma causa, e, se você ouvir por tempo suficiente, eles lhe dirão. Às vezes, ouvir bem envolve fazer boas perguntas que abrem a conversa para falar sobre assuntos difíceis. Para Angie, como a maioria de nós, uma combinação de coisas difíceis a levou à mutilação.

A perda de conexão com seu pai biológico teve grande importância em sua vida. Como muitas crianças, Angie se culpava pela partida do pai. Isso a colocava em risco de outros problemas significativos. Embora seu padrasto fosse um homem piedoso que trabalhava duro para ajudar, não houve resposta que satisfizesse Angie quando ela declarou: "Você não é meu pai".

Muitos dos que se mutilam são vítimas de *bullying* na escola. Outros sofreram abuso sexual ou físico por adultos que deveriam tê-los protegido. As redes sociais se tornaram um problema duplo, pois fornecem informações sobre autoagressão e expõem o usuário a situações de intimidação na internet. Ambos podem contribuir para o problema. Portanto, ouça o sofrimento da criança à sua frente. Saber o que está por trás do comportamento delas o ajudará a aplicar o conforto do evangelho.

Levar esses sofredores a Jesus

Um bom amigo meu disse certa vez que, quando encontramos pessoas que estão enfrentando uma dificuldade na vida, devemos levá-las a Jesus. Jesus se preocupa com elas e com seu sofrimento. Dependendo da idade do sofredor que está lutando, existem muitos versículos bons que se aplicam. Para os mais jovens, o convite que Jesus faz em Mateus 19:13-15 (NTLH) é um bom ponto de partida: "Depois disso, algumas pessoas levaram as suas crianças para Jesus pôr as mãos sobre elas e orar, mas os discípulos repreenderam as pessoas que fizeram isso. Aí Ele disse: — Deixem que as crianças venham a mim e não proíbam que elas façam isso, pois o Reino do Céu é das pessoas que são como estas crianças".

Os adultos que estavam com Jesus não achavam que as crianças e seus problemas importavam, mas Jesus disse: "Deixem que as crianças venham a mim". Ao buscarmos ajudar o jovem que está se machucando, devemos mostrar-lhe Jesus. Ele não está ausente; Ele está presente e ativamente interessado nele e em seus problemas.

O jovem em dificuldades precisa ver que Jesus está preparado para ajudá-lo. Como Ele disse: "Vinde a mim, todos os que estais cansados e oprimidos, e eu vos aliviarei. Tomai sobre vós o meu jugo, e aprendei de mim, que sou manso e humilde de coração, e encontrareis descanso para a vossa alma. Porque o meu jugo é suave, e o meu fardo é leve" (Mateus 11:28-30). Qualquer que seja o problema que os leva à automutilação, nosso Senhor se oferece para tomar esse fardo e dar-lhes descanso.

Tudo o mais que Jesus oferece poderia proporcionar a Angie um alívio dos fardos que ela carregava. Duraria muito mais do que o aumento temporário de endorfinas que ela poderia obter ao se cortar. Esse descanso viria com a mudança da história que ela atribuiu ao seu abandono pelo pai. Sua mente de 7 anos raciocinou que ela devia ser a culpada. Além disso, ela acreditava que qualquer relacionamento ou amizade futura sofreria o mesmo destino. Ela ficou sem a compreensão ou os instrumentos para enfrentar os altos e baixos da vida. Por fim, a automutilação preencheu esse vazio como uma forma de punir a si mesma, ter controle sobre coisas que pareciam fora de controle e entorpecer a dor emocional.

Para que Angie e outras pessoas como ela pudessem descansar, o restante da história precisava mudar. Cada vez que pensava em seu pai, ela se culpava. Ela não era digna de ser amada e não tinha motivos para pensar que qualquer relacionamento no futuro seria diferente. Demorou, mas, à medida que conversávamos, ela compreendeu que, como crente em Cristo, Deus a via como uma garota escolhida, santa e amada (Colossenses 3:12). Seu pai não abandonou a família porque ela era uma pessoa má. Ele partiu por motivos que nada tinham a ver com ela. E Angie precisava aprender que todos os relacionamentos futuros não terminariam da mesma maneira. E gradualmente ela começou a ver que o que Deus disse sobre ela e seus relacionamentos era verdadeiro e confiável.

Ela aprendeu sobre confiança com a carta que o apóstolo Paulo escreveu aos crentes em Roma. No capítulo 8, Angie aprendeu que não era condenada pelo comportamento dos outros. Ela podia compreender que era uma filha de Deus e que nos tempos difíceis o Espírito Santo estava intercedendo por ela enquanto ela lutava. Angie aprendeu que Deus pretendia usar as experiências de sua vida para moldá-la à imagem de Jesus, o que seria para o seu bem. Ela também aprendeu que nada na vida ou na terra a separaria do amor de Deus.

No aconselhamento, Angie foi encorajada a se lembrar das promessas do evangelho em Romanos 8. Muito tem sido escrito e dito sobre pregar o evangelho a nós mesmos em tempos difíceis. Angie foi encorajada a repetir os princípios bíblicos de Romanos, na ordem em que estão escritos no capítulo, sempre que estava inclinada a se machucar. Isso a ajudou a mudar a história.

Angie também sentiu grande consolo ao ver como Jesus cuidou de Marta, Maria e Lázaro. João 11 nos dá uma imagem incrível de quanto Deus e seu Filho Jesus cuidam de nós em meio ao nosso sofrimento. Ela compreendeu que Jesus sabia tudo sobre a doença e o sofrimento de Lázaro (v. 4) e que tinha um plano para isso (v. 7). Angie viu que Jesus se importava profundamente com Marta, Maria e Lázaro. Apesar de Jesus saber que em poucos minutos ressuscitaria Lázaro, quando encontrou Maria e Marta e seus amigos chorando, Jesus também chorou (v. 35). Isso deu a Angie consolo e confiança de que, assim como Jesus sabia, planejava, cuidava e agia por Lázaro, Ele faria o mesmo por ela.

Existem muitas passagens em Salmos que oferecem conforto ao sofredor. O salmo 13 também se tornou o favorito de Angie. Tudo começa com um lamento. "Ó Senhor Deus, até quando esquecerás de mim? Será para sempre? Por quanto tempo esconderás de mim o teu rosto? Até quando terei de suportar este sofrimento? Até quando o meu coração se encherá dia e noite de tristeza? Até quando os meus inimigos me vencerão?" (v. 1-2, NTLH). No final, o salmista diz: "Eu confio no teu amor. O meu coração ficará alegre, pois tu me salvarás. E, porque tens sido bom para mim, cantarei hinos a ti, ó Senhor" (v. 5-6). Esses versículos contaram a Angie a verdade de que Deus pretende cuidar dela em todas as suas lutas.

Existem muitos personagens bíblicos que são bons exemplos de pessoas que sofreram e receberam o cuidado de Deus por meio do sofrimento. José, Ana, Davi, Daniel (e seus três amigos), todos enfrentaram sofrimento enquanto a vida deles refletia o cuidado de Deus por eles. Angie encontrou incentivo enquanto conversávamos sobre suas histórias.

Por fim, à medida que o aconselhamento progredia, a história que mais ajudou Angie foi sobre nosso Senhor Jesus Cristo, aquele que se tornou como nós para sentir o que nós sentimos. Repassamos Hebreus 4:14-16 muitas vezes.

> Portanto, fiquemos firmes na fé que anunciamos, pois temos um Grande Sacerdote poderoso, Jesus, o Filho de Deus, o qual entrou na própria presença de Deus. O nosso Grande Sacerdote não é como aqueles que não são capazes de compreender as nossas fraquezas. Pelo contrário, temos um Grande Sacerdote que foi tentado do mesmo modo que nós, mas não pecou. Por isso tenhamos confiança e cheguemos perto do trono divino, onde está a graça de Deus. Ali receberemos misericórdia e encontraremos graça sempre que precisarmos de ajuda (NTLH).

Enquanto Angie lutava, ela acatou o convite dessa passagem para ir a Jesus a fim de receber misericórdia e encontrar graça para ajudá-la em suas lutas.

Angie conheceu o evangelho por meio do sofrimento e da simpatia de Jesus por ela. Embora ela viesse de um lar cristão, não tinha certeza de sua fé. Isso não é incomum para aqueles que lutam contra a automutilação. Essa parece ser uma resposta comum para os indivíduos quando participam de um comportamento que acham que deve ser escondido ou do qual têm vergonha. Isso não muda seu estado de graça, mas afeta a confiança em Jesus. Ao refletirmos juntos sobre como Jesus era "um homem de dores que conhece o sofrimento" e que carregou os pecados dela, o evangelho que ela aceitou quando criança agora se tornou vivo para ela.

O evangelho é essencial para qualquer aconselhamento que resulte em uma mudança significativa e duradoura. O apóstolo Paulo diz em 2Coríntios 5:17 (NTLH): "Quem está unido com Cristo é uma nova pessoa; acabou-se o que era velho, e já chegou o que é novo". Por causa do evangelho, eu poderia garantir a Angie que ela seria capaz de crescer e mudar, assim como se tornar mais semelhante a Cristo. Eu poderia compartilhar com ela que Deus estaria trabalhando nela, tanto na vontade quanto nas ações, para fazê-la obedecer à vontade dele (Filipenses 2:13). O evangelho encorajou Angie em sua luta contra a automutilação. Ela podia dizer: "quem está unido com Cristo é uma nova pessoa; acabou-se o que era velho, e já chegou o que é novo" (Filipenses 4:13).

Fazer parar a automutilação

Embora Angie não estivesse sendo machucada ativamente por alguém, isso não se aplica a muitos daqueles que optaram por se ferir. Muitos que se machucam são abusados sexual e fisicamente. Eles se ferem na esperança de que alguém perceba e intervenha. Outros são vítimas de *bullying* na escola ou nas redes sociais. Não importa a natureza do dano ou quem é que o provoca, quando se trata de chamar a atenção do conselheiro, ele deve cessar tão logo quanto possível. Quaisquer etapas ou relatórios apropriados necessários para interromper o dano devem ser realizados o mais rápido possível. Isso inclui relatar qualquer atividade considerada ilegal às autoridades competentes. Na maioria dos estados, os conselheiros são obrigados a denunciar o abuso físico ou sexual de crianças e devem fazê-lo imediatamente.

Mudança de metas

Um sábio pediatra certa vez me disse para nunca perguntar a um adolescente por que ele fez algo. Ele disse que o adolescente apenas olharia para você e diria: "Eu não sei". Em vez disso, ele sugere que perguntemos: "Qual era o seu objetivo?". Ele estava correto ao dizer que essa pergunta geralmente obtém uma resposta mais detalhada (e funciona igualmente bem com adultos). Quando perguntei a Angie qual era seu objetivo durante o corte, ela me disse que isso aliviava sua tensão e a fazia se sentir melhor.

Embora sua meta fosse um pouco mais complicada do que isso, estabeleceu um ponto de partida para a discussão e ilustrou um problema que ela enfrentou. Angie precisava mudar seu objetivo. O objetivo principal para todos os crentes é encontrado em 2Coríntios 5:9 (NTLH), onde diz: "Porém, acima de tudo, o que nós queremos é agradar o Senhor, seja vivendo no nosso corpo aqui, seja vivendo lá com o Senhor". Nosso objetivo é glorificar a Deus com nossa vida e amá-lo com todo nosso coração, alma e mente (Mateus 22:37-39). Esse amor tem o objetivo de nos levar a obedecê-lo (João 14:21) e a servir aos outros (João 13). Se Angie quisesse escapar da escravidão da automutilação, ela teria de começar escolhendo um novo objetivo.

Escolher confiar em nosso Salvador

Paulo fala da escolha de objetivo em Romanos 6:16, onde diz: "Não sabeis vós que a quem vos apresentardes por servos para lhe obedecer, sois servos daquele a quem obedeceis, ou do pecado para a morte, ou da obediência para a justiça?". Existem muitas maneiras de lidar com as dificuldades e o sofrimento que a vida apresenta. Angie estava usando a automutilação para lidar com a dor da partida de seu pai.

Mas a boa notícia é que os cristãos não são obrigados a lidar com os problemas da vida de maneiras destrutivas. Podemos escolher a quem serviremos. Para Angie, isso significava que ela poderia lidar com seu sofrimento de outras formas que não incluíam a automutilação. Para muitos como ela, significa que escolherão lidar com sua dor e sofrimento de acordo com a Bíblia. A vantagem para o crente é que Deus é quem está trabalhando em nós tanto para desejar como para cumprir sua boa vontade (Filipenses 2:13). Tudo o que Deus requer de nós, Ele nos tornará capazes de fazer (Filipenses 4:13).

Responder biblicamente elimina a necessidade de automutilação. Isso não quer dizer que seja fácil simplesmente substituir os métodos destrutivos de lidar com a dor pelos métodos bíblicos. Para Angie, a preocupação e o medo faziam parte de sua luta. Aqueles que precisam de uma solução para suas preocupações e temores encontram um lugar para buscar o consolo e a orientação de Paulo em sua carta aos filipenses.

> Tenham sempre alegria, unidos com o Senhor! Repito: tenham alegria! Sejam amáveis com todos. O Senhor virá logo. Não se preocupem com nada, mas em todas as orações peçam a Deus o que vocês precisam e orem sempre com o coração agradecido. E a paz de Deus, que ninguém consegue entender, guardará o coração e a mente de vocês, pois vocês estão unidos com Cristo Jesus (Filipenses 4:4-7, NTLH).

Essa é uma passagem cheia de esperança para Angie e outras pessoas que ferem a si mesmas. Enquanto Paulo estava na prisão enfrentando a morte certa, ele nos disse que podemos mudar nosso estado de espírito. Em vez de ver a vida — e nosso sofrimento — como uma catástrofe, podemos responder com alegria porque Jesus está perto de nós enquanto lutamos. Paulo vai além para nos dizer que podemos escolher não nos preocuparmos. Em vez disso, podemos orar e pedir uma solução melhor para os problemas que são a fonte de nossa ansiedade. O resultado é a paz, em vez do alívio momentâneo encontrado na automutilação.

A confiança é o extremo oposto da preocupação e do medo. Aqueles que se ferem precisam crescer na confiança em Deus se desejam escapar disso. Salomão sabiamente nos aconselhou: "Confie no Senhor de todo o coração e não se apoie na sua própria inteligência. Lembre-se de Deus em tudo o que fizer, e Ele lhe mostrará o caminho certo" (Provérbios 3:5-6, NTLH). Em vez de depender de sua própria interpretação de vida que a levou à automutilação, Angie agora colocaria sua confiança em Deus e na Palavra dele.

Esperança para mudar

Aqueles que se ferem precisam que você dê a eles uma esperança real, baseada no evangelho, de que eles não terão de continuar se ferindo para lidar com as realidades desagradáveis de suas vidas. Paulo oferece essa esperança e um padrão de mudança em sua carta aos efésios. Ele diz aos crentes: "Portanto, abandonem a velha natureza de vocês, que fazia com que vocês vivessem uma vida de pecados e que estava sendo destruída pelos seus desejos enganosos. É preciso que o coração e a mente de vocês sejam completamente renovados" (Efésios 4:22-24).

Esse processo de mudança passou a ser chamado de santificação progressiva. O próprio pensamento de que podemos mudar e que Deus está no centro de tudo isso pode dar esperança para aqueles que se automutilam.

Obter uma compreensão bíblica da culpa e da vergonha pode resultar em um alívio duradouro de emoções problemáticas que a automutilação não pode causar. Paulo nos diz que, se estamos em Cristo, as coisas velhas estão passando e coisas novas estão chegando (2Coríntios 5:17). Angie não seria mais identificada pelo resto de sua vida como uma "automutiladora". Ela não precisava sentir vergonha por causa dos pecados que Jesus já perdoou. Em vez disso, ela seria capaz de usar suas experiências para ajudar outras pessoas que enfrentavam as mesmas dificuldades que ela enfrentou. Ela poderia confortar os outros com o conforto com que fora confortada.

Aprender a lidar com a ira por causa de mágoas passadas e o desejo de vingar-se daqueles que nos feriram pode mudar a forma como vemos os eventos adversos no futuro. É muito importante que aqueles que lutam como Angie aprendam a lidar com a ira de uma forma que honre a Deus. Por mais que se culpasse, outras vezes sentia tanta raiva do pai que acabava descontando a raiva naqueles que a cercavam. Ela achou a instrução de Paulo muito útil, quando ele disse aos cristãos romanos que nunca se vingassem (Romanos 12:19-21). Em vez disso, ela aprendeu a abrir espaço para o julgamento de Deus. Deus cuidaria de todo o acerto que fosse necessário. Em vez de ser vencida pelo mal, Angie poderia trabalhar retribuindo o mal feito a ela com o bem.

Definitivamente, a gratidão nos liberta da amargura. Em um dia ruim, ouvi um pregador no rádio dizer: "É hora de você parar de contar suas cicatrizes e começar a contar suas bênçãos". Como isso me ajudou, também ajudou Angie. Em algum momento, se vamos glorificar nosso Deus, temos de estar dispostos a agradecer-lhe pelo cuidado que Ele nos proporciona. Paulo, sentado na prisão, disse à igreja de Éfeso: "agradeçam sempre todas as coisas a Deus, o Pai" (Efésios 5:20). Angie se esforçou para focar sua atenção no que Deus estava fazendo por ela agora, e não nas mágoas do passado.

Ver as provações como Deus as vê

Foi importante para Angie no processo de aconselhamento ver as provações da maneira como Deus as vê. Seu aconselhamento começou no salmo 13 e passou pelas lutas que José enfrentou. As palavras de José em Gênesis 50:20 passaram a significar muito para ela. "Vós bem intentastes mal contra mim, porém Deus o tornou em bem..." Isso se tornaria o prelúdio de sua introdução à declaração de Paulo em Romanos 8:28-29: "E sabemos que todas as coisas contribuem juntamente para o bem daqueles que amam a Deus, daqueles que são chamados por seu decreto. Porque os que dantes conheceu, também os predestinou para serem conformes à imagem de seu Filho, a fim de que ele seja o primogênito entre muitos irmãos".

Angie deixou de ver em cada adversidade motivo de automutilação, passou a ver o cuidado de Deus por ela em seu sofrimento, a entender Jesus como um sofredor e a confiar que Deus estava trabalhando em sua vida para transformá-la à imagem de Cristo.

Levar os pensamentos cativos

Uma parte importante do crescimento de Angie foi ajudá-la a pensar de forma diferente enquanto enfrentava lutas reais. Era um exercício diário de mudar seu pensamento sobre uma variedade de coisas, algumas das quais resultariam em pensar em se ferir. Angie aprendeu a levar "cativo todo entendimento à obediência de Cristo", como Paulo escreveu em 2Coríntios 10:5. O processo envolveu confrontar pensamentos perturbadores, às vezes pecaminosos, e colocar princípios bíblicos em seu lugar. Exigia memorizar as Escrituras e substituir a automutilação pela atividade produtiva normal. Isso incluía uma ampla gama de atividades, como exercícios físicos e tarefas domésticas. Em vez de ruminar sobre as feridas e eventualmente se cortar para aliviar o estresse, Angie trabalhou seu caminho a partir de uma sucessão de princípios bíblicos e versículos memorizados, como os que discutimos, que muitas vezes terminavam em um serviço cristão a outro sofredor.

Uma palavra aos pais

A maioria dos pais experimenta pelo menos uma descoberta chocante sobre um ou mais de seus filhos. A vida está indo tão bem quanto se poderia esperar e, com um clarão ofuscante e um rugido ensurdecedor, problemas surgem. Quando isso acontece, é fácil perder o rumo e reagir com medo e raiva em face do problema que você vê bem à sua frente. Mas, quando você descobrir que seu filho está se automutilando, lembre-se naquele momento, você será o primeiro conselheiro do seu filho. Se você quer exercer esse papel ou não, não faz diferença. A opção diante de você é ocupar esse papel da melhor maneira possível pela graça de Deus, ou agir mal, respondendo com todo o seu medo, mágoa e decepção à vista de todos. Você tem uma oportunidade naquele momento de responder de uma forma bíblica útil. Comece pedindo a Deus que o ajude e, em seguida, ouça seu filho.

Depois, lembre-se de que você não precisa enfrentar o problema sozinho. Ao tentar resolver isso sozinho, você pode perder os recursos úteis que Deus colocou ao seu alcance. Sua igreja, seu pastor, um conselheiro que poderá ministrar a seu filho e sua família, seus amigos que orarão por você são todos aliados na batalha por seu filho. Recrute-os na primeira oportunidade!

Lembre-se de que toda mudança na vida é um processo contínuo. Paulo falou muitas vezes em despir o velho e vestir o novo (Efésios 4:22-24). Em nenhum momento ele disse que a mudança que poderia vir seria rápida, fácil e indolor. Para os pais, essa é provavelmente a parte mais difícil. Uma criança que passou anos tentando resolver o problema também levará um bom tempo para escapar dele. Os pais devem estar dispostos a viver com seus filhos no tempo que Deus estabeleceu. De todas as coisas que um pai pode fazer, orar por seu filho é uma das mais importantes. Tiago nos diz que a oração fervorosa e eficaz de um homem ou mulher que forem justos pode realizar muito (Tiago 5:16).

Enquanto você ora e espera, não esqueça no meio de sua luta que Deus pretende usar isso para o seu bem e para a glória dele. Ele vai usar isso para tornar você mais parecido com seu Filho Jesus. E Deus, nosso Pai, promete nunca o abandonar no processo.

15

Aconselhando crianças portadoras de doenças

Joni and Friends International Disability Center

Nenhum detalhe foi perdido. Balões rosa — confere. Bolo de unicórnio — confere. Presentes — ah, sim! Todos trabalharam muito para dar a Stella a festa dos seus sonhos. Gritos e risos podiam ser ouvidos no corredor e, caso alguém não estivesse entendendo, uma placa anunciando "Parabéns por seus 9 anos, Stella!" deixava um rastro de purpurina na porta.

A mãe de Stella ficou encantada ao ver o sorriso de sua filha de 9 anos, e ela sabia que a festa era uma distração bem-vinda para todos os pacientes. Mas ela também observou a força de Stella diminuindo depois de apenas 15 minutos. Os convidados, uns mais novos e outros mais velhos, perceberam que a festa tinha de terminar mais cedo porque eles também se encontravam em várias fases do tratamento. O câncer não desaparece nos aniversários.

Stella era uma menina vibrante e decidida do terceiro ano quando começou a sentir tonturas e desmaiar na escola. "Nem em um milhão de anos eu pensaria que seria algo sério", assegurou sua mãe, Kami. "Quase nem a levamos ao pediatra imediatamente porque ela era muito saudável e ativa. Depois de alguns dias, comecei a me preocupar, mas ainda não esperava ouvir a palavra *câncer*."

Os médicos descobriram que a contagem de glóbulos brancos de Stella era seis vezes maior do que o normal, e a batalha de sua família contra a leucemia começou. Foram três anos de internação e tratamento ambulatorial, experimentando diferentes medicamentos para ajudar seu minúsculo corpo a sobreviver ao câncer e à quimioterapia. Stella perdeu seus cachos loiros vibrantes e metade do peso de seu corpo.

Um fundamento de esperança

Quando uma criança é diagnosticada com uma doença crônica, existem os desafios iniciais de se ajustar às demandas da doença e dos tratamentos. Os planos de tratamento provavelmente exigirão ajustes, especialmente se a doença levar a mais perdas, que podem incluir invalidez ou até morte prematura. Mesmo quando alguns enfrentam dor e sofrimento inimagináveis, o aconselhamento bíblico pode ajudá-los a continuar a confiar na bondade de Deus.

A Palavra de Deus pode ser uma base sólida para crianças e famílias que às vezes se sentem como se estivessem em areias movediças. Com frequência, os filhos e seus pais enfrentam o isolamento enquanto amigos e familiares não sabem o que dizer ou como confortá-los. Pode ser necessário que as crianças sejam mantidas fora da escola e das atividades regulares para sua própria proteção ou para buscar tratamento.

Como o programa de líderes de torcida não começava até a quarta série na escola de Stella, ela tinha esperança de estar bem o suficiente para participar. Stella sonhava em ser líder de torcida desde que era bem nova ainda, quando já imitava as líderes de torcida nas laterais dos jogos de futebol de seu irmão. De tranças, Stella ficava atrás das líderes de torcida, gritando junto com elas cada grito de guerra. Ela até tinha um uniforme completo com pompons. Mas, à medida que os testes de verão se aproximavam, era óbvio que Stella não teria forças. Ela começou a passar cada vez mais tempo em seu quarto. Kami se emocionou ao lembrar à filha que ela tinha sorte de estar viva e passar por um tratamento que salvou sua vida — e se encolher atrás dela enquanto suas lágrimas ensopavam a fronha de Stella.

Como conselheiro, você pode ajudar as crianças e seus pais a pensarem em quaisquer marcos de desenvolvimento que serão atrasados ou perdidos e como processar essas perdas. Você pode ajudá-los a compreender que o desapontamento ou mesmo a raiva e a frustração são respostas naturais.

Uma postagem no Facebook, de uma mãe de uma criança com câncer, fornece um vislumbre de sua dura realidade.

"O que você não vê", por Rachel O'Neil

Você não vê a solidão de uma criança que não está na escola.

Você não vê o coração partido quando amigos de longa data param de atender suas ligações.

Você não vê a tristeza de uma criança que não pode brincar lá fora.

Você não vê a dor quando eles perdem o último evento ou passeio.

Você não vê o constrangimento quando a aparência muda e o cabelo desaparece.

Você não vê a resignação em seus olhos quando a próxima rodada de vômitos, convulsões e problemas começam.

Você não vê a exaustão chegar tão forte que eles nem choram mais de dor.

Você não vê o enorme trabalho duro que eles têm de fazer para a recuperação física.

Você não vê a devastação e a perda causadas pelas novas deficiências repentinas e duradouras.

Você não vê as lágrimas, o isolamento, a depressão, a destruição desoladora e brutal daquela criança com câncer... o implacável dia após dia...[1]

A verdade é que não podemos ver ou mesmo começar a entender todas as experiências de crianças que estão com doenças crônicas ou potencialmente fatais; mas podemos apontar para Mateus 10:29-31 e para as palavras de Jesus que explicam como Deus vê cada momento e conta cada fio de cabelo da cabeça delas.

> Por acaso não é verdade que dois passarinhos são vendidos por algumas moedinhas? Porém nenhum deles cai no chão se o Pai de vocês não deixar que isso aconteça. Quanto a vocês, até os fios dos seus cabelos estão todos contados. Portanto, não tenham medo, pois vocês valem mais do que muitos passarinhos (NTLH).

Ajude a criança a entender a mensagem de Jesus sobre o amor de Deus por nós por meio do exemplo de seu terno cuidado por esses pássaros comuns e sua ênfase em como somos preciosos para Deus. As crianças podem se perguntar por que Deus permitiria que uma coisa

---

[1] Extraído da postagem de Rachel O'Neil em Make September Gold-Childhood Cancer Awareness, Facebook, 20 de setembro de 2018.

tão terrível acontecesse com elas se Ele se importa tanto. Uma explicação do pecado e seu impacto em cada aspecto de nosso mundo caído pode ser garantida, porém, mais do que qualquer coisa, essas crianças estão procurando garantias de que Deus as ama e vê suas lutas.

Pergunte à criança se ela tem um álbum de recortes ou um livro para bebês. Você também pode trazer o seu próprio ou um que pertença a um membro da família para fins ilustrativos. Pergunte à criança se ela entende o que é um álbum de recortes, explicando que guardamos lembranças ou recordações especiais porque elas são muito queridas para nós. Por exemplo, você pode colar uma foto do dia em que venceu a gincana da escola, ou uma mãe pode guardar o cabelo do primeiro corte de cabelo de seu bebê. Deus nos diz que se preocupa tanto com nossa dor e sofrimento que acompanha cada lágrima.

"Tu sabes como estou aflito, pois tens tomado nota de todas as minhas lágrimas. Será que elas não estão escritas no teu livro? (Salmos 56:8, NTLH).

Um compromisso para aprender sobre necessidades específicas

Colin Mattoon, cuja esposa foi diagnosticada com uma doença autoimune, é pastor associado e capelão de hospital para doentes crônicos. Ele tem escrito sobre recursos para preparar conselheiros bíblicos a fim de ajudar pessoas com doenças crônicas, muitos dos quais também podem se aplicar a crianças. Ele diz que esse tipo de aconselhamento requer um compromisso dos conselheiros para aprender sobre as necessidades específicas de seus pacientes, porque elas variam de acordo com as diferentes lutas, e verificar se eles também têm deficiências.

"Você pode não saber muito sobre doenças crônicas ou o que é a luta contra a experiência da doença crônica. No entanto, se você continuar fazendo perguntas, for um bom ouvinte e trabalhar para entender a doença e a experiência que a doença traz, isso não será um problema por muito tempo", diz Colin.[2] "Uma coisa que você pode fazer é dizer quais são os fatos e sentimentos que você os ouve expressando. Por exemplo, você pode dizer: 'Parece que você está se sentindo muito triste com a forma como sua doença o está impedindo de fazer determinada coisa'".

"Outra coisa que você pode fazer é dizer o que pensa sobre a tristeza deles. Por exemplo, você pode dizer: 'Lamento que você esteja passando por isso agora. Parece muito difícil e triste passar por tudo isso Ao ouvir a pessoa, incentive-a a ser honesta sobre seus sentimentos'".[3]

Collin enfatiza que os sentimentos vão mudar com base na doença e, embora um diagnóstico preveja o que essas crianças podem esperar no futuro, ainda é difícil lidar com a progressão e a perda. Ele sugere usar o salmo 13 do rei Davi como exemplo de alguém que clama a Deus em meio a suas lutas.

No dia de seu diagnóstico, Kristin Hamer se lembra de ter enfrentado sua doença ocular progressiva com o otimismo inocente de uma

---

[2] Colin Mattoon, "Counseling the Chronically Ill", *Biblical Counseling Coalition*, 1º de maio de 2013, https://www.biblicalcounselingcoalition.org/2013/05/01/counseling-thechronically-ill/.

[3] Colin Mattoon, "A Guide to Counseling the Chronically Ill", *Biblical Counseling Coalition*, 1º de maio de 2013, https://www.biblicalcounselingcoalition.org/wp-content/uploads/2013/05/mattoon_a_guide_to_counseling_the_chronically_ill.pdf, p. 6.

criança de 8 anos, ao garantir à mãe que um dia teria novos olhos no céu. Mas, ao entrar nos desafiadores anos da adolescência, Kristin não queria se sentir diferente das outras crianças e não gostava de ter atenção extra, então ela tentou esconder sua perda de visão.

"Gostaria de poder dizer que mantive aquela fé e alegria infantis quando minha visão começou a enfraquecer", afirmou Kristin. "Quando entrei no ensino fundamental e no ensino médio, realmente não fiquei feliz com o fato de ser diferente. Eu odiava minha deficiência e tentei de tudo para ser o mais normal possível. Não queria estar associada a pessoas com deficiência porque não queria ser diferente. Eu não queria que as pessoas olhassem para mim ou pensassem que eu era estranha ou peculiar. Eu não queria que as pessoas sentissem pena de mim e tivessem compaixão. Quando você olha para mim, não é possível perceber que tenho uma deficiência visual, então usei isso a meu favor."[4]

Kristin manteve sua fé, mas ela lutou para entender os caminhos de Deus.

Por que Ele a formou com uma doença ocular congênita?

Por que Deus não a curou?

Qual era o propósito dele?

A confiança de Kristin cresceu durante seus anos de faculdade ,quando ela aprendeu a se defender e a ajudar os outros. Ela ouviu Joni Eareckson Tada falar durante uma conferência missionária na universidade e sentiu que Deus a chamava para trabalhar com pessoas afetadas por deficiências.

---

[4] "From Wrestling to Finding Rest", Joni and Friends, July 17, 2019, https://www.joniandfriends.org/from-wrestling-to-finding-rest/.

"Nesse momento decisivo, minha perda de visão começou a me dar uma visão espiritual", explicou Kristin. "Em 2Coríntios 12, Paulo pediu a Deus que removesse um espinho de sua carne. Ele implorou a Deus três vezes para tirá-lo. Deus respondeu a Paulo dizendo que sua graça era suficiente e que seu poder seria aperfeiçoado na fraqueza de Paulo. Essa passagem me mostrou que Deus usa nossas 'fraquezas' para demonstrar seu poder."[5]

Como estagiária do programa Motivo Para Viver do centro Joni and Friends, Kristin serviu como missionária de curto prazo em Uganda, ajudando crianças afetadas por deficiências. À medida que sua esperança em Cristo e sua identificação com Cristo cresciam e se aprofundavam, ela queria compartilhar essa mesma esperança com as pessoas que precisavam saber da recompensa eterna à sua frente. "Aprendi que posso usar minha deficiência para servir aos outros porque vejo pessoas aqui que estão tão destruídas e precisam de esperança", disse Kristin.[6]

Se você está aconselhando uma criança que enfrenta um diagnóstico terminal ou que parece estar perdendo a batalha contra o câncer ou outra doença potencialmente fatal, é crucial ajudá-la a compreender a eternidade. Assegure a ela de que pode não fazer sentido na terra, mas no céu ela compreenderá completamente os bons propósitos de Deus ao permitir que o sofrimento tenha tocado sua vida.

Jeff Robinson, pai de quatro filhos e pastor, diz que a Bíblia não se esquiva do tema da morte, e nós também não devemos fazê-lo. Ele diz que a morte faz parte de nosso mundo decaído e avisa aos pais que

---

[5] "From Wrestling to Finding Rest."
[6] "Leading Through Brokenness", *Joni and Friends*, July 18, 2019, https://youtu.be/-tEcJFigJjg.

versículos específicos como os do salmo 139 podem trazer conforto aos filhos quando explicados de uma forma apropriada para a idade.[7]

Existem também excelentes livros infantis que tratam do céu, como *Goodbye to Goodbyes*, de Lauren Chandler (Tales That Tell the Truth, The Good Book Company, 2019) e *God Made Me For Heaven*, de Marty Machowski (New Growth Press, lançado na primavera de 2021). Outro livro infantil ilustrado que reafirma aos filhos o amor de Deus em face de circunstâncias difíceis é *The Moon is Always Round*, de Jonathan Gibson (New Growth Press, 2019). Ao ler esses livros com crianças (ou lê-los para elas), use-os como ponto de partida para permitir que expressem seus medos, dúvidas e perguntas. Como sempre, o Jesus ressuscitado é nosso firme alicerce e âncora para nossa alma e para a alma das criancinhas.

Uma palavra aos pais

Há uma razão pela qual temos a expressão "mamãe ursa". Uma coisa é ter dor ou sofrimento infligidos a nós, mas é uma luta totalmente diferente ver seu filho sofrer os efeitos de uma doença debilitante.

Em seu programa de rádio, Joni compartilhou a história da resposta honesta e zangada de uma mãe ao diagnóstico terminal de sua filha:

> Gloria sentiu uma angústia profunda quando soube o quão grave era a doença de sua filha. A pequena Laura, ao que parecia, já havia sofrido o suficiente com a doença degenerativa

---
[7] Jeff Robinson, "5 ways to Talk to your children about death", *The Gospel Coalition*, September 14, 2015, https://www.thegospelcoalition.org/article/5-ways-talk-to-your-children-aboutdeath/.

congênita de um nervo, mas, agora, a previsão dos médicos incluía mais sofrimento e morte iminente. Como qualquer mãe, Gloria desejou desesperadamente poder tirar a dor e o desconforto de Laura. Ela oscilava entre momentos sombrios de tristeza e furiosas explosões de raiva. E Gloria não tinha problemas com a ideia da soberania de Deus e seu controle da doença de sua filha. Se Deus era soberano, ela sabia exatamente a quem culpar! Uma noite, ela deixou a cabeceira de sua filha e parou no corredor, tentando acalmar sua raiva e enxugar as lágrimas. E ela se lembra de ter sussurrado: "Deus, não está certo! Não está certo! O Senhor nunca viu um de seus filhos morrer!".

Nesse ponto, Gloria colocou a mão sobre a boca. A verdade a atingiu. Deus certamente viu seu filho morrer — seu único filho. E, como qualquer pai, provavelmente desejou que Ele pudesse ter tirado a dor de seu filho. Mesmo assim, Deus suportou a dor porque Deus amou o mundo. Como diz João 3:16: "Porque Deus tanto amou o mundo que deu o seu Filho Unigênito, para que todo o que nele crer não pereça, mas tenha a vida eterna" (NVI). O Pai celestial de Gloria suportou a dor da morte de seu Filho para que ela e sua filha pudessem ter uma vida eterna.

Esse fato por si só elevou o espírito desanimado de Gloria. Ela poderia suportar a dor do sofrimento e da morte de sua filha porque Deus suportou a dor do sofrimento e da morte de seu Filho. Isso significava que a força e a empatia de Deus foram feitas sob medida para ela. E Ele não morreu apenas por ela, Ele vive para dar a ela poder e força para suportar o que parece ser insuportável. Ele até vive para dar à filha dela esse tipo de força oculta! Gloria poderia descansar no conforto de que Deus estava ao seu lado no grupo de apoio aos pais mais incrível já criado![8]

Quando nosso filho depara com um diagnóstico que trará mudança de vida, pode ser tentador se afastar de Deus e duvidar de sua bondade. Nosso sofrimento só faz sentido se entendermos a soberania de Deus e seu sacrifício. À parte de um Deus amoroso, que usa o sofrimento para sua glória, nossa dor não tem sentido. Mas, em suas mãos, doenças, deficiências e até mesmo a morte podem se tornar um meio de levar outros à fé em Jesus Cristo.

Embora Joni tenha visto Deus fazer isso em sua própria vida e por meio da vida daqueles que são servidos pelo seu ministério, ela aprendeu que, no início, as pessoas que sofrem simplesmente querem que choremos "com os que choram" (Romanos 12:15). Então, eles provavelmente estarão abertos para ouvir as Escrituras.

"Deus tem seus motivos para permitir tanta dor, doenças e sofrimento, e esses motivos são bons, corretos e verdadeiros. Mas serei a primeira a dizer que, quando seu coração está sendo espremido como uma esponja, uma lista ordenada das 16 boas razões bíblicas para explicar por que isso está acontecendo pode arder como sal na ferida", disse Joni. "Você não estanca o sangramento com as respostas. Ah, sim, chega um momento em que as pessoas param de perguntar 'Por quê?' com o punho cerrado e começam a perguntar 'Por quê?' com um coração perscrutador. E esse é um ótimo momento para as respostas da Bíblia.

---

[8] Joni Eareckson Tada, "God's parent support group", *Joni and Friends Radio*, 12 de setembro de 2017, https://www.joniandfriends.org/gods-parent-support-group/.

Mas, quando o sofrimento é recente, as respostas nem sempre chegam ao problema onde dói, e isso está no âmago e no coração."[9]

O pastor e autor Costi Hinn concorda que pais magoados precisam de tempo para processar sua raiva e decepção e deixar de lado o que eles achavam que seria a vida. Então, devemos encorajá-los a trazer tudo de volta para colocar aos pés da cruz.

"Suas ansiedades e dores estão a seus pés (1Pedro 5:7), e Ele promete paz além da compreensão humana para aqueles que chegam a Ele com um coração devoto, grato e dependente (Filipenses 4:6-7)", disse Costi, compartilhando as lutas de sua própria família depois que seu filho de três meses, Timothy, foi diagnosticado com câncer. "Deus nos faz crescer, nos molda, nos santifica e nos leva ao objetivo de nós mesmos por meio do sofrimento. O tempo todo nos moldando à imagem de seu Filho Jesus. Isso não significa que devemos ficar entusiasmados com o diagnóstico de câncer ou esperar que nosso filho sofra. Mas significa que não devemos ficar tão obcecados com nosso alívio a ponto de perdermos as lições que Deus nos ensina ao longo do caminho. O sofrimento nos aproxima de Deus e, por meio do sofrimento, Ele realiza grandes propósitos."[10]

Deus quer usar nossas lutas para nos lembrar de nossa dependência dele e uns dos outros. Se você está em um período de isolamento, seja determinado em encontrar uma comunidade de crentes segura e

---

[9] Rick Vacek, "Tada delivers a moving call to action at chapel", *GCU Today*, 18 de setembro de 2018, https://news.gcu.edu/2018/09/tada-delivers-a-moving-call-to-action-at-chapel/.

[10] Costi W. Hinn "Trusting Christ with childhood cancer", For the gospel, 18 de fevereiro de 2019, http://www.forthegospel.org/trusting-christ-with-childhood--cancer/.

solidária. Se sua vida parece consistir em correr de uma consulta médica para a próxima ou o seu filho precisa de cuidados constantes, sua comunidade de apoio pode precisar começar on-line. De qualquer forma, não deixe de encontrar outros pais que possam ter empatia com sua dor e ficar ao seu lado.

Amy Mason escreveu seu livro *Bible Promises for Parents of Children With Special Needs* para pais feridos em busca de respostas. "Em tempos de grande perda, você pode ser tentado a desistir de Deus. Você pode duvidar dele e se perguntar por que Ele não evitou essa perda. A Bíblia diz que problemas virão — coisas se perderão e seus sentimentos serão feridos. No entanto a Bíblia também o incentiva a não jogar fora sua esperança confiante. Quando você estiver sofrendo e temer o vazio à sua frente, busque refúgio na presença de Deus. Ele é um Deus que recompensa aqueles que confiam nele quando dói e se apegam a Ele quando não têm mais nada. Você tem esta esperança: Deus aprecia redimir grandes perdas por bênçãos abundantes."[11]

---

[11] Amy E. Mason, *Bible Promises for Parents of Children With Special Needs* (Carol Stream, IL: Tyndale House Publishers, 2017), p. 147.

16

Aconselhando crianças com deficiência

Joni and Friends International Disability Center

A sala estava quieta enquanto os olhos iam e voltavam entre os testes e as folhas de respostas, com o lápis trabalhando duro. Olhando ao redor da sala de aula, Matthew começou a bater, bater, bater com o lápis.

— Shhh!— alguém sibilou do outro lado da sala.

Ele tentou ficar quieto, realmente tentou, mas Matthew não era bom em ficar quieto ou em silêncio. Ele sabia que estava testando a paciência de seu professor. Também estava ciente de que seus pais sabiam muito bem sobre suas notas da escola. Ele esfregou o polegar para frente e para trás ao longo do objeto terapêutico de borracha escondido dentro de sua mesa. Às vezes isso ajudava. Outras vezes não, e Matthew começou a ficar com raiva — muita raiva.

Com sua mesa perto da Sra. Henderson, ele ouviu os sussurros vindos do monitor da sala.

— Ele apenas preencheu os círculos — disse o homem em voz baixa. — Esse teste deve levar uma hora — não há como ele fazer isso em menos de 15 minutos.

— Eu entendo — respondeu a Sra. Henderson —, mas ele adora matemática. Você pode, por favor, verificar o trabalho dele para ter certeza?

O homem resmungou algo enquanto pedia a Matthew que lhe entregasse sua folha de respostas coberta por círculos sombreados. Ele foi para o fundo da sala e depois de alguns minutos voltou para avisar a Sra. Henderson que Matthews havia acertado 98%. Ela olhou para Matthew com um grande sorriso e colocou o dedo nos lábios, lembrando-o de que os outros alunos ainda precisavam de silêncio.

Aquele dia foi uma pequena vitória depois de uma série de decepções — algo com que muitas crianças com deficiência e seus pais se identificam. O diagnóstico de autismo de Matthew, quando criança, ajudou seus pais a entender seus desafios sociais, mas não o ajudou a fazer amigos ou aliviar a tensão e o isolamento que experimentava na escola.

De acordo com a Autism Speaks, uma organização de defesa e pesquisa sobre o autismo, "o Transtorno de Espectro do Autismo (TEA) refere-se a uma ampla gama de condições caracterizadas por desafios com habilidades sociais, comportamentos repetitivos, fala e comunicação não verbal".[1] Estatísticas dos Centros de Controle de Doenças e Prevenção estima que uma em cada 59 crianças nos Estados Unidos será diagnosticada com alguma forma de autismo.

O doutor Mark Shaw diz que o termo *espectro* é apropriado porque cada pessoa com autismo é única, com uma variedade de pontos fortes e fracos. "Tendo aconselhado, feito amizade e amado pessoas descritas como autistas, é útil para mim pensar nesse espectro como dois pontos extremos e todos os tipos de níveis intermediários de comportamento e pensamento. Eu tenho visto o espectro descrito como linear e circular."[2]

---

[1] "What Is Autism?", *Autism Speaks*, https://www.autismspeaks.org/what-autism.
[2] Mark Shaw, "Continuing the Conversation on a Biblical Understanding of Autism", *Biblical Counseling Coalition*, 18 de março de 2019, https://www.biblical-

Uma extremidade do espectro inclui indivíduos que são considerados "com uma limitação severa", enquanto na outra extremidade estão aqueles que são descritos como "altamente qualificados". A maioria dos conselheiros que trabalham com pessoas com diagnóstico de autismo vai lidar com crianças como Matthew, que apresenta um grau mais severo de autismo.

"Não estamos felizes que a Bíblia ensine o valor eterno e a dignidade de todos os humanos, independentemente de sua função ou contribuições para a sociedade?" Foi o que o doutor Shaw compartilhou em um blog para a Biblical Counseling Coalition. "Ser feito à imagem de Deus dá a cada ser humano valor e propósito, independentemente do que seja considerado um modo de agir típico ou não."[3]

Infelizmente, há muito menos empatia ou compreensão para aqueles que vivem com o que às vezes chamamos de "deficiências ocultas". Existem muitas deficiências de aprendizagem, distúrbios emocionais e algumas deficiências físicas que podem não ser óbvias: esclerose múltipla precoce, síndrome da fadiga crônica, sensibilidades alimentares debilitantes, convulsões e outros.

Kathy Kuhl, autora e mãe de um filho adulto com transtorno de déficit de atenção, acabou ensinando seu filho em casa e se tornou uma voz de apoio para famílias que muitas vezes enfrentam julgamentos injustos devido a uma deficiência. Ela quer aumentar a conscientização sobre as lutas das crianças e de seus pais quando uma família é afetada

---

counselingcoalition.org/2019/03/18/continuing-/the-conversation-on-a-biblical-understanding-of-autism/#_ftn1.

[3] "Continuing the Conversation on a Biblical Understanding of Autism."

pela deficiência. Ela escreveu em um recurso não publicado no Joni and Friends,

> Essas crianças e adolescentes com deficiências ocultas não parecem diferentes. Eles caminham e correm, e alguns podem ser atletas talentosos, mas enfrentam enormes desafios invisíveis.
> Para os pais de crianças com esses distúrbios invisíveis, o estresse é diferente do que para outros pais. Ser mal compreendido dói. Uma mãe me contou que uma vez, no parquinho, ela viu outro menino arrancar algo de seu filho, que tem deficiência múltipla. Seu filho explodiu, esperneando e gritando. Ela queria corrigir seu filho, mas sabia que ele estava muito aborrecido para ouvir. Com o tempo, ela aprendeu que um abraço firme é o que ele precisava para se acalmar e ouvi--la. Ela também sabia que todos os pais no parquinho iriam pensar que ela estava recompensando a agressão com simpatia. Enfrentamos a pressão de amigos, vizinhos e parentes. Alguns deles acreditam que, se apenas disciplinássemos melhor nossos filhos, eles não seriam tão desatentos, impulsivos, aborrecidos ou socialmente desajeitados. Ou dizem à criança: "Você só precisa se esforçar mais".

Shaw Bates foi diagnosticado com um distúrbio de aprendizagem quando criança, e ele sabe que não é por falta de esforço. "Quando eu aprendo, é como subir uma escada, mas, para as pessoas que aprendem normalmente, elas podem usar as escadas rolantes", explica Shaw. Para alunos com distúrbios de aprendizagem, como dislexia (leitura), discalculia (matemática) e disgrafia (escrita), o cérebro recebe e processa informações de maneira diferente, e eles podem exigir estratégias de aprendizagem individuais. Médicos e professores disseram a Shaw e a seus pais que ele não poderia aprender.

Embora ele se parecesse com qualquer outro menino de 10 anos, a deficiência de Shaw o fez se sentir isolado e sozinho em suas lutas durante grande parte de sua infância. "Eu estava junto com crianças com deficiências físicas e algumas com transtornos mentais graves. Muitas vezes fui chamado de 'estúpido' e 'retardado'. Eu não tinha nenhum amigo", ele compartilhou.

Com o tempo, Shaw descobriu como poderia aprender melhor e, com alguns sistemas de apoio, formou-se na Biola University. Enquanto servia como estagiário no centro Joni and Friends, ele forneceu informações sobre as lutas de crianças com deficiências ocultas. "Eu tinha a sensação de que era estúpido, lento e não era bom em nada", disse Shaw. "Eu gritava para Deus: *Por que sou estúpido? Por que não sou inteligente? E por que não consigo aprender?*"[4]

Nick Vujicic nasceu sem braços e sem pernas, mas desafiou qualquer limitação que as pessoas tentassem colocar nele por causa de sua deficiência física. Ele é marido, pai, autor e evangelista que viaja pelo mundo inspirando outras pessoas por meio do ministério internacional sem fins lucrativos que fundou. Seu pai, Boris, diz que, embora Nick tenha passado por dificuldades no início, a família prosseguiu direcionando Nick para Deus e para o que Ele *poderia* fazer.

"Sempre lutamos contra qualquer tentativa de rotular ou marginalizar crianças como Nick porque queríamos que nosso filho brilhante e

---

[4] Joni Eareckson Tada e Steve Bundy, com Pat Verbal, *Beyond Suffering for the Next Generation Study Guide* (Agoura Hills, CA: Joni and Friends, 2015).

invencível tivesse todas as oportunidades de provar seu valor no mundo", assegurou Boris. "Avaliações subjetivas, percepções e preconceitos são ilusórios. Todas as crianças têm pontos fortes e fracos e podem nos surpreender de muitas maneiras. Nosso dever é fortalecê-los, incentivá-los e motivá-los, bem como ajudá-los a desenvolver seus pontos fortes."[5]

Sem respostas fáceis

Como conselheiro, você pode ter de lidar com crianças como Matthew ou Shaw, com deficiências ocultas, ou pode ser solicitado a aconselhar uma criança com limitações físicas como Nick. Ao atendermos famílias afetadas por deficiências no centro Joni and Friends, descobrimos "por que as perguntas" são um fio condutor comum entre as crianças e os pais.

Por que Deus deixaria isso acontecer?
Por que eu enfrento _____ e meus amigos não?
Por que as pessoas não percebem que estou tentando?
Por que as pessoas não conseguem enxergar além de minhas limitações?

Embora não tenhamos todas as respostas, podemos confiar que a Palavra de Deus nos trará conforto. Não nos esquivamos de perguntas honestas. Joni Eareckson Tada é tetraplégica há mais de 50 anos, como resultado de um acidente de mergulho aos 17 anos. Depois de lutar contra sua própria depressão e raiva, ela acabou fundando a instituição

---

[5] Boris Vujicic, *Raising the Perfectly Imperfect Child: Facing Challenges With Strength, Courage, and Hope* (Colorado Springs, CO: WaterBrook Press, 2016), p. 11.

Joni and Friends, não apenas para ser uma voz para aqueles que são afetados por deficiências e ajudar as igrejas a ficarem ao lado deles, mas também para oferecer um lugar seguro para pessoas feridas encontrarem o encorajamento da Palavra de Deus.

Quando se chega à questão "por quê?", agimos como uma criança que, ao machucar o joelho, não quer que o papai lhe dê um sermão sobre "por que você caiu da bicicleta"; em vez disso, a criança só quer que o papai a pegue no colo, dê um tapinha nas costas e diga que tudo vai ficar bem: "papai está aqui, querida, está tudo bem". E esse é o nosso clamor silencioso ao nosso Pai Celestial. Quando estamos confusos e sofrendo, queremos a garantia do Pai de que nosso mundo não está desmoronando. Além do mais, queremos que nosso Pai esteja no centro de nosso sofrimento, suportando e compartilhando nossa carga. E é isso que o Deus da Bíblia faz. Ele não é rápido para nos dar respostas, mas é rápido para dar-se a si mesmo.[6]

Como conselheiro, seu objetivo é ajudar as famílias afetadas pela deficiência a compreender que todas as pessoas, com ou sem deficiência, foram criadas à imagem de Deus, de acordo com Gênesis 1:26-27. Lilly Park, ex-professora assistente de aconselhamento bíblico no The Southern Baptist Theological Seminary, escrevendo em um blog para a Biblical Counseling Coalition, diz: "Fundamentalmente, isso significa que não somos definidos por nossas deficiências e não somos incompletos por causa de uma deficiência".[7]

---

[6] Joni Eareckson Tada, "Tough Questions... Tender Answers", *Joni and Friends* blog, 13 de outubro de 2011, https://www.joniandfriends.org/tough-questions-tender-answers/.

[7] Lilly Park, "Theology of the Soul as it Relates to Disability", *Biblical Counseling Coalition*, 17 de janeiro de 2018.

As crianças precisam entender que, embora vivamos em um mundo quebrado devido ao pecado, Deus tem um propósito para cada um de nós — independentemente de nossas habilidades. Moisés não tinha confiança nem acreditava que poderia ser usado por Deus devido a um problema de fala. Você pode compartilhar com uma criança Êxodo 4:11, onde está relatado:

Porém o Senhor lhe disse: "Quem dá a boca ao ser humano? Quem faz com que ele seja surdo ou mudo? Quem lhe dá a vista ou faz com que fique cego? Sou eu, Deus, o Senhor" (NTLH).

Lembre às crianças de que Deus tem um plano único para cada um de nós e que a Bíblia ensina que somos tecidos ao corpo de nossas mães com cuidado especial.

"Tu criaste o íntimo do meu ser e me teceste no ventre de minha mãe" (Salmos 139:13, NVI).

Você pode achar útil usar um bordado ou tapeçaria para ajudar a explicar esse conceito. Algumas crianças podem gostar de ter uma oportunidade de aprendizado ativo, enquanto você as ajuda a criar um pequeno projeto de bordado disponível em lojas de artesanato. O objetivo é mostrar a elas que, quando olhamos para os problemas da vida do lado do avesso, eles não fazem sentido algum. Mas, quando vemos a tapeçaria ou o bordado pelo lado de cima, vemos que todos os diferentes fios costurados formam um belo desenho. Até chegarmos ao céu, não podemos ver o quadro geral e o propósito de Deus para nossas lutas, mas podemos continuar a confiar que Ele nos criou com cuidado.

O que Jesus fez?

Frequentemente, as crianças com deficiências vivenciam o isolamento social e lutam para pertencer à sociedade. Você pode apresentá-las ao amigo Jesus. Ele nunca as desprezará e sempre estará com elas. Ele sempre as ouve quando choram. Ele quer que elas lhe relatem tudo sobre o que as está incomodando. Ao longo das Escrituras, Jesus foi atencioso e compassivo com as pessoas com deficiência, curando-as e restaurando-as na comunidade sempre que possível.

Deus projetou os cristãos para viverem juntos, por isso é doloroso quando somos excluídos ou condenados ao ostracismo, especialmente quando é devido a algo que está além do nosso controle, como uma deficiência. O apóstolo Paulo comparou os crentes às partes de um corpo que precisam umas das outras para funcionar adequadamente. Compartilhe 1Coríntios 12:20-23 para mostrar o plano de Deus para a inclusão:

> Assim, há muitos membros, mas um só corpo. O olho não pode dizer à mão: "Não preciso de você!". Nem a cabeça pode dizer aos pés: "Não preciso de vocês!". Ao contrário, os membros do corpo que parecem mais fracos são indispensáveis, e os membros que pensamos serem menos honrosos, tratamos com especial honra. E os membros que em nós são indecorosos são tratados com decoro especial (NIV).

As crianças precisam entender que no tempo de Jesus aqueles com deficiência eram excluídos porque muitas pessoas pensavam que eles tinham feito algo errado e por isso foram castigados com alguma deficiência. Você pode dedicar um minuto para abordar esse problema especificamente e perguntar se ele ou ela já teve pensamentos semelhantes. Leia João 9:1-7, que mostra que Jesus curou um homem que era cego desde o nascimento. Ele disse a seus discípulos que a deficiência do homem não era por causa de qualquer coisa errada que ele tivesse feito, mas era parte do plano de Deus para ajudar outros a ver o poder e a bondade de Deus em circunstâncias difíceis.

Uma palavra aos pais

Jesus revelou o poder de Deus, mas também demonstrou sua ternura. Ele compreende todas as suas dores e tristezas e todas as aflições com as quais vivemos, especialmente quando nossas famílias sofrem o impacto de uma deficiência. Ele ouve os apelos desesperados de uma mãe, clamando para saber *o que* ela pode fazer para ajudar na solidão de seu filho, ou um pai buscando *como* deixar de lado os sonhos que teve para seu filho, para que ele possa abraçar um sonho diferente.

Podemos levar nossas feridas ao pé da cruz, mas também devemos buscar amigos cristãos que se importam e nos apoiam. Em 2Coríntios 1:3-4, lemos que Deus é a fonte de todo conforto, mas Ele quer nos usar para consolar os outros: "Ele nos auxilia em todas as nossas aflições para podermos ajudar os que têm as mesmas aflições que nós temos. E nós damos aos outros a mesma ajuda que recebemos de Deus" (NTLH).

Kathy Kuhl viu Deus redimir as lutas de seu filho, dando-lhe a sabedoria necessária para exercer o papel de mãe e atuar na educação em casa para mudar a trajetória de sua vida. Ela agora ajuda outros pais enquanto escreve e dá palestras em todo o país.

"Houve dia em que chorei", disse Kathy. "Não precisamos fingir que somos felizes o tempo todo. Jesus também chorou. Ele é o homem de dores, que experimentou o sofrimento. Podemos ter bons motivos para chorar:

- Choramos por nossos filhos. Este é um mundo despedaçado. Esse sofrimento dói mais quando atinge aqueles que amamos.

Choramos pela dor deles. Fiquei triste porque foi muito difícil para meu filho aprender. Choramos por nossos filhos quando outras crianças são cruéis. Fiquei triste com amigos cujas filhas lutaram contra doenças mentais.

- Choramos pela morte dos nossos sonhos. Tudo certo, também. Quando desistimos da vida que imaginamos, Deus não exige que façamos isso estoicamente, como se não nos custasse nada.
- Às vezes, choramos com um novo diagnóstico. Embora um diagnóstico possa ser um alívio, ele também pode trazer uma enxurrada de novas perguntas, preocupações, consulta a especialistas, tratamentos e medicamentos. Às vezes, nossos filhos recebem diagnósticos diferentes à medida que crescem, e as notícias podem doer. De repente, temos um novo conjunto de especialistas, novos termos, terapias, terminologias a serem aprendidas, um novo prognóstico para chegar a um acordo ou questionar.
- Choramos porque estamos fartos de incertezas e instabilidade. Pode ser difícil, até mesmo impossível entender o que causa as dificuldades de nossos filhos. Os pais de crianças com esclerose múltipla e outros distúrbios físicos nunca sabem o que seus filhos serão capazes de fazer naquele dia.

Quando o choro terminar, podemos mais uma vez recorrer às Escrituras para encontrar nossa fonte de esperança — Jesus."

Muitas vezes ficamos aflitos, mas não somos derrotados. Algumas vezes ficamos em dúvida, mas nunca ficamos desesperados. Temos muitos inimigos, mas nunca nos falta um amigo. Às vezes somos gravemente feridos, mas não somos destruídos. Levamos sempre no nosso corpo mortal a morte de Jesus para que também a vida dele seja vista no nosso corpo (2Coríntios 4:8-10, NTLH).

Amy Mason, que escreveu o livro encorajador *Bible Promises for Parents of Children With Special Needs*[8] compartilha o seguinte: "Quando você acaba de receber um diagnóstico difícil ou percebe que o seu sonho não se tornará realidade, você pode se sentir desesperado, como se estivesse se afogando em desespero ou tropeçando na escuridão. Mas você não está perdido para Deus. Ele sabe o que você deseja e conhece suas necessidades tão bem quanto as de seu filho. Ele quer fazer parte do processo de criação de novos sonhos com você. Clame a Ele e abra seu coração. Peça a Ele que lhe dê um novo sonho para você e sua família. A esperança dá a você a força para suportar muitas circunstâncias difíceis".

Como uma pessoa tetraplégica que lutou contra o câncer duas vezes e vive com dores crônicas, Joni sabe que o sofrimento e a deficiência podem nos forçar a examinar aquilo em que realmente acreditamos.

Odiamos quando a vida não é justa! Esperamos que nossas famílias tenham uma vida boa, com longos períodos de tranquilidade e conforto e apenas interrupções ou irritações ocasionais — frustrantes, mas facilmente suportáveis. Nada

---

[8] Lilly Park, "Theology of the Soul as it Relates to Disability", *Biblical Counseling Coalition*, 17 de janeiro de 2018, https://www.biblicalcounselingcoalition.org/2018/01/17/bcc-summit-2017theology-of-the-soul-as-it-relates-to-disability/.

estoura essa bolha mais rapidamente do que uma deficiência. Isso me lembra da minha amiga Susan, que, quando soube que a criança que carregava no colo tinha múltiplas deficiências, desabou nos braços do marido e soluçou: "Nossa vida nunca mais será a mesma! Nunca!". Brad abraçou Susan com força, acariciando e beijando seus cabelos. Então ele sussurrou: "Querida, talvez nossa vida não deva ser a mesma".[9]

Refletindo sobre o passado, Boris Vujicic aconselha os novos pais a abandonarem suas expectativas e a forma como eles acham que será criar seus filhos com necessidades especiais e, em vez disso, abraçarem o plano de Deus. "Passamos a ver Nick como a bela criação de Deus, amorosamente formado à sua imagem. Faltou sabedoria, inicialmente, para entender isso. Vimos Nick como desabilitado, em vez de habilitado. Não podíamos entender que seus braços e pernas perdidos faziam parte do plano de Deus para nosso filho", disse Boris. "Nick nos deu uma nova definição de filho ideal e uma apreciação mais profunda da complexidade da visão divina de nosso Pai."[10]

---

[9] Joni and Friends, *Real Families, Real Needs* (Carol Stream, IL: Tyndale House Publishers, 2017), p. x.
[10] Boris Vujicic, *Raising the Perfectly Imperfect Child: Facing Challenges With Strength, Courage, and Hope* (Colorado Springs, CO: WaterBrook Press, 2016), p. 4-5.

AS CRIANÇAS
E SEUS
TRAUMAS

17

Ajudando crianças vítimas de abuso

Amy Baker

Ruby, com 13 anos, odeia ir para a cama à noite. Ela tinha 8 anos quando o marido de sua mãe começou a abusar sexualmente dela. Ela não sabia que, antes disso, ele estava tentando prepará-la para seu abuso. Ela achava que seus presentes, atenção e palavras doces eram porque ele realmente a amava. Mas tudo isso mudou quando o abuso sexual começou. O período noturno tornou-se perigoso. Durante a noite, o padrasto se esgueirava em seu quarto para fazer coisas impublicáveis. Mesmo quando seu padrasto não vinha a seu quarto, Ruby acordava se perguntando: *Por que você foi tão bom para mim hoje? Você vai me pegar? Será que alguém vai descobrir o que você está fazendo comigo? Como posso ficar longe de você?* Para Ruby, a noite era um período para ficar vigilante, não para dormir.

Acreditando nas ameaças do padrasto de que, se ela contasse a alguém, a polícia iria levá-la embora e ela nunca mais veria sua mãe e a irmãzinha, Ruby manteve silêncio por cinco anos. Ela havia aprendido que tentar proteger-se, recusando o seu padrasto, resultaria em mais dor e punição. Uma vez, quando ela se recusou a fazer o que seu padrasto exigia, ele pegou o cão da família que Ruby amava e atirou nele na frente dela.

Ruby também tentou proteger-se de outras maneiras. Procurou manter-se em segredo e despercebida o quanto podia quando seu padrasto estava em casa. Mas dormir no chão em um canto de seu quarto não havia impedido o padrasto de encontrá-la. Ela tentou fazer-se fisicamente pouco atraente, mas suas roupas surradas e malcheirosas e aparência desleixada resultaram em ridículo, não em segurança.

Ao longo dos anos, Ruby tornou-se mais e mais isolada. Ela sentiu que ficar perto de alguém representava um risco — o risco de que sua história iria ser revelada e mais abuso viria a seguir. Seu padrasto tomou precauções para impedi-la de estabelecer relacionamentos fora de casa, mas, mesmo sem as restrições impostas pelo padrasto, Ruby não se sentia boa o bastante para se relacionar com alguém. O que ela diria para as meninas falando sobre seu primeiro beijo quando ela já tinha tido relações sexuais com seu padrasto?

Mentir tornou-se fácil. Ruby aprendeu a mentir sobre seu abuso para que seu padrasto não a machucasse nem machucasse alguém que ela amava. Ruby aprendeu a mentir para a família e para os amigos para que eles não descobrissem o quão suja e detestável ela era. Mas mentir lhe causou um profundo pesar agora que sua irmã também fora abusada. *Se apenas... se apenas... se apenas...* pensava ela, *então minha irmã não teria sido abusada.*

Quando ela soube que seu padrasto tinha começado a abusar de sua irmã, Ruby finalmente confiou em um professor na escola. Agora que o abuso foi trazido à luz, Ruby tem novos medos que a perseguem — medo de que seu padrasto volte para feri-la (embora ele esteja atualmente na prisão); de que as pessoas não acreditem em sua história; de que sua mãe possa ser presa por não deter seu padrasto; de que todo mundo vá saber o que aconteceu e olhar para ela como se ela fosse algum tipo de aberração.

Todos esses terrores chegam em forma de pesadelos quando ela tenta dormir. Ruby odeia ir para a cama à noite.

Por onde você começa?

Como criança vulnerável, Ruby foi tratada como um objeto para satisfazer os desejos perversos de outra pessoa. A forte dominação que o abusador exerce sobre Ruby para garantir que ela fizesse tudo o que ele queria fez com que ela sentisse medo, ansiedade, vergonha, dor, alienação e raiva. Antes de abusar dela, o abusador preparou o terreno, isso incluía dizer a Ruby o quanto ela era linda, inteligente, divertida etc. Agora, Ruby não confia em ninguém que goste dela. Ser bem tratada e elogiada significa que seu corpo se tornará um objeto a ser tocado, ridicularizado e usado de acordo com a vontade da outra pessoa. Esse comportamento é comum em crianças que foram abusadas.

Não surpreende que o medo e a ansiedade muitas vezes atormentam vítimas de abuso. Essas preciosas vítimas foram ensinadas a temer o uso cruel do poder do abusador sobre elas. Isso se aplica não apenas ao abuso em si, mas também às ameaças e aos subornos que geralmente acompanham o abuso. Para muitas vítimas, o medo e a ansiedade se tornam seus companheiros indesejados e constantes. Elas podem experimentar manobras defensivas, como se isolar do mundo, dormir completamente vestidos ou com várias camadas de roupas, indo mentalmente para um lugar diferente enquanto seu corpo está sendo violado, fugindo ou se transformando em usuário de drogas ou álcool para obter alívio. Em algum nível, percebem que essas são formas ineficazes de alcançar a proteção e a paz, e se sentem obrigadas a continuar com essas estratégias porque acreditam que, se elas as deixassem, tudo o que permaneceria seria o terror total.

Enquanto a raiva é uma resposta apropriada à maldade, às vezes a ira é apenas uma cobertura para o medo. Quando esse é o caso, a raiva é mal direcionada e usada para manter os outros longe, incluindo aqueles que não tratavam a criança de forma perversa. Como uma menina disse, ter raiva era mais fácil do que ficar com medo. Sentir raiva pode fazer com que se sinta mais forte. O medo e o sofrimento podem ser mascarados ou esmagados por essa outra emoção. Portanto, a raiva pode ser a máscara que cobre a dor mais profundamente — ser desvalorizado, rejeitado, impotente, indigno de amor, sem importância, envergonhado e abusado. Como conselheiro, você pode achar que primeiro precisa abordar questões como medo, vergonha e rejeição antes de enfrentar a raiva em relação a você e a outras pessoas que não sejam o agressor.

Claro, nem todas as crianças abusadas demonstram raiva. Respostas ao abuso não são formuladas. Como em todos os aconselhamentos, precisamos pensar cuidadosa e pacientemente para entender o coração.

Compreenda que a confiança foi quebrada

Ao dar início ao aconselhamento de uma criança abusada, tenha em mente que ele ou ela provavelmente achará difícil confiar em você. De certa forma, essa é uma posição apropriada e justa. "O Senhor diz: 'Maldito o homem [pessoa] que confia no homem'" (Jeremias 17:5). Uma criança abusada aprendeu por meio de uma experiência traumática a não confiar em um adulto. Claro, todo conselheiro bíblico, não importa quão sábio ou piedoso ele seja, não representa plena e perfeitamente o único Deus verdadeiro e justo. Então, enquanto somos chamados a ser confiáveis, nunca devemos levar as crianças a acreditar que somos intrinsecamente dignos de confiança.

No entanto, como conselheiros bíblicos, recebemos a oportunidade de revelar à criança a confiabilidade do herói do universo. A pessoa verdadeiramente confiável é Deus e o Homem Jesus, que estava disposto a suportar o abuso aterrorizante para nos resgatar do domínio deste mundo escuro e abrir a porta para o céu.

Confiar em Jesus provavelmente não poderá florescer com base em uma simples introdução. Isso só acontece quando o conhecimento se transforma em intimidade, e o relacionamento casual com Jesus torna-se relação de amor. Estabelecer a confiança é um processo que leva tempo, então dê às crianças uma oportunidade de processar a confiança em seu relacionamento no desenvolvimento com Deus.

Aqueles que foram abusados estão frequentemente convictos de que Deus não se importa com eles. Eles podem se surpreender ao saber que muitas pessoas na Bíblia pensavam a mesma coisa. Lamentações 3 descreve em horríveis detalhes o clamor de Jeremias, que foi abusado pelo povo de sua terra natal. Jeremias afirma que, mesmo quando ele chorava ou clamava por ajuda, Deus rejeitava sua oração (v. 8).

Jeremias não é o único que se convenceu de que foi abandonado por Deus. O salmista no salmo 22 diz que grita dia e noite, mas Deus não lhe responde. Na cruz, o próprio filho de Deus ecoa esse desespero enquanto clama em voz alta "Deus meu, Deus meu, por que me desamparaste?" (Mateus 27:46).

Essas certezas de abandono, no entanto, são desfeitas. Há muito mais coisa acontecendo em cada uma dessas histórias. Jeremias declara:

> O SENHOR é bom para com aqueles cuja esperança está nele, para com aqueles que o buscam; é bom esperar tranquilo pela salvação do SENHOR. [...] Porque o SENHOR não o desprezará para sempre. Embora ele traga tristeza, mostrará compaixão,

tão grande é o seu amor infalível. Porque não é do seu agrado trazer aflição e tristeza aos filhos dos homens (Lamentações 3:25, 26, 31, 32, 33, NVI).

O salmista afirma: "Pois não menosprezou nem repudiou o sofrimento do aflito; não escondeu dele o rosto, mas ouviu o seu grito de socorro" (Salmos 22:24, NVI).

E Deus levantou seu amado Filho Jesus dos mortos (Mateus 28). Ele *não* foi abandonado por seu pai. Deus é confiável, poderoso e compassivo. Deus nunca abandona os que são dele.

Revele nosso Deus confiável

Há muitas passagens que você pode usar para exemplificar que, quando Deus diz alguma coisa, isso acontece. Deus diz sobre si mesmo em Isaías 49:23: "Aqueles que esperam em mim *não* ficarão desapontados" (NVI, ênfase acrescentada).

Você poderia levar a criança por uma série de passagens, pedindo a ela para identificar o que Deus diz e o que acontece. Os seguintes versos fornecem exemplos (é claro, há muitas outras passagens que você pode usar):

- Gênesis 1:3 (NVI) — Disse Deus: "Haja luz", e houve luz.
  - O que Deus diz: [Haja luz.]
  - O que aconteceu quando Deus disse isso? [E houve luz.]
- João 5:8-9 (NVI) — Então Jesus lhe disse: "Levante-se! Pegue a sua maca e ande". Imediatamente o homem ficou curado, pegou a maca e começou a andar.
  - O que Jesus disse? [Levante-se! Pegue a sua maca e ande.]

- O que aconteceu? [O homem foi curado, pegou sua maca e andou.]
- Quando Deus diz alguma coisa, acontece.
• João 11:43-44 (NVI) — Depois de dizer isso, Jesus bradou em alta voz: "Lázaro, venha para fora!". O morto saiu, com as mãos e os pés envolvidos em faixas de linho e o rosto envolto num pano.
- O que Jesus disse ao homem morto? [Venha para fora.]
- O que aconteceu? [Lázaro voltou à vida e saiu.]
- Quando Deus diz alguma coisa, acontece.

Para a criança abusada que você está aconselhando, isso pode parecer difícil de acreditar. Revise suavemente a verdade com ela e dê tempo para que ela absorva isso. Não há nada de errado em voltar à mesma verdade repetidamente ao dar ao Espírito de Deus a oportunidade de alcançar o coração dela. Deus tem bons planos para ela. O coração de Deus para com ela é o mesmo que é mostrado em Jeremias 29:11 ao falar com Israel.

"'Porque sou eu que conheço os planos que tenho para vocês', diz o Senhor, 'planos de fazê-los prosperar e não de causar dano, planos de dar a vocês esperança e um futuro'" (NVI).

Deus levanta os pobres e necessitados do pó (Salmos 113:7); Ele cura os quebrantados de coração e sara suas feridas (Salmos 147:3). O abusador de Ruby a tratou como lixo — um objeto a ser usado, amassado e jogado no lixo quando não fosse mais necessário. Mas Deus tira as pessoas do lixo onde elas foram descartadas por outros e as coloca com príncipes (Salmos 113:8).

O coração de Deus para com as crianças que foram abusadas quer conduzi-las à realeza e torná-las filhas e filhos do rei. Deus deseja dar a elas uma coroa de beleza em vez de cinzas, alegria em vez de luto, e louvor em vez de desespero. À medida que crescem em confiança, elas podem irradiar o próprio esplendor de Deus (Isaías 61:3).

Antecipar um desejo de poder e controle

Se você fosse Ruby, deitada e acordada em um canto do seu quarto à noite, imaginando se o seu padrasto viria atrás de você, haveria muito tempo para você exercer o poder e o controle? Se você fosse Ruby, assombrada com perguntas — *Você vai estar em casa? Você vai me pegar? Como posso fugir de você?* —, você não gostaria de ter algum tempo para ter o poder e o controle sobre essa situação? Se você fosse Ruby, cheia de culpa e pesar porque acabou de descobrir que seu padrasto começou a abusar de sua irmãzinha, você não desejaria ter tempo para conseguir o poder e o controle de tudo isso? Muitas vezes aqueles que foram abusados quando crianças passam pela vida à procura de poder e controle, seja em si mesmas, seja em outra pessoa. As crianças que foram abusadas precisam de um protetor. Elas precisam de poder. Deus pode oferecer os dois!

Aqueles que têm sido abusados muitas vezes estão desesperadamente conscientes de sua impotência. Foi exatamente assim como o rei justo Josafá se sentiu em 2Crônicas 20:12:

"Senhor, Deus dos nossos antepassados, não és tu o Deus que está nos céus? Tu dominas sobre todos os reinos do mundo. Força e poder estão em tuas mãos, e ninguém pode opor--se a ti" (NVI).

O rei Josafá viu o quanto era impotente, mas ele também viu outra coisa. Ele descobriu que o Senhor era poderoso.

Queremos ajudar Ruby, sua irmãzinha e outros como ela a ver que eles podem depender do poder do Senhor. Deus é o protetor deles, Ele trabalha de forma justa e pelo direito de todos os oprimidos (veja Colossenses 1:9-13; Efésios 3:14-19).

Cristo morreu pelos fracos, e é o desejo dele nos salvar, nos resgatar do domínio da escuridão e nos fortalecer com *todo o poder* de acordo com *seu* poder glorioso (Romanos 5:6).

Como conselheiro, apenas suas palavras não convencerão Ruby de que Deus tem todo o poder e o controle e pode resgatá-la. Mas você pode falar com Deus por ela enquanto estão juntos. Você pode orar com e por Ruby, da mesma forma que Paulo orou por aqueles que amava em Efésios 3:14-19 e Colossenses 1:9-13.

Ruby, desde o dia em que ouvimos sobre você, não paramos de orar por você e pedir a Deus para fortalecer o seu interior com poder. Ruby, nós oramos para que você possa viver uma vida digna do Senhor e que possa agradá-lo em todos os sentidos: produzindo frutos em toda boa obra, crescendo no conhecimento de Deus, *sendo fortalecida com **todo o poder** conforme seu glorioso poder **para que*** você possa ter grande resistência e paciência. Ruby, oramos para que você possa ter poder para entender o quão grande, longo e alto é o amor de Cristo (paráfrase do autor).

Nosso protetor nos resgata e nos dá *todo* o poder. Por quê? O que devemos fazer com esse poder? O que deveríamos fazer com esse poder?

Use o poder para resistir (Colossenses 1:11)

Os efeitos do abuso muitas vezes parecem insuportáveis, mas o poder de Deus nos permite ter uma grande resistência. Para essas crianças preciosas que foram abusadas, muitas vezes parece que a dor do abuso nunca terá fim — que essa dor as assombra pelo restante de sua vida. É verdade que sua vitimização não pode ser apagada, mas com o poder de Deus elas podem resistir e não ser trancadas em uma identidade como vítima. Deus nos fortalece com todo o poder para que possamos suportar.

Empregue o poder para crescer no conhecimento de Deus e aprender a confiar biblicamente (Colossenses 1:10)

Lembre-se de que as crianças abusadas muitas vezes acham difícil confiar em alguém. Ou, quando elas começam a confiar, colocam toda a sua segurança na pessoa de confiança e esperam que essa pessoa nunca as decepcione.

Por que isso acontece? Porque essas crianças assustadas e abusadas estão agindo de acordo com sua própria compreensão. O que elas entendem é que foram feridas e não querem se machucar novamente. Paradoxalmente, no entanto, Deus nos diz para não confiarmos em nosso próprio entendimento.

"Confie no Senhor de todo o seu coração e não se apoie em seu próprio entendimento; reconheça o Senhor em todos os seus caminhos, e Ele endireitará as suas veredas" (Provérbios 3:5-6, NVI).

Pode parecer quase impossível desistir de confiar em si mesmo. Parece algo perigoso e vulnerável. Mas, ao tomarem o caminho, mesmo vacilantes, para crescer no conhecimento de Deus, Ele dá o poder de compreender o quão amplo, longo, alto e profundo é seu amor, e essas crianças podem se mover da confiança em si mesmas para a confiança no Senhor. O salmo 9 nos assegura que isso é verdade: "Os que conhecem o teu nome confiam em ti, pois tu, Senhor, jamais abandonas os que te buscam" (v. 10, NVI). Jeremias 17 acrescenta: "Mas bendito é o homem cuja confiança está no Senhor, cuja confiança nele está. Ele será como uma árvore plantada junto às águas e que estende as suas raízes para o ribeiro. Ela não temerá quando chegar o calor, porque as suas folhas estão sempre verdes; não ficará ansiosa no ano da seca nem deixará de dar fruto" (v. 7-8, NVI).

Ao trabalhar por meio desses recursos, você pode pedir à criança que lhe dê alguns exemplos de como ela confiava em si mesma e não se deu bem. Por exemplo, a criança pode ter mentido sobre o estudo para um teste de matemática, mas depois falhou na prova e recebeu uma lista de atividades extras para resolver. Ou a criança pode ter ficado com raiva e disse à sua melhor amiga que a odiava, mas se sentiu muito mal depois que falou isso para ela. Além disso, você pode perguntar à criança como seria a vida dela se ela desse um passo para confiar em Deus e não em si mesma. Para uma criança medrosa, talvez um passo de confiança seja dizer "olá" para um adulto na companhia de seus pais. Talvez um passo de confiança seja cooperar honestamente com as autoridades que Deus designou para investigar e processar seu abusador. Ore com a criança, pedindo a Deus que a fortaleça com todo o poder para que ele ou ela possa dar um passo de confiança.

Esses são apenas alguns dos passos iniciados no processo de aconselhamento. Espere que, assim como a criança foi abusada por muito tempo, trabalhar com o que aconteceu também pode demorar um longo tempo. Você pode descobrir ainda que se encontrará com uma criança por vários meses para chegar a um bom lugar e, em seguida, se envolver novamente com novas perguntas e problemas que vêm à tona. Não espere que tudo seja resolvido em uma rodada de aconselhamento; esteja disponível para ajudar ao longo do tempo que for necessário.

Uma palavra aos pais

Descobrir que seu filho foi abusado é provavelmente uma das coisas mais difíceis que você vai enfrentar nesta vida. Você pode estar lutando com as mesmas emoções ao ver seu filho lutando, e você pode estar se perguntando como pode ajudar seu filho quando ele se sentir desesperado.

Clame a Deus. Ele é um Pai que entende a profunda dor de ver seu filho cruelmente abusado. Ele pode demonstrar afeição.

Ele pode não apenas mostrar afeição, Ele tem o poder de ajudar. Comece a manter um diário de seus lamentos. Mas também inclua as formas pelas quais você tem visto como Deus está ajudando, confortando e curando. O Senhor está perto dos que têm o coração partido, e Ele cura suas feridas. Mesmo agora, Ele está ternamente curando suas feridas. Conhecer Jesus traz uma doçura que sempre será mais forte do que as circunstâncias mais amargas da Terra.[1] Ore com seu filho como os outros além de você oram, derramando seu coração diante do Senhor, implorando a Ele para conceder força para confiar e voltar para Ele. Fale com o seu filho sobre as maneiras pelas quais Deus está respondendo às suas orações.

Estou certo de que este capítulo não abordou muitas áreas nas quais você precisa de ajuda. Vários outros capítulos deste livro oferecem orientação, e por isso eu encorajo você a lê-los, embora eles não sejam especificamente escritos sobre abuso. Por exemplo, você provavelmente apreciará o capítulo de Julie Lowe sobre a ansiedade, o capítulo de

---

[1] Steve Viars, "The presence of bitter conditions", 2 de junho de 2019, sermão, Faith Church, Lafayette, IN, https://www.faithlafayette.org/resources/sermons/the-presence-of-bitter-conditions.

Edward Welch sobre a vergonha e o capítulo de Michael Emlet sobre a ira enquanto continua nesse caminho com seu filho.

Não passe por isso sozinho. Deus quer que seu povo chore com aqueles que choram, e Ele sabe que você precisa dos outros. Ele quer usar seus irmãos e irmãs em Cristo para ajudar a consolá-lo em sua tristeza. Estar junto dos outros pode parecer difícil agora, e você odeia que os outros vejam você chorando, mas, por favor, não se afaste. Você precisa de seus irmãos e irmãs em Cristo, e seu filho também precisa deles.

Você também pode achar útil procurar aconselhamento bíblico para si mesmo, bem como para o seu filho. Você pode achar que suas lutas são muito semelhantes às do seu filho e que é difícil saber o que dizer e fazer quando você está lutando com problemas semelhantes. Ou você pode descobrir que suas lutas são diferentes daquelas que seu filho enfrenta, você está tendo problemas para se relacionar com seu filho, e ainda está processando o que aconteceu com ele. Ter a ajuda de um conselheiro bíblico sábio pode encorajá-lo enquanto você navega por essas águas difíceis.

Esteja preparado para ver seu filho lutar de maneiras diferentes, à medida que ele ou ela ficam mais velhos. Enquanto uma criança pode inicialmente lutar com medo ou raiva, você pode achar que no momento da puberdade novas perguntas e lutas vão entrar em cena. Perguntas sobre a aparência e a identidade podem se tornar mais importantes do que eram originalmente. Então, quando seu filho atinge a puberdade, um novo conjunto de perguntas pode surgir: Alguém vai me querer? Como será o sexo no casamento? Estou danificado?

Por mais profundo e doloroso que seja o seu sofrimento atualmente, não é o plano de Deus que isso permaneça assim para sempre. Está chegando o tempo em que Deus limpará todas as lágrimas dos olhos daqueles que pertencem a Ele. O próprio Deus virá para habitar conosco e não haverá mais luto, choro ou dor (Apocalipse 21:3-4). O período de espera pode incluir lágrimas, mas mesmo no meio da tristeza Deus está trabalhando para refinar sua fé e para tornar você mais forte, firme e seguro (1Pedro 5:10; 2 Pedro 1:7). Continue a confiar nele, apegando-se à sua Palavra.

18

Aconselhando crianças no divórcio

Amy Baker

Marianna, de 10 anos, mora com a mamãe de terça a quinta e todo fim de semana, e com papai nas segundas-feiras e a cada dois fins de semana. Os pais dela estão legalmente divorciados há seis meses, mas o processo começou há dois anos, quando o pai se mudou de sua casa para morar com outra mulher. Antes disso, Marianna era despreocupada, frequentemente vista pulando ao lado de sua mãe com uma boneca princesa da Disney nos braços. Aos oito anos, Marianna era uma boa aluna, fazia amigos com facilidade e amava tudo como uma princesa.

Marianna descobriu que seus pais estavam se divorciando no dia de Natal, embora esse não fosse o plano original. Inicialmente, seus pais planejaram comemorar as férias em família e esperar até o ano novo para contar a Marianna e depois se separar. No entanto, quando o pai saiu da sala na manhã do Natal para ligar para a namorada enquanto Marianna abria os presentes, a mãe dela perdeu o controle. Na violenta discussão que se seguiu, Marianna soube que seu pai estava deixando sua mãe. Ele fez as malas e foi embora no mesmo dia. Sua mãe se trancou em seu quarto e deixou Marianna se perguntando o que fazer com o presente de Natal que ela cuidadosamente havia feito para seu pai. Hoje, aos dez anos, Marianna vai contar a você que odeia o Natal.

No início, Marianna pensou que o divórcio era sua culpa. Ela tinha ouvido seus pais brigarem por dinheiro e pensou que, talvez, se ela não tivesse se queixado de querer um novo par de sapatos ou um quarto de princesa da Disney, seus pais não teriam ficado infelizes.

Marianna também estava confusa sobre como se relacionar com seus pais. Ela sentia pena de sua mãe porque seu pai a havia deixado, mas ela sempre tinha visto sua mãe agir agressivamente com seu pai, então ela não sabia o que pensar. Ela deveria ficar do lado do pai ou da mãe? E como ela deveria ver a namorada de seu pai?

Às vezes, Marianna deseja poder viver sozinha e nunca mais ver nenhum dos pais novamente. Outras vezes, ela se fecha no quarto para tentar escapar. Quando não consegue escapar da confusão e tensão que sente, ela fica com raiva. Por exemplo, um dia, quando estava sozinha no apartamento do pai com a namorada dele, Marianna brigou com ela sobre comer seu almoço. Quando Marianna não quis comer a comida que estava em seu prato, a namorada ficou com raiva e reclamou com o pai de Marianna, que voltara de uma tarefa. Furiosa, Marianna perguntou veementemente por que deveria obedecer a alguém que separou sua família.

Marianna teve de mudar de escola após o divórcio. Sua mãe não tinha dinheiro para permanecer naquela casa e, quando eles diminuíram o padrão de vida, a nova casa ficava em um distrito escolar diferente. Mariana não tentou fazer amigos em sua nova escola. É mais fácil se manter fechada dentro de si mesma do que explicar a um novo amigo que seu pai deixou sua mãe. Agora ela mora com cada um dos pais em tempo parcial.

Ao contrário de alguns filhos do divórcio, as notas de Marianna melhoraram. Por ter concluído que as pessoas de quem ela depende podem prejudicá-la, Marianna pretende tirar boas notas, se formar em uma área em que possa ganhar muito dinheiro e nunca mais depender de ninguém.

Nesse ponto, ela não tem muita confiança ou respeito por nenhum dos pais. Como sua mãe parece estar sofrendo mais, Marianna escolheu ser leal a ela, mas é uma lealdade que vem do dever, não do amor. Ela briga com os pais, e os pais dela brigam um com o outro.

O fato de ficar indo e voltando entre as casas de seus pais fez com que Marianna se sentisse como uma visitante em ambos os lugares. Quando solicitada a descrever a si mesma, Marianna diz: "Eu sou apenas uma mala".

Ser filho em um divórcio é difícil, porém muito comum

Com o alto índice de divórcio em nossa cultura, muitas crianças que você aconselha terão divórcio na história da família, e pode não ser algo que vivenciem apenas uma vez. A maioria dos homens e mulheres que se divorciam se casam novamente e, infelizmente, a taxa de divórcios é ainda maior para segundos casamentos. Isso significa que seus filhos podem viver uma vida cheia de turbulência, com padrastos e irmãos entrando e saindo de sua vida.

Não surpreende que pesquisas mostrem que, após o divórcio, é normal que as crianças lutem com as seguintes questões:

1. Tristeza e depressão, fadiga, devaneios, lágrimas espontâneas, afastamento dos amigos, concentração ineficaz e, ocasionalmente, foco nas tarefas escolares como meio de afastamento.
2. Negação do que está acontecendo.
3. Constrangimento, que pode durar anos.
4. Raiva intensa.

5. Culpa por lealdades conflitantes.
6. Preocupação em ser cuidada, mesmo se a família tiver muitos recursos financeiros.
7. Regressão, falta de desenvolvimento normal ou retorno à dependência.
8. Maturidade imposta a elas por circunstâncias, que podem afastá-las das crianças da mesma faixa etária.
9. Sintomas físicos, geralmente dores de estômago ou de cabeça.[1]

Resumindo, as crianças que você aconselhou podem enfrentar muitas lutas e tentações como resultado do divórcio dos pais.

Como lidar com conflitos de lealdade

Uma das coisas mais difíceis que os filhos enfrentam após o divórcio dos pais é a pressão que sentem para escolher um lado. Uma menina de 9 anos que chamarei de Sophie disse o seguinte:

> No Dia das Mães eu não sabia o que fazer. Eu nem sabia o que deveria ou poderia fazer. Se eu ficasse com minha madrasta, minha mãe ficaria furiosa. Se eu ficasse com minha mãe, minha madrasta iria ficar chateada. Eu não conseguia nem pensar nisso. É a pior situação que já tive na minha vida.[2]

---

[1] Susan Arnsberg Diamond, *Helping children of divorce: a handbook for parents and teachers* (Nova York: Shocken Books, 1985), como citado em Diane Medved, *The case against divorce* (Nova York: Ivy Books, 1989), p. 237.

[2] Patricia Papernow, *Becoming a stepfamily* (San Francisco: JosseyBass Publishers, 1993), p. 111.

Marianna também tem conflitos constantes de lealdade. Recentemente, sua professora anunciou que a classe estaria fazendo um programa especial e que todo aluno deveria convidar seus pais. Quando Marianna perguntou a seu pai, ele disse que não iria a menos que pudesse levar sua namorada. Quando ela perguntou à mãe, a mãe disse que não iria se a namorada do pai fosse com ele.

Misturado ao estresse, à confusão e à culpa de sentir que precisa escolher um lado, está o medo de ser abandonada por um ou ambos os pais. Tanto Sophie quanto Marianna enfrentam o abandono, pelo menos temporariamente, não importa a escolha que façam. Se elas escolherem o lado do pai (ou o lado de sua madrasta), sua mãe irá, pelo menos temporariamente, retirar o amor e tratá-las até certo ponto como inimigas. O contrário também é verdade. Se escolherem a mãe, correm o risco de serem rejeitadas pelo pai (e pela madrasta).

Quando você é criança, como saber se o abandono será temporário ou permanente? Você acabou de testemunhar seus pais se separarem permanentemente. Eles vão abandonar você também? Mesmo que uma criança passe a odiar ou desprezar um de seus pais, ela não quer ser odiada em contrapartida. Queremos que as pessoas se sintam mal quando as odiamos, mas não que elas nos odeiem em troca. Não é de admirar que as crianças descrevam essa como a pior situação que já enfrentaram.

O evangelho pode se tornar especialmente doce em momentos como esses, porque, para aqueles que confiam no Senhor, mesmo que seu pai e sua mãe os abandonem, o Senhor nunca o fará. Esses queridos filhos precisam ser capazes de se apegar a um Pai que nunca os abandonará.

Embora existam muitas passagens importantes que você deseja compartilhar com as crianças a quem aconselha, vejamos como um salmo mostra às crianças o amor e a ajuda do Senhor. O salmo 27 oferece uma oportunidade para o evangelho e um doce consolo para as crianças que enfrentam conflitos de lealdade. Aqui estão algumas sugestões sobre como aplicar essas verdades às crianças que você aconselhar.

Em Salmos 27:10, podemos ouvir o salmista dizer:

"Ainda que o meu pai e a minha mãe me abandonem, o Senhor cuidará de mim" (NTLH).

Quão precioso é isso! Mesmo que o pior aconteça e meus pais me abandonem, Deus não o fará.

O que deu ao salmista a confiança de que ele não seria abandonado pelo Senhor? Era por ele ser um garoto tão bom? Foi porque ele era inteligente, engraçado ou um bom aluno? Não. Ele tinha confiança porque o Senhor havia prometido ser sua salvação se confiasse nele. O salmista deixa claro em todo o salmo que essa promessa é a base de sua confiança. No versículo 1, ele declara: "O Senhor Deus é minha luz e minha *salvação*" (ênfase adicionada). No versículo 9, ele novamente identifica Deus como seu *Salvador*, sua *salvação*. Em outros versículos, ele enfatiza que confia no Senhor porque o busca e tem confiança nele (v. 4, 5, 8, 13).

Como Deus é seu Salvador, o salmista pode dizer: "Ainda que o meu pai e a minha mãe me abandonem, o Senhor cuidará de mim". Isso não é um sonho ilusório de sua parte; essa é uma promessa feita pelo próprio Pai aos que pertencem a ele. Deus disse: "Não te deixarei, nem te desampararei" (Hebreus 13:5). Lembre às crianças que, quando vamos a Deus por meio de Cristo Jesus nosso Senhor, nos tornamos filhos de *Deus* e nada pode nos separar de seu amor (Romanos 8:38-39). Ele *nunca* nos abandonará.

A situação dessas crianças pode ser extremamente difícil, mas os filhos que têm o Senhor como seu Salvador podem receber grande consolo em saber que nunca serão abandonados por Ele. Como lição de casa, você pode pedir-lhes que escrevam Salmos 27:10 e Romanos

8:38-39 em um pedaço de papel artístico e o decorem para pendurar no quarto. Você pode pedir que façam um desenho sobre esses versículos. Você pode incentivá-los a revisar esses versículos com tanta frequência que os memorizem.

Em reuniões futuras, você pode gastar mais tempo estudando o salmo 27. Alguns pontos que você quer que as crianças aprendam podem incluir o seguinte:

Quando o Senhor é minha luz e salvação, posso ter menos medo (v. 1)

"O SENHOR Deus é a minha luz e a minha salvação; de quem terei medo?

O SENHOR me livra de todo perigo; não ficarei com medo de ninguém" (NTLH).

Peça às crianças que relatem algumas coisas que são assustadoras para elas por causa do divórcio dos pais. Existem todos os tipos de boas razões para se ter medo. Mas, quando o Senhor é nossa luz e salvação, podemos ter menos medo. Não dependemos de nossos pais para nos salvar ou nos proteger de danos permanentes. Temos o Senhor como nosso Pai adotivo (Romanos 8:15).

O salmista não é corajoso (destemido) porque tudo vai bem em sua vida (v. 2, 3 e 5)

Mostre que coisas ruins estão acontecendo com esse salmista — pessoas o estão atacando. Portanto, o salmista não é corajoso (destemido) simplesmente porque tudo em sua vida é seguro e bom. No entanto, em vez de ter medo, ele permanecerá confiante. Por quê? Por causa do que ele disse no versículo 1: Deus é sua luz e salvação. O salmista continua no versículo 5:

"Pois no dia da adversidade Ele me guardará protegido em sua habitação; no seu tabernáculo me esconderá e me porá em segurança sobre um rochedo" (NVI).

Explique à criança que, quando você pertence ao Senhor, Deus o protegerá para que nada do que lhe aconteça possa causar dano permanente à sua alma. Nada pode ferir sua alma além de alguns reparos. Na verdade, Deus usará até as coisas difíceis para o seu bem; Ele as usará para tornar você mais parecido com Jesus (Romanos 8: 28-29).

O salmista pode ser corajoso porque o relacionamento que mais lhe interessa é com o Senhor (v. 4)

"A Deus, o Senhor, pedi uma coisa, e o que eu quero é só isto: que Ele me deixe viver na sua casa todos os dias da minha vida, para sentir, maravilhado, a sua bondade e pedir a sua orientação" (NTLH).

Você pode pedir à criança que leia o versículo 4 e dizer quem é o melhor amigo do salmista. O melhor amigo para sempre do salmista é Deus. Quando Deus é seu melhor amigo para sempre, você pode sempre (para sempre) se voltar para Deus, e Ele estará lá para ajudá-lo e amá-lo.

Como o salmista, você pode dizer a Deus que deseja a ajuda dele (v. 7)

"Ó Senhor, ouve-me quando eu te chamar! Tem compaixão de mim e responde-me" (NTLH).

Você pode dizer a uma criança que, quando os pais se divorciam, pode parecer que não há ninguém para ajudá-la. A criança pode tentar não incomodar os pais que estão lutando. Ou ele ou ela pode achar que terá problemas se pedir ajuda aos pais. Lembre à criança que ela sempre pode pedir ajuda a Deus.

Como o salmista, as crianças não precisam se preocupar se estão incomodando a Deus ao pedir sua ajuda ou que Ele as abandonará (lembre-se do v. 10). As crianças são encorajadas a pedir a ajuda de Deus. Elas não precisam agir como se tivessem que lidar com essa batalha por conta própria.

Ensine à criança que Deus frequentemente usará sua igreja para fornecer apoio extra. Professores da escola dominical, outras crianças ou líderes de jovens e pais de amigos que conhecem o Senhor podem reforçá-la com a ajuda de Deus. Incentive a criança a falar com esses adultos de confiança sobre como elas estão lutando e a aceitar ajuda deles.

E você pode decidir ser leal a Deus (v. 8)

É realmente difícil para uma criança decidir se deve ser leal à mãe ou ao pai. Diga às crianças que se encontram nessa situação que o salmista também tinha uma decisão leal a tomar. Ele teve que decidir se seria leal a Deus ou a outra pessoa. De acordo com esse versículo, ele escolheu ser leal a Deus.

"*Tu disseste:* 'Venha me adorar'. Eu respondo: 'Eu irei te adorar, ó Senhor Deus'" (NTLH).

Explique que, quando Deus diz: "Seja leal a mim (venha me adorar)", temos uma escolha ("Eu irei te adorar, ó Senhor Deus)". Ser leal a Deus significa escolher fazer o que Ele diz, como uma criança tenta amar os dois pais. Ser leal a Deus significa considerar a opinião dele mais importante do que a de qualquer outra pessoa. Isso significa que a criança está sempre *do lado de Deus*.

Você pode orientar a criança a expressar algo assim ao Senhor: "Deus, eu quero escolher o Senhor primeiro, não a mamãe ou o papai.

Eu quero ser leal ao Senhor porque o Senhor me ama e é lealmente fiel a mim". Explique que, ao fazer isso, começará a descobrir que, mesmo quando mamãe e papai pressionam a criança a ser leal apenas a um deles, isso não precisa ser tão perturbador como costumava ser. Em vez disso, a criança pode se lembrar de que Deus está com ela e que Ele não irá abandoná-la. A criança não é tão vulnerável quanto seria se a mãe ou o pai fossem sua única fonte de segurança. Diga à criança que Deus é a fortaleza dela, aquele que a protege de qualquer perigo que a destrua para sempre, e que Ele usará todos os outros perigos para transformar coisas ruins em boas para ela por meio de Jesus.

Concorde com a criança que pode ser difícil dizer aos pais que ela vai se esforçar muito para amar bem os dois e que o único lado que irá escolher é o lado de Deus. Mas assegure para ela que Deus a ajudará quando tiver de fazer coisas difíceis como essa. Marianna pode dizer aos pais: "Mamãe e papai, quero muito que venham ao meu programa especial na escola. Eu sei que é difícil para vocês dois decidirem quem deve vir e quem não deve. Quero vocês dois lá e ficarei magoada se um de vocês não puder vir. Se você decidir não vir, tenho certeza de que ficarei triste durante o programa, mas vou pedir a Deus que me ajude a lembrar que Ele está lá e que nunca me deixará. Vou pedir a Deus que me ajude a fazer o meu melhor porque sei que é sempre seguro ir até Ele".

Tenha certeza de que, mesmo sendo difícil por um tempo, nem sempre será assim (v. 13)

"Estou certo de que verei, ainda nesta vida, o Senhor Deus mostrar a sua bondade" (NTLH).

Ajude a criança a definir suas expectativas de forma realista. Aqui está um exemplo: "Às vezes, não importa a decisão que você tome, alguém vai ficar aborrecido. Se você decidir ir com sua mãe, seu pai e sua madrasta podem ficar chateados. Se você decidir ir com seu pai e sua madrasta, sua mãe pode ficar com raiva".

"O salmista também tinha pessoas que estavam zangadas com ele. Mesmo assim, ele estava confiante de que veria coisas boas enquanto estivesse vivo. Deus nos diz agora que, por um tempo, podemos ter de sofrer aflições em todos os tipos de coisas difíceis (1Pedro 1:6-7). Mas, por causa de Jesus, o Pai tem algo realmente bom armazenado para nós (Ele chama isso de herança), e esse presente nunca será tirado. Nunca nos cansaremos disso e nunca encontraremos nada melhor. Até então, Deus promete protegê-lo com seu poder."

Espere no Senhor (v. 14)

"Confie no SENHOR. Tenha fé e coragem. Confie em Deus, o Senhor" (NLT).

Isso ajuda a criança a entender que sua situação difícil não vai embora imediatamente. O mais importante é levar a criança a ver que Deus pode ajudá-la a ser forte, corajosa e leal a Ele. Como o salmista, ela pode esperar pacientemente que o Senhor endireite todas as coisas (Isaías 61:11), confiando que Deus é bom e só faz o bem (Salmos 119:68). Diga a ela: "Lembre-se, Ele não vai abandonar você, então, mesmo enquanto espera, Ele estará com você. Converse com seu pastor ou professor da escola dominical sobre o que você está experimentando. Deus quer permitir que eles ajudem você".

Como lidar com a culpa

Como conselheiro, você pode descobrir que as crianças que aconselhou lutam contra a culpa. Como Marianna, elas podem acreditar que foram a razão do divórcio de seus pais. Mesmo que os pais garantam que o divórcio não é culpa deles, os filhos podem achar difícil confiar que a verdade está sendo contada para eles.

Vimos que as crianças também podem lutar contra a culpa devido a conflitos de lealdade. Se decidirem ser leais à mamãe, podem se sentir culpadas por não terem escolhido o papai e vice-versa. Em tais situações de impasse, as crianças sofrerão. Além disso, as crianças podem se sentir culpadas por escolhas desobedientes ou odiosas que fizeram.

Você pode ajudar esses queridos filhos reservando um tempo para falar sobre a culpa para que possam chegar a conclusões verdadeiras e corretas. Em primeiro lugar, muitas crianças não entendem que a culpa é primeiro o fato, não o sentimento. Somos culpados sempre que violamos o padrão de amor e obediência a Deus que Ele nos deu em sua Palavra. Você pode consultar Mateus 22:37-40 ou Mateus 7:12 para deixar isso claro. Todos nós somos culpados (Romanos 3:23).

Deus nos deu uma consciência para nos ajudar a nos sentirmos mal quando somos culpados, mas nossa consciência nem sempre funciona direito. Às vezes não nos sentimos mal mesmo quando somos culpados (por exemplo, a criança pode ter ficado feliz ao ter conseguido o que queria porque é egoísta), e às vezes nos sentimos mal quando não somos culpados (a criança pode pensar que o divórcio é culpa dela). É por isso que é importante usar a Bíblia como padrão de certo e errado, não apenas em relação a nossos sentimentos.

Você provavelmente precisará ajudar essas crianças a compreender que cada pessoa é responsável por seus próprios pecados, não pelos pecados de outra pessoa (Romanos 14:12; Apocalipse 20:12-13). Explore isso com cuidado, talvez usando exemplos para ajudar as crianças a compreenderem esse conceito. Aqui está um exemplo:

- O que a Bíblia diz sobre roubar? É certo ou errado (Êxodo 20:15)?
- Se seu amigo vai a uma loja e rouba uma barra de chocolate, ele é culpado ou inocente? Por quê? [Culpado, porque a Bíblia (o padrão de Deus) diz que não devemos roubar.]
- Você é culpado de roubar a barra de chocolate? Quem é o culpado? Por quê?
- E se ninguém pegar seu amigo? Ele é culpado ou inocente?
- E se o seu amigo achar engraçado não ter sido pego e não se sentir mal por roubar? Ele é culpado ou inocente? Por quê?
- E se seu amigo culpar você por ter roubado a barra de chocolate, porque você tinha sua própria barra de chocolate e por maldade não quis compartilhar com ele? Você é culpado por roubar a barra de chocolate? [Não.] Quem é o culpado por roubar a barra de chocolate? Você é culpado de alguma coisa? [Sim, por sua maldade.]

Ajude a criança a resolver qualquer culpa verdadeira voltando-se para Deus em arrependimento. Mostre a ela que, quando confessamos nossos pecados (concordamos com Deus que o que fizemos foi errado), Deus nos perdoa (1João 1:9). Você pode ler o salmo 103 para ajudar a criança a entender como é o perdão de Deus. Quando Deus perdoa, Ele não se vinga de nós (v. 10); em vez disso, Ele nos dá coisas boas (v. 5) e nos coroa com amor e compaixão (v. 4). Isso porque, quando confiamos em Jesus como nosso Salvador, Ele recebe o castigo que merecemos, em vez de sermos castigados. Estamos perdoados. Deus pode nos dar coisas boas porque Jesus tomou as coisas ruins em nosso lugar.

Você pode pedir às crianças que façam um desenho de como é ser perdoado e outro de como é não ser perdoado. Pergunte qual desenho as representa melhor.

Uma palavra aos pais

Este pode ter sido um capítulo difícil de ler, sabendo que seu divórcio fez com que seus filhos tivessem dificuldades. Se você está se divorciando, provavelmente também está sofrendo muito. Você provavelmente entende a angústia que levou Davi a escrever o salmo 55.

> Não era um inimigo que estava zombando de mim; se fosse, eu poderia suportar; nem era um adversário que me tratava com desprezo, pois eu poderia me esconder dele. Porém foi você mesmo, meu companheiro, meu colega e amigo íntimo! Conversávamos com toda a liberdade e íamos juntos adorar com o povo no Templo (v. 12-14, NTLH).

A pessoa com quem você pensou que passaria o resto da vida se tornou (de certa forma) seu inimigo. Você pensou que iriam criar seus filhos juntos, assistir aos seus primeiros passos juntos, ir aos passeios juntos, comemorar juntos quando se formassem no colégio e chorar juntos quando saíssem de casa para se casar.

Agora você está sozinho, e tentar criar filhos sozinho é difícil. É mais difícil se você estiver tentando fazer isso enquanto suas próprias feridas ainda estão abertas. Você mal consegue sobreviver ao trabalho todos os dias sem explodir em lágrimas ou frustração. Depois de oito horas, tudo o que você pode querer fazer é ir para casa e ficar sozinho. Você precisa do consolo do Senhor tão desesperadamente quanto seus filhos, e pode se perguntar como pode ajudá-los quando sente que está prestes a desmoronar.

No entanto, se você se apegar ao Senhor, o conforto começará a fluir de você para seus filhos (2Coríntios 1:3-5). Assim como o seu sofrimento provavelmente o tornou mais sensível ao que Cristo sofreu por você, agora você pode ser mais sensível e eficaz em consolar seus filhos porque também está experimentando o conforto de Cristo.

O apóstolo Paulo sentiu esse tipo de conforto ao enfrentar "perigos mortais", situações muito além de sua capacidade de suportar. Mesmo que os perigos que você enfrenta não sejam iguais aos dele, eles não são menos perigosos. Perigos como pensamentos suicidas, desespero, amargura, vingança e desesperança podem estar lutando para matar sua alma. Mas, ao depositar sua esperança no fato de que Deus o libertará, o conforto pode fluir de você para seus filhos. Você e seus filhos podem se apegar ao Salvador que nunca os deixará ou desamparará. Você pode se apegar ao Deus que trocou a vida de seu Filho pela sua porque você é precioso aos olhos dele e Ele o ama (Isaías 43:4; João 3:16).

Para aqueles que confiaram em Cristo como seu Redentor, Deus promete estar com eles em águas profundas e impedir que as águas os afoguem. Tendo Deus como seu ajudador, você encontrará a força para guiar seus filhos em vez de excluí-los em um esforço para escapar. Você terá forças para tratar seu ex-cônjuge com cortesia e consideração. Você terá forças para incentivar seus filhos a ter um bom relacionamento com seu ex-cônjuge (e com o novo cônjuge, se ocorrer um novo casamento) e com você. Com Deus como seu ajudador, você poderá confessar humildemente as maneiras pelas quais pecou contra seu filho e receber o perdão de Deus e de seu filho.

Maneiras de reduzir conflitos de lealdade para seus filhos

Vimos que os conflitos de lealdade são uma das coisas mais difíceis que as crianças enfrentam após o divórcio dos pais. No entanto, você pode atenuar isso para seus filhos. Pesquisas mostram consistentemente que os pais que trabalham para manter um relacionamento cortês após o divórcio diminuem muito a pressão que os filhos sentem para escolher um lado. Os filhos tendem a se sair melhor em todas as áreas quando os pais trabalham em uma sólida relação.

Claro, é mais fácil falar do que fazer. É muito tentador querer que os filhos fiquem do seu lado contra o outro cônjuge. Você pode ter sido injustiçado, e ter os filhos do seu lado pode ajudá-lo a superar essa traição.

Além disso, você já perdeu seu cônjuge. Você pode temer que, se seus filhos decidirem ser leais ao outro, você os perderá também. Adicionar tal tristeza à aflição que você já está experimentando parece que seria uma perda intransponível.

Seu ex-cônjuge pode estar processando você em tribunal para a custódia dos filhos. Ele ou ela pode estar tentando ganhar o afeto de seus filhos oferecendo presentes e não recusando nada a eles. Seu ex-cônjuge pode ser capaz de parecer amável e inocente para todos os outros, embora você saiba por experiência própria que é tudo uma fachada.

O salmista sabia como era isso. Em Salmos 55:20-21, ele diz:

> O meu antigo companheiro atacou os seus próprios amigos e quebrou as promessas que havia feito a eles. As palavras dele eram mais macias do que a manteiga, mas no seu coração havia ódio. As palavras dele eram mais suaves do que o azeite, mas cortavam como espadas afiadas" (NTLH).

O que você faz em situações assim? O salmista aprendeu o que fazer, e é algo que você também pode. No versículo 22, ele dá esta solução:

Entregue os seus problemas ao Senhor (NTLH).

O salmista não apenas lhe diz o que fazer, ele também lhe diz o porquê. Entregue os seus problemas ao Senhor *porque*:

Ele o ajudará; Ele nunca deixa que fracasse a pessoa que lhe obedece (NTLH).

Enquanto você clama a Deus de noite, de manhã e ao meio-dia (veja Salmos 55:17), Deus lhe dará a força para ajudar seus filhos a praticar o verdadeiro amor bíblico por você e seu ex-cônjuge. Algumas maneiras de colocar isso em prática podem incluir:

- Orar diariamente com seus filhos, pedindo a Deus que abençoe seu ex-cônjuge e o novo cônjuge de seu cônjuge se houver um novo casamento.
- Ajudar seus filhos a escolher cartões e presentes para seu ex-cônjuge em aniversários e feriados.
- Guardar os trabalhos escolares em que seus filhos foram bem para que possam compartilhá-los com o outro cônjuge.
- Explicar a seus filhos que deseja que eles tenham um bom relacionamento com seu ex-cônjuge e com quaisquer novos membros da família que seus filhos possam ter, como um padrasto ou meios-irmãos. Explique que você deseja que seus filhos tenham pela outra família o tipo de amor que Deus tem por eles.

- Exigir que as crianças participem da visitação (presumindo que estejam seguras), queiram ou não. Se seus filhos se sentem leais a você, eles podem não querer estar com o outro cônjuge. Trate a visitação como uma parte já esperada da vida e incentive as crianças a mostrarem amor ao outro cônjuge (e aos novos membros da família) durante a visitação. Você também pode promover a comunicação regular dos filhos com o outro pai ou mãe, como fazer com que a criança ligue para ele ou ela depois da escola.
- Se possível, sente-se com seu ex-cônjuge em eventos em que vocês dois estiverem em razão de seu filho.[3] Faça isso mesmo que seu ex-cônjuge tenha começado um novo relacionamento romântico e seja necessário que você se sinta como alguém que foi "substituído (a)".

Inquestionavelmente, você precisará clamar a Deus com um fervor que você nunca teve antes. Lembre-se de que seu Salvador o apoiará. Ele *nunca* vai deixar o justo cair. Situações como essa serão difíceis, mas Deus não permitirá que elas destruam você.

Nesse ponto, seu futuro pode parecer insuportavelmente difícil, mas, se você pertencer ao Senhor, Ele *irá* sustentar você. Agarre-se a Ele. Ele é um Salvador que pode tirar beleza das cinzas e deixar você sem remorsos.

---

[3] Obviamente, alguns ex-cônjuges não estarão dispostos a cooperar com você nisso.

19

Enfrentando a morte e o sofrimento: esperança e ajuda para crianças feridas

Bob Kellemen

Nada pode abalar tanto o mundo de uma criança como a morte de um ente querido. E ninguém pode consolar uma criança enlutada como aquele que é um homem de dores, que conhece o sofrimento (Isaías 53:3). Jared, que tinha 10 anos, nos ajuda a imaginar como podemos relacionar a história vivificante de Cristo ao encontro de uma criança com a morte.

O terror de Jared

Enquanto Jared estava voltando para casa de um parque local com um amigo, ele ficou surpreso ao ver sua mãe dirigindo.

— Entre no carro, Jared. Seu avô acabou de falecer.

Chocado com essas palavras abruptas, Jared respondeu:

— Você está brincando — como se sua mãe fosse capaz de algo assim. Mas é isso que o choque provoca.

Os próximos dias foram um turbilhão. A morte do vovô havia sido inesperada. Essa foi a primeira experiência de Jared com a morte de alguém próximo, e ele estava totalmente despreparado. A família também.

Eles frequentavam nossa igreja uma ou duas vezes por ano — nos feriados — mas, até então, os pais de Jared não tinham feito um compromisso pessoal com Cristo. O velório foi em uma Igreja Ortodoxa Oriental, onde os avós de Jared estavam nominalmente envolvidos. Ninguém preparou Jared para o que ele experimentaria. Entrando na casa funerária com o terno e a gravata que seu pai havia comprado para ele, Jared foi imediatamente atingido por um odor desconhecido — incenso usado pelo sacerdote ortodoxo.

Jared foi então conduzido até o caixão aberto. Ele estava apavorado. Ele nunca tinha visto um cadáver, exceto na TV. Vovô estava tão pálido. Tão rígido. Tão... morto. Todo o corpo de Jared reagiu — ele se sentiu mal do estômago, suas mãos estavam suadas, seu coração disparou e ele pensou que fosse desmaiar. Ele queria estar em qualquer lugar, menos ali.

Então, o primeiro de vários serviços de visitação começou. O sacerdote ortodoxo entrou, agitando um incensário e cantando — ou estava recitando — em *outro* idioma. Era tudo tão estranho para Jared — horripilante... e assustador... e petrificante. O funeral e o enterro foram bastante difíceis, mas então o incidente mais traumático logo ocorreu. Uma semana depois do funeral, a mãe de Jared, em um comentário quase espontâneo, disse: "Ontem à noite eu estava na cozinha e pensei ter ouvido o vovô chamar meu nome. Foi tão estranho".

Agora, à tristeza e confusão de Jared foi adicionado o medo paralisante. *Será que o vovô também vai me assombrar?* — ele pensou. Naquela noite, Jared estava deitado na cama, rígido como uma tábua, com medo de fechar os olhos no escuro, imaginando se seu avô apareceria para ele.

Assim começaram várias semanas de noites mal dormidas. Foi preciso não apenas de uma luz noturna acesa, mas toda a sala acesa. Tinha de ficar alguém em seu quarto até que, por exaustão, Jared finalmente cochilasse.

Mamãe e papai não tinham ideia de como ajudá-lo. Primeiro eles foram consultar o médico da família, que recomendou aconselhamento e prescreveu uma pílula leve para dormir "a fim de aliviar a tensão". Então os pais de Jared se lembraram de ouvir sobre aconselhamento gratuito em nossa igreja e decidiram: "Vamos ligar para ver se eles podem ajudar Jared".

Mamãe e papai (Elyse e Dexter) ligaram para a igreja e explicaram sua necessidade: "Nosso filho não está lidando bem com a morte de seu avô. Ele não consegue dormir. Ele está com medo de que o vovô apareça para ele. Estamos no fim de nossas forças". A recepcionista do nosso departamento de aconselhamento compartilhou que "o pastor Bob trabalha com muitas famílias e até escreveu alguns livros sobre o luto.[1] Ele ficaria feliz em se encontrar com vocês dois e Jared. Com uma criança da idade de Jared, o pastor Bob normalmente gosta de se encontrar primeiro com os pais para que ele possa entender os problemas. Isso ficaria bem para vocês dois?".

"Contanto que ele se encontre *o quanto antes* conosco, vai ficar tudo bem!"

---

[1] Robert Kellemen, *God's healing for life's losses: how to find hope when you're hurting* (Winona Lake, IN: BMH Books, 2010). Veja também Bob Kellemen, *Grief: walking with Jesus* (Phillipsburg, NJ: P&R Publishing, 2018).

No dia seguinte, fiz alguns pontos de conexão com Elyse e Dexter e compartilhei o que eu já sabia pela admissão inicial que eles completaram. Então perguntei se eles poderiam me contar mais sobre suas preocupações, a história do que aconteceu, como eles responderam, como Jared estava e como eles estavam. Também discutimos como o aconselhamento "bem-sucedido" pareceria aos olhos deles — que objetivo final eles esperavam.

Aconselhamento bíblico para a morte e o luto: a Bíblia como nossa lente

Eu adicionei mais uma parte à nossa conversa. Como eles raramente iam à igreja, queria ter certeza de que entenderam a base do meu aconselhamento. "Dexter e Elyse, posso dizer que vocês se preocupam com Jared e estão muito angustiados por ele. Toda a sua família está passando por um momento difícil — porém, muito comum — de luto. Eu ficaria muito feliz em estar ao lado de todos vocês e oferecer minha ajuda." Eu mal consegui terminar essas palavras antes que eles estivessem me agradecendo efusivamente.

Então continuei: "Vocês riram um pouco timidamente quando disseram: 'Não temos vindo aqui com muita frequência'. Como vocês podem não saber exatamente como fazemos as coisas por aqui, quero ter certeza de que estamos todos na mesma página sobre o que esperar. Vocês podem dizer que, desde esse nosso primeiro momento juntos, não vou 'bater com a Bíblia na cabeça de vocês' (segurando minha Bíblia na altura dos olhos). Procurarei fazer, no entanto, com que todos os meus conselhos venham de uma cosmovisão bíblica. A Bíblia será minha lente para ajudar Jared — e vocês — a pensar sobre como lidar com a morte e o luto. Porque, para mim, não há maneira de encontrar esperança enquanto enfrentamos a morte e nenhuma maneira de encontrar cura enquanto lidamos com o luto a não ser por meio da Palavra de Deus e do Filho de Deus". Tendo concordado com esse enfoque, fizemos planos para que Dexter e Elyse trouxessem Jared para me ver no dia seguinte.

A jornada do luto

No aconselhamento para crianças que lutam com a morte e a dor, eu uso uma versão modificada de um modelo de jornada de luto delineado em *God's Healing for Life's Losses*. Nele, procuro ajudar as crianças e seus pais a passar da típica resposta *natural* à morte para uma resposta *sobrenatural* à morte, enfrentando a perda face a face com Cristo.

A jornada do luto:
enfrentando a perda face a face com Cristo

Resposta típica ao luto humano	Resposta bíblica ao luto redimido
Negação/isolamento	Franqueza: honestidade para consigo mesmo
Ira/ressentimento	Queixa/Lamento: honestidade para com Deus
Barganha/obras	Clamor a Deus: pedindo ajuda a Ele
Depressão/alienação	Conforto: recebendo a ajuda de Deus[2]

---

[2] *God's Healing for Life's Losses*, p.10.

Marca da jornada nº 1:
Ajudar as crianças a passar do fingimento para a honestidade

Quando os pais de Jared lhe disseram que o estavam levando para um conselheiro, ele ficou chateado. "Quem é ele? Por que estou indo?" Quando disseram meu nome a Jared, seus olhos brilharam. "Eu o conheço! Ele é o pastor que também é treinador de luta livre. Ele me treinou no acampamento no verão passado. Eu gosto dele!"

Jared e seus pais decidiram que, depois de um breve tempo (5 minutos), quando estivéssemos todos em meu escritório, eu me encontraria com Jared sozinho, e então seus pais voltariam nos nossos últimos 15 minutos. Depois de ouvir como estava indo a temporada de lutas de Jared, mudamos o foco. "Eu entendo por que mamãe e papai e toda a família estão passando por momentos difíceis com a perda de seu avô. Acho que você o chamava de 'vovô', certo?"

Depois que Jared se abriu um pouco, percebi que ele se sentiu envergonhado porque ele — um lutador — tinha tanto medo. Então, compartilhei algumas de minhas lutas anteriores com medos relacionados à morte. "Mesmo lutadores durões como nós podem ter medo. A morte é um grande oponente."

Então expliquei a Jared que uma das maneiras pelas quais as pessoas tentam lidar com a morte, a perda e o medo é fingir — negar que isso aconteceu. Mencionei casualmente que a resposta dele à sua mãe — "Você está brincando" — é uma forma comum de negação ou fingimento. Para ajudar Jared a imaginar o problema da negação, perguntei se ele já tentou manter uma bola de praia embaixo d'água quando sua família estava passando suas férias anuais na praia da Flórida. Ele riu. "Ah, sim! Ela sempre se contorce e salta muuuuito no ar!"

"Negar ou fingir é assim, Jared. Tentamos não enfrentar a dor de perder o vovô, mas ela surge em algum lugar. Eu me pergunto de onde isso estão vindo esses seus medos à noite. Você sabia que a Bíblia fala sobre deixar de fingir e ser honesto?" Em seguida, lemos Salmos 42:5 (NVI) juntos: "Por que você está assim tão triste, ó minha alma? Por que está assim tão perturbada dentro de mim?".

"Davi era um sujeito durão. Um rei. Um guerreiro. Mas ele se sentia triste e ansioso, deprimido e com medo. Em vez de fingir, ele era honesto consigo mesmo. Em vez de deixar suas emoções falarem com ele, *Davi respondeu às suas emoções*. Você acha que você e eu poderíamos fazer isso? Eu vou primeiro, se você quiser. Vou compartilhar alguns dos medos e tristeza que tive quando perdi entes queridos. Então você pode ir em seguida."

Então, nós compartilhamos histórias — histórias de medo e histórias de tristeza. O que começou nessa primeira reunião continuou por algumas reuniões com o casal, incluindo reuniões intermediárias, quando pedi a Jared que escrevesse histórias adicionais de medo e tristeza e que as mostrasse para mim a cada semana.

Marca da jornada nº 2:
Ajudar as crianças a passar da raiva ao lamento para Deus — nosso grande e amoroso Rei Pastor

Enquanto Jared e eu continuamos viajando juntos, mencionei que muitas pessoas, quando param de fingir, acabam admitindo o quanto estavam zangadas — porque seu ente querido morreu e Deus permitiu que isso acontecesse. Eu disse: "Muitas pessoas acabam sacudindo os punhos para Deus, vendo-o como um juiz de luta livre injusto".

Jared me lembrou que ele frequentou a Escola Bíblica de Férias em nossa igreja: "Quando eu era apenas uma criança — 9 anos. Pedi a Jesus que se tornasse meu Salvador. Mas não acho que mamãe e papai tenham feito isso ainda". Conversamos mais sobre isso e senti que Jared conhecia Jesus de verdade.

"Então, Jared, podemos falar novamente sobre o rei-guerreiro Davi e como ele falou com Deus? Davi não falou apenas com sua própria alma — como vimos em Salmos 42:5 —, Davi falou *com Deus*. Quando ele estava chateado, ele lamentava. De qualquer maneira, ele estava pensando. Davi sabia que Deus era grande o suficiente para lidar com tudo o que ele sentia, então compartilhou o que estava no seu coração com Deus. As pessoas podem fazer isso quando têm uma imagem bíblica de Deus como *grande* e *amoroso*." Então, exploramos uma imagem de Deus em Isaías 40:10-11.

"O Soberano, o Senhor, vem com poder! Com seu braço forte ele governa. A sua recompensa com Ele está, e seu galardão o acompanha. Como pastor Ele cuida de seu rebanho, com o braço ajunta os cordeiros e os carrega no colo; conduz com cuidado as ovelhas que amamentam suas crias" (NVI).

Falamos sobre como o versículo 10 retrata Deus como um grande/ forte Rei e como o versículo 11 retrata Deus como um pastor amoroso e cuidadoso. Compreender que Deus é *grande* e *amoroso* fez com que Jared se lamentasse — compartilhando seus medos, tristeza e angústia com Deus.

Juntos, lemos os salmos 13 e 88 como dois exemplos do povo de Deus fazendo exatamente isso. Durante várias reuniões e entre as reuniões, Jared foi capaz de expressar emoções — desta vez não apenas para si mesmo, mas também para seu *grande* e *amoroso* Salvador — para seu Rei Pastor.

Marca da Jornada nº 3:
Ajudar as crianças a deixar de depender de si mesmas para clamar a Deus — que ouve e cuida, liberta e salva

Elyse e Dexter estavam relatando que coisas boas estavam acontecendo com Jared. Ele parecia mais em paz. Menos temeroso. Mas seus terrores noturnos e ansiedades de sono ainda estavam lá.

Enquanto Jared e eu continuamos juntos em nossa jornada, expliquei outro estágio típico, quando as pessoas tentam lidar com sua dor quando um ente querido morre. "Elas tentam manipular ou enganar a Deus." Jared achou isso ridículo! "Deus é forte demais para ser man... manip... como você diz isso? E Ele é muito inteligente para ser enganado!" Dei o exemplo de um pai que pode barganhar com Deus: "Vou parar de beber se o Senhor curar minha filha da leucemia". Mencionei que tentamos usar Deus como o gênio do Aladim em uma garrafa.

Em seguida, discutimos o que fazer em vez disso. "Clamamos a Deus em humilde dependência. Embora Deus não seja manipulado, Ele adora nos resgatar quando humildemente clamamos a Ele." Jared e seus pais tinham visto recentemente a escola encenar *Oliver*, onde o jovem Oliver, humilde e respeitosamente, pede ao mestre do orfanato: "Por favor, senhor, posso ganhar mais um pouco?". Mencionei: "Essa deve ser a nossa postura em relação ao nosso Rei Pastor: braços erguidos com uma tigela vazia, implorando por mais, pedindo ajuda humildemente". Em seguida, lemos juntos Salmos 34:17-18.

"Os justos clamam, o Senhor os ouve e os livra de todas as suas tribulações. O Senhor está perto dos que têm o coração quebrantado e salva os de espírito abatido" (NVI).

Depois de falar sobre o que Jared temia à noite — o que ele pensava que aconteceria se o vovô aparecesse para ele —, então trouxemos a verdade bíblica para lidar com esses temores. E aplicamos imagens bíblicas de Deus a esses medos. Quando seus terrores noturnos o atingiram, Jared começou a clamar em oração ao Senhor, que não era apenas seu Rei-Pastor, mas também, para usar a frase hifenizada de Jared, "Deus-que-ouve-fala-e-cuida-livra-e-salva!".

Marca da jornada nº 4:
Ajudar as crianças a passar da depressão para o conforto em Cristo — nosso consolador e encorajador Conselheiro divino

Eu avisei a Jared que, ao lidar com seus medos, ele poderia acabar tendo que lidar mais com sua tristeza. "É como vencer a primeira rodada de um torneio de luta livre e, em seguida, virar-se e ter que enfrentar o próximo cara que é ainda mais difícil. Seus medos podem até ser uma maneira de não precisar enfrentar totalmente o fato de que o vovô se foi."

Então, eu "aproveitei" meu bom relacionamento com Jared para apontá-lo para o Melhor Conselheiro, o Maior Conselheiro, o Conselheiro Divino. "Jared, significa muito para mim que você expressou o quanto eu o tenho ajudado. Porém, eu sou humano. Nem sempre posso estar com você. Mas há alguém que nunca irá deixá-lo ou abandoná-lo. Ele sempre estará com você. Ele sempre estará *em* você!"

Então, lemos juntos João 14 e a promessa de que Jesus enviaria outro Conselheiro para estar *em* nós para sempre, nunca nos deixando órfãos (v. 15-18). Eu poderia dizer o quanto ajudou Jared saber que, embora o vovô o tivesse deixado, Jesus *nunca* o deixaria.

Em seguida, imaginamos dois significados dessa palavra para o Espírito como nosso Conselheiro. "Jared, primeiro esta palavra *Conselheiro* significa Consolador." Escrevi no quadro, *Fortalecedor*. "O Espírito está em você para fortalecê-lo, para encorajá-lo. Jared, justamente quando você sente esses terrores noturnos, como isso o ajudaria a imaginar o Espírito como sua fortaleza ou lugar seguro ao seu redor e protegendo você?"

Depois de interagir sobre isso, escrevi uma segunda palavra no quadro, *Encorajador*. "Jared, o Espírito também está em você como seu Encorajador — para colocar a coragem de Deus em você. Quando você está enfrentando essas ansiedades e medos na hora de dormir, como receber o Espírito como seu Incentivador lhe dará coragem para enfrentar seus medos?"

Aos poucos, Jared encontrou a vitória *sobre* seus medos e a esperança *em* sua tristeza e perda. Os medos não desapareceram magicamente, mas a presença de Jesus deu a Jared a coragem de enfrentar seus temores. A tristeza de Jared não desapareceu — e não deveria ter desaparecido, mas o conforto de Jesus trouxe esperança de cura ao terno coração de Jared.

Uma palavra aos pais: Três lembretes

Pais, sempre acreditei que os filhos precisam de uma boa paternidade mais do que de um bom aconselhamento. Os pais podem ser os melhores conselheiros bíblicos de seus filhos. Com essas verdades em mente, aqui estão três frases para os pais conselheiros bíblicos de seus próprios filhos.

Lembrete aos pais nº 1: É importante se preparar

Como você provavelmente percebeu na história de Jared, os pais dele poderiam tê-lo preparado melhor para o que ele estava prestes a enfrentar. É compreensível que não tenham feito isso — eles também não estavam preparados. Nada realmente nos prepara para a morte. Mas algumas ações e atitudes podem ajudar.

Ore antes de contar. Elyse, deixando escapar a frase: "Entre no carro, Jared. Seu avô acabou de falecer", poderia ter agido melhor com uma oração: *Pai, ajude-me a comunicar essa perda difícil da maneira mais gentil possível.*

Conte antes de ir ao funeral. Jared estava mal preparado para o incenso, o canto e o caixão aberto. Explique aos seus filhos o que eles provavelmente irão vivenciar. Fale abertamente com eles sobre essas questões.

Lembrete aos pais nº 2: É normal sentir

Jared sentiu uma variedade de emoções: pesar, tristeza, medo e raiva. A morte é uma intrusa. Tem um ferrão penetrante que fere profundamente.

Permita que seus filhos lamentem. Não os force a "se comportar".

Dê permissão a seus filhos para sofrerem. Uma das maneiras mais poderosas de fazer isso é dar a si mesmo permissão para sofrer e permitir que seus filhos vivenciem — na medida em que possam lidar com isso — sua própria tristeza.

Chore com seus filhos quando eles chorarem. Sinta a dor com eles quando eles sentirem dor. Ao lamentar para Deus, você recebe conforto do Pai da compaixão e do Deus de todo o conforto. E então o conforto que você recebe de Cristo transborda de Cristo para você e para o seu filho (2Coríntios 1:3-5).

Perceba que as ações das crianças geralmente expressam emoções. As crianças raramente têm inteligência emocional ou maturidade para verbalizar exatamente o que sentem. Suas ações falam por suas emoções.

Procure discernir em espírito de oração que tipo de mensagem emocional o comportamento de seu filho está enviando.

Lembrete aos pais nº 3: É possível ter esperança

Embora a morte tenha seu aguilhão, nós temos a esperança de 1Coríntios 15:54-57:

> "A morte foi destruída pela vitória". "Onde está, ó morte, a sua vitória? Onde está, ó morte, o seu aguilhão?" O aguilhão da morte é o pecado, e a força do pecado é a Lei. Mas graças a Deus, que nos dá a vitória por meio de nosso Senhor Jesus Cristo (NVI).

Você não apenas dá a seus filhos permissão para sofrer, mas também os incentiva a se apegarem com Cristo. Seja modelo para eles em sua coragem ao levar sua dor a Cristo, seu Vitorioso; seu grande e amoroso Rei Pastor; seu Libertador e Salvador; aquele que ouve e cuida; seu consolador e encorajador Conselheiro Divino.

Inunde seus filhos das Escrituras que dão esperança. A morte é quando a Palavra ganha vida — que paradoxo. A Palavra escrita aponta para Cristo, a Palavra Viva — que está vivo para sempre. Leiam as Escrituras juntos. Chorem as Escrituras juntos. Apeguem-se às Escrituras juntos. Orem as Escrituras juntos.

Relacione a história de Deus com a história do seu filho. Imagine o seguinte: você está com seus filhos entre dois mundos, entre duas histórias — a história terrena e temporal da morte e a história eterna celestial da vida. Com um pé, sempre esteja presente na história terrena de seu filho de tristeza, dor, mágoa, perda e sentimentos confusos; com o outro pé, sempre esteja presente com seu filho na história celestial e cheia de esperança em Cristo.

Lembre a seus filhos que você já leu sobre o final da história. A vida triunfa sobre a morte, a esperança triunfa sobre a mágoa, e Cristo triunfa sobre o diabo e o mal.

> Ouvi uma forte voz que vinha do trono e dizia: "Agora o tabernáculo de Deus está com os homens, com os quais ele viverá. Eles serão os seus povos; o próprio Deus estará com eles e será o seu Deus. Ele enxugará dos seus olhos toda lágrima. Não haverá mais morte, nem tristeza, nem choro, nem dor, pois a antiga ordem já passou" (Apocalipse 21:3-4, NVI).

20

Aconselhamento de crianças que não vivem com seus pais biológicos

Pam Bauer

Elena, de 9 anos, está atualmente em sua terceira condição de vida. Ela nasceu na Rússia e viveu com sua família biológica por quatro anos. Para a família, sobreviver era um desafio diário. Quando a mãe de Elena teve um filho, Elena ajudou a cuidar dele. Mas então o pai de Elena perdeu o emprego. Frequentemente, Elena ia para a cama com fome, chorando até dormir. De manhã, ela implorava por comida à mãe, mas não havia nada. A família estava desesperada.

Finalmente, o pai de Elena a levou em uma viagem para um orfanato na vila vizinha. Embora Elena não entendesse o propósito de um orfanato, ela gostava de acompanhar as crianças brincando. Ela ficou feliz quando a convidaram para tomar leite com eles. Seu pai foi embora sem dizer uma palavra e nunca mais voltou.

Durante meses, Elena esperou que seu pai viesse buscá-la. Foi algo maior do que seu jovem coração poderia suportar. Ela sentiu muita tristeza, raiva, desespero, desesperança e finalmente ficou entorpecida. Ela chorava até não conseguir mais ao dormir à noite. Ela se culpava.

Se ao menos ela não tivesse implorado à mãe por alguma comida extra. Se ela não quisesse aquele copo de leite.

Elena ficou no orfanato por dois anos. Ela frequentou a escola e tentou aprender, mas era difícil pensar, enquanto sentia tanto a falta da mãe. As crianças mais velhas zombavam dela. Ela aprendeu a ser invisível para evitar a atenção indesejada.

Quando Elena fez 6 anos, uma funcionária do orfanato disse a ela que sua mãe viria no dia seguinte para adotá-la e levá-la para a América. Elena ficou emocionada! Finalmente, sua mãe a encontraria. Mas, no dia seguinte, em vez de sua mãe, uma mulher estranha e seu marido vieram. Todos exclamaram que esses eram seus novos pais. Mas Elena já tinha mãe e pai. Ela não queria uma nova família. Ela queria sua família. Aquilo era muito confuso.

As novas pessoas a tiraram do orfanato, deram-lhe roupas novas e falaram com ela em uma língua estrangeira. Eles voaram juntos em um avião para a América, e logo ela chegou à casa deles — uma casa completamente desconhecida. Nada parecia normal. Elena queria desesperadamente sua mãe biológica. Sua mãe seria capaz de encontrá-la agora? Todos agiam como se Elena devesse estar feliz, mas ela estava confusa, desesperada e assustada.

Elena lutou para se adaptar à sua família adotiva. Ela começou a molhar a cama e a ter pesadelos. Ela não entendia o que diziam. Era difícil lembrar de guardar seus brinquedos e seguir outras regras domésticas. Tudo era diferente. Havia bastante comida, mas nada familiar. Às vezes, Elena roubava comida ou comia muito rápido na tentativa de afastar seu vazio interior dolorido.

Com o tempo, Elena percebeu que as pessoas em sua nova casa esperavam que ela fosse sua filha. Ela demonstrou de várias maneiras que não era filha deles. Ela não havia escolhido aquelas pessoas. Ela não se submeteria a eles. Elena decidiu que não precisava dessa família. Ela se rebelou, mentiu, manipulou e roubou. Quando não conseguia o que queria, gritava, chutava e mordia. Ela só queria que aquelas pessoas a deixassem em paz. Quando confrontada sobre seu mau comportamento, Elena não mostrava remorso ou culpa.

Na escola, Elena lutou para se concentrar durante as aulas. Ela não estava interessada em aprender ou conhecer as outras crianças ou professores. Ela só se importava consigo mesma. Ela queria fazer o que desejasse fazer.

Onde quer que Elena fosse, ela conversava com estranhos para ver se alguém conhecia sua mãe.

Seus pais adotivos, Rick e Sarah, vieram em busca de ajuda. Eles amam Elena, mas ela não responde bem a eles. Ela será mesmo capaz de amar? Nada do que eles fazem parece atingir seu coração. Seu comportamento está piorando e seus pais estão preocupados com os próximos anos da adolescência com uma criança tão fora de controle. O abismo entre eles e ela parece estar aumentando. Eles não sabem o que fazer.

Na experiência de Elena, os relacionamentos doem. Sua solução é evitar todos os relacionamentos. Ela quer sair de casa e morar sozinha. Ela não confia em ninguém. Em sua compreensão infantil, ela acredita que pode cuidar de si mesma e planeja sair de casa quando tiver 12 anos.

Crianças abandonadas convivem com perdas

A adoção é baseada na perda. Para ajudar uma criança abandonada — seja ela acolhida, adotada ou que esteja morando com parentes —, devemos olhar para toda a sua história de vida, não apenas o fato de sua adoção ou colocação atual. Elena começou a vida com seus pais biológicos e posteriormente foi abandonada. Aqueles que eram encarregados de amá-la, prover para ela, protegê-la e ensiná-la se afastaram quando ela era uma criança vulnerável. Então ela foi colocada em um orfanato com pessoas estranhas cuidando dela. Finalmente, ela foi adotada por outro grupo de estranhos. Diante disso, percebemos que a adoção não é uma história cheia de esperança para Elena como era para seus pais adotivos.

Mesmo as crianças adotadas quando bebês podem experimentar perda e tristeza quando percebem o que significa adoção. Inicialmente, elas podem aceitar a informação sem um efeito adverso, apenas para vivenciar o luto retardado no momento em que entendem melhor o conceito de família. Crianças abandonadas sofrem de várias maneiras. Elas podem passar por luto, ansiedade e depressão. Muitas expressam seus sentimentos resistindo aos adultos que as amam ou mesmo sabotando o relacionamento. Algumas crianças são supervigilantes e autossuficientes na expectativa de abandono. Outras são apegadas, temerosas ou desinteressadas.

Embora existam muitas formas de expressar seu sofrimento, o problema está em seu coração. Os temas abrangentes de sua tristeza são confusão, desgosto e medo. Com o aumento da adoção, do acolhimento familiar e dos avós como pais, é provável que você aconselhe crianças que não são biologicamente aparentadas com seus cuidadores ou que moram com parentes, e não com seus pais. A Palavra de Deus oferece ajuda e esperança para essas crianças e adultos que as amam e cuidam delas.

Confusão

Antes de as crianças serem adotadas ou acolhidas, elas são abandonadas. O abandono é desorientador. A confusão das crianças é evidente em sua falta de pensamento ordenado. Elas carecem de sequenciamento e pensamento de causa e efeito, têm informações parciais e culpam as pessoas erradas por seus problemas. Elas tiram conclusões estranhas e então vivem emocionalmente em vez de logicamente.

Por exemplo, elas não entendem o que aconteceu ou o porquê — elas não sabem quem é o responsável por elas ou em quem confiar. Frequentemente, as crianças culpam a si mesmas ou a seus pais adotivos por seu abandono. Podemos ajudar colocando ordem em seu caos.

Uma maneira de lidar com esse caos é ajudar esses filhos adotados a entender sua história de vida no contexto da fidelidade de Deus. Embora eles não vejam nem sintam isso naquele momento, a verdade é que eles têm um Pai celestial fiel que se preocupa (Salmos 27:10). Deixe a criança contar a própria história. Faça perguntas para extrair eventos e detalhes, bem como os sentimentos e as dúvidas da criança. Como acontece com qualquer pessoa a quem aconselhamos, queremos entender sua história e como ela a afeta.

Você pode ajudar uma criança pegando os fatos e organizando-os sequencialmente. Uma maneira de fazer isso é trabalhar com a criança para criar uma linha do tempo. Por exemplo, você pode usar um grande rolo de papel. Desenrole-o por um metro e meio. Desenhe uma linha no meio (longitudinalmente). Na metade superior, registre a vida da criança do ponto de vista dela. Marque segmentos na linha para representar intervalos de tempo e registrar eventos de vida em seu local apropriado. Ajude-a a compreender a sequência de eventos, mesmo que os motivos não sejam claros. Pergunte se há boas lembranças para registrar e faça isso. Na metade inferior, desenhe os "braços eternos" (Deuteronômio 33:27) de Deus. A parte desenrolada do papel representa o futuro e todas as suas possibilidades.

A Escritura fala repetidamente da fidelidade de Deus. Ele nunca abandonará seus filhos. Ele está sempre firme em seu propósito. Os seguintes versículos falam da fidelidade de Deus em nunca abandonar seus filhos:

- "O Senhor, pois, é aquele que vai adiante de ti; ele será contigo, não te deixará, nem te desamparará; não temas, nem te espantes" (Deuteronômio 31:8).
- "E habitarei no meio dos filhos de Israel e não desampararei o meu povo de Israel" (1Reis 6:13).
- "Pois o Senhor não rejeitará o seu povo, nem desamparará a sua herança" (Salmos 94:14).
- "Pode uma mulher esquecer-se tanto do filho que cria, que não se compadeça dele, do filho do seu ventre? Mas, ainda que esta se esquecesse, Eu, todavia, não me esquecerei de ti. Eis que, na palma das minhas mãos, te tenho gravado; os teus muros estão continuamente perante mim" (Isaías 49:15-16).
- "Porque Ele disse: 'Não te deixarei, nem te desampararei'" (Hebreus 13:5).

Abandonar é desistir, desertar ou deixar para trás. Essa é a experiência da criança abandonada. Deus, no entanto, promete nunca partir. Deus permanece fiel, mesmo quando os pais biológicos não o são. Ele continua a cuidar do órfão. Os pais adotivos são a misericórdia de Deus para com a criança. Embora os pais adotivos nunca substituam os pais biológicos, eles fornecem proteção, amor, nutrição e uma família que uma criança pode eventualmente amar.

As Escrituras trazem grande conforto ao coração de uma criança que se sentiu perdida e colocada de lado. Ajude-a a se lembrar dos momentos em que experimentou a fidelidade de Deus e adicione-a à linha do tempo. O salmo 139 seria outra fonte de conforto. Uma criança pode se sentir descartável, mas a Palavra de Deus proclama que Ele conhece cada pessoa intimamente e se preocupa profundamente. Ele nunca abandonará seus filhos. Continue trazendo a criança de volta à fidelidade e à misericórdia de Deus. Deus é confiável.

Frequentemente, uma criança culpará os pais adotivos por sua situação. A criança acredita que seus pais biológicos estavam voltando, e os pais adotivos interromperam o encontro. Esse pensamento coloca a criança contra os pais adotivos.

Saber qualquer verdade disponível — quem fez o quê e quando — ajuda a criança a pensar corretamente sobre seus pais adotivos como pessoas que os amam e querem ajudar.

Elena pode vir a reconhecer a fidelidade de Deus. Ele sabia que ela precisava de proteção e de uma família. Ele a manteve viva quando ela não tinha outros recursos. Que consolo saber que, quando ela se sentiu invisível e sem valor, o Deus do céu a viu e se moveu para ajudá-la.

Luto

O luto é outro tema significativo que permeia a vida de uma criança abandonada. A adoção não substitui uma família biológica. Primeiro, há uma perda significativa. As crianças devem ser ajudadas em seu sofrimento. Dependendo da situação, os pais biológicos podem retornar esporadicamente, trazendo mais confusão e complicando o processo de luto.

"O luto é a resposta interna e a tristeza é a resposta externa à perda."[1] No momento em que a adoção ou a acolhida em lares substitutos ocorre, meses ou anos podem ter se passado desde a separação inicial da criança de seus pais biológicos. As crianças não estão mais chorando ou perguntando sobre sua família biológica. Elas perderam a esperança de revê-los. Com a ausência de lágrimas, os pais adotivos não percebem que seus filhos estão sofrendo e precisam de ajuda.

Crianças abandonadas estão entre as pessoas de "coração partido" mencionadas nas Escrituras. Deus se aproxima do coração quebrantado, provendo descanso (Mateus 11:28), força (Salmos 73:26) e ajuda (Isaías 41:10). Ele é compassivo e terno (Tiago 5:11). Seja um modelo do coração de Deus ao falar com a criança.

Crianças abandonadas se beneficiam da permissão para falar sobre seus pais biológicos sem se sentirem desleais para com seus pais adotivos/acolhedores. Eles precisam saber que o luto é uma parte normal da vida em um mundo decaído. Tranquilize a criança de que ela pode sofrer, chorar, sentir-se triste e conversar com os pais sobre sua família biológica. Ela receberá conforto de seus pais adotivos. A vida da criança abrangerá duas famílias. Uma lhes dá a vida e a outra a ajuda a viver.

Ajude-a a ver que Deus não é apenas fiel como mencionado anteriormente, mas também misericordioso e disposto a ajudá-la.

- "Porque, quando meu pai e minha mãe me desampararem, o Senhor me recolherá" (Salmos 27:10).

---

[1] Kate Jackson, "How children grieve: persistent myths may stand in the way of appropriate care and support for children", *Social Work Today* 15, no. 20 (Março/Abril 2015), https://www.socialworktoday.com/archive/030415p20.shtml.

- "Humilhai-vos, pois, debaixo da potente mão de Deus, para que, a seu tempo, vos exalte; lançando sobre ele toda a vossa ansiedade, porque Ele tem cuidado de vós" (1Pedro 5:6-7).

Deus é o Deus de todo o conforto (2Coríntios 1:3). As crianças podem abrir seu coração e falar com Ele sobre sua tristeza. Ele não as julgará ou rejeitará por causa de sua dor. Embora a dor seja insuportável, Elena *pode* experimentar o conforto do Senhor. Ele entende sua dor. Ele a consola com sua presença e com o presente de uma nova família, que a amará, ajudará e abraçará durante seu sofrimento.

Temor

O terceiro tema na adoção é o medo. O temor pode significar sentir medo, perceber uma ameaça ou ficar inquieto. O resultado é uma falta de confiança. É uma postura de oposição — eu contra você. O coração das crianças abandonadas é controlado pelo temor. Seu objetivo é proteger-se da dor do abandono. Do ponto de vista da criança, nem os adultos nem Deus tomaram boas decisões para a vida delas. Portanto, elas não confiam nos adultos nem em Deus — elas confiam em si mesmas, desejando proteger seu coração de mais dor. Algumas são excessivamente apegadas, temendo o abandono de novo e procurando controlar suas circunstâncias como proteção. Outras usam a raiva para manter todos a uma distância segura para evitar dor potencial. Aprender a amar ameaça sua fortaleza protetora criada por elas mesmos.

Mas as Escrituras apresentam outro tipo de temor. É o temor do Senhor. Essa é uma reverência a Deus que reconhece sua posição exaltada e sua bondade. Isso leva a confiar e se aproximar dele por causa de sua misericórdia. Ele atrai a pessoa sob a proteção e provisão do Senhor

— um estado de bem-aventurança. A postura resultante é submissão e dependência.

O salmista afirma o seguinte:

- "Temei ao Senhor, vós, os seus santos, pois não têm falta alguma aqueles que o temem" (Salmos 34:9).
- "Vinde, meninos, ouvi-me; eu vos ensinarei o temor do Senhor" (Salmos 34:11).
- "O anjo do Senhor acampa-se ao redor dos que o temem, e os livra" (Salmos 34:7).

O temor aterrorizante é a resposta certa a Deus para qualquer pessoa que não é nascida do Espírito de Deus. E o santo temor é a resposta certa de cada pessoa que pertence a Deus. A criança abandonada precisa conhecer o evangelho e o temor do Senhor. Deus é a resposta a todos os bons desejos do coração da criança abandonada — um Pai que está sempre lá, sempre dá provisão, sempre protege. Compartilhe o evangelho. Até mesmo crianças pequenas podem compreender as boas-novas. O coração de uma criança é um terreno fértil para a redenção.

Existe um paralelo aqui. A criança adotada precisa responder ao convite de Deus para entrar em sua família. Da mesma forma, deve atender ao convite de uma família adotiva. Adoção é um *status* legal que acontece a uma criança. É também um relacionamento que tanto os pais quanto o filho adotivo devem estabelecer de boa vontade. Como conselheiro, você pode ajudar a criança a compreender que deve escolher.

Por exemplo, fale sobre diferentes tipos de amor. Discuta coisas e pessoas que a criança ama, talvez os pais biológicos, irmãos, um amigo especial, o cachorro da família. Fale sobre como cada amor é sentido por ela. Deus traz muitas pessoas para nossa vida para que as amemos, e

Ele nunca nos diz para deixar de amá-las. A criança pode amar seu pai biológico e seus pais adotivos. Não temos que amar a todos da mesma forma. Pergunte a ela: "Você concorda em permitir que Deus abra espaço em seu coração para o amor de seus pais adotivos também?".

Com o tempo, Elena poderá aprender a superar seu medo e começar a confiar novamente. Ela pode compreender e experimentar a fidelidade de Deus, seu conforto e sua bondade. Ele é digno de sua confiança. O salmista declara: "Deus coloca os solitários em família". É seu dom porque Ele é bom.

Uma palavra aos pais

A adoção não é fácil para a criança nem para os pais. Lembre-se de que suas perspectivas são diferentes. Como pais, vocês desejam seguir em frente e se tornarem uma família amorosa unida. Mas a criança ainda está lidando com o passado. Leva tempo para elas aprenderem a amar e confiar novamente e, então, iniciar um relacionamento com você como filho ou filha. Seja paciente. Levará muito mais tempo do que você espera para que seu filho confie em você. A longo prazo, a adoção será uma bênção para eles. Mas, por enquanto, isso significa a perda de sua família biológica.

Questione seu filho gentilmente e com frequência. Não presuma que você entende o que ele está querendo dizer. Por exemplo, ao ver um comportamento estranho, pergunte: "Onde você aprendeu isso?" ou "Quem lhe ensinou isso?" em vez de já falar sobre o comportamento correto. Se você os corrigir, e eles cobrirem a cabeça e se esconderem, não comece com: "Eu não vou bater em você". Abaixe-se no chão e pergunte gentilmente: "Quem ensinou você a ter medo dos adultos?". Nos momentos de dor, as crianças são vulneráveis. Elas podem permitir que você as console verdadeiramente ou não, mas você sempre pode oferecer conforto. Fale palavras que promovam a cura. Lembre-as de que são preciosas. Compartilhe sua tristeza por seu sofrimento. Fale palavras de esperança.

Confusão, tristeza ou medo não terão a aparência que você espera. Crianças abandonadas aprenderam a esconder seus sentimentos. Pergunte outra vez. Por exemplo, uma criança que está olhando para o chão ao ser disciplinada pode estar arrependida ou pode estar escondendo sua raiva. Uma criança que está com medo muitas vezes olha bem nos seus olhos para ver se você é uma ameaça. Como pai, você pode interpretar mal esse contato visual como confiança em vez do que realmente é — medo. Pergunte: "O que você está querendo?".

Suponha que a maioria dos comportamentos inadequados tem origem na confusão, na tristeza ou no medo. Pergunte. Mesmo o comportamento raivoso costuma ser baseado no medo. Explique a verdade de uma situação. Aborde os problemas do coração. Em seguida, ajude a criança a reagir com comportamento correto. Ajude-a a praticar as respostas corretas e dar um retorno tranquilizador. O abandono é devastador para uma criança, mas não é uma situação desesperadora. Pode produzir solo fértil para a redenção eterna. Pela misericórdia de Deus, Ele providenciou um lar e uma segunda chance para muitas dessas crianças.

Demorou para Elena perceber que sua vida é diferente do que ela pensava que seria, mas ainda é boa.

Ela tem uma segunda família, uma família adotiva que a ama e a estima. Ela ainda fica com raiva e deprimida às vezes, mas sua mãe sempre a lembra da verdade — Elena é sua filha preciosa. Ela está aprendendo a confiar em Deus e em seus pais para ajudá-la a encontrar as respostas para suas perguntas por meio da fiel Palavra de Deus.

Sua opinião é importante para nós.
Por gentileza, envie-nos seus comentários pelo e-mail:

editorial@hagnos.com.br

Visite nosso site:

www.hagnos.com.br